U1010807

建设工程施工合同纠纷
要点解读与类案检索

邢万兵◎著

法律出版社 | LAW PRESS
北京

图书在版编目（CIP）数据

建设工程施工合同纠纷要点解读与类案检索 / 邢万兵著. -- 北京 : 法律出版社, 2022
ISBN 978 - 7 - 5197 - 7028 - 0

Ⅰ. ①建… Ⅱ. ①邢… Ⅲ. ①建筑工程 - 工程施工 - 合同纠纷 - 研究 - 中国 Ⅳ. ①D923.64

中国版本图书馆 CIP 数据核字（2022）第 151296 号

建设工程施工合同纠纷要点解读与类案检索
JIANSHE GONGCHENG SHIGONG HETONG JIUFEN YAODIAN JIEDU YU LEIAN JIANSUO

邢万兵 著

策划编辑 蒋 橙
责任编辑 蒋 橙
装帧设计 鲍龙卉

出版发行 法律出版社
编辑统筹 法律应用出版分社
责任校对 朱海波
责任印制 刘晓伟
经　　销 新华书店
开本 710 毫米×1000 毫米 1/16
印张 22.5 **字数** 376 千
版本 2022 年 10 月第 1 版
印次 2022 年 10 月第 1 次印刷
印刷 固安华明印业有限公司

地址:北京市丰台区莲花池西里 7 号(100073)
网址:www.lawpress.com.cn
投稿邮箱:info@lawpress.com.cn
举报盗版邮箱:jbwq@lawpress.com.cn
销售电话:010 - 83938349
客服电话:010 - 83938350
咨询电话:010 - 63939796
版权所有·侵权必究

书号:ISBN 978 - 7 - 5197 - 7028 - 0
定价:96.00 元
凡购买本社图书,如有印装错误,我社负责退换。电话:010 - 83938349

序　言

本书是系统研究建设工程施工合同纠纷法律实务的书籍，围绕合同效力、诉讼当事人、工程结算、工程质量、工期等问题展开，每一章体例如下：

【法律法规/司法解释】列举最新法律法规和司法解释，这是当事人请求权的基础，也是人民法院和仲裁机构裁判的法律依据。

【要点解读】从法律实务角度对每一个法律问题的要点进行解读，所列观点皆来自实务经验和生效判决，对建筑企业工程管理提出法律建议，同时对实际施工人、建设工程价款优先受偿权等问题进行反思与展望。

【典型案例】本书所选案例多数为最高人民法院案例，其裁判规则具有较高的理论水准和指导意义。一切皆为过往，当下纠纷皆为昨天纠纷之重现，法律是“守旧”学科，其生命力在于经验，裁判规则经过沉淀上升为经验法则。

【案例解读】法律是法院将作出什么判决的预测，通过复盘裁判规则，总结成败得失经验，科学化、精确化地运用于法律实务与工程管理。

2012 年，笔者在法律出版社出版专著《房地产法律实务》，系统地解读了房地产开发经营中的九大法律问题，其中两章涉及建设工程，对建设工程法律实务有一定研究。十年以来，笔者进一步深耕建筑房地产法律领域，成为中国裁判文书网、无讼案例、北大法宝等网站的“常客”，通过研读案例，不断拓展、深化和反思。

“和而不同，有用有价值”一直是笔者的创作初衷。虽然每日称颂“日新其德、止于至善”，奈何心智愚钝、笔力浅薄，本书错误与不足之处在所难免，冀希各位读者不吝批评，期待日臻完善！

邢万兵

2022 年 8 月于北京西山听雨楼

法律文件全称简称对照表

全称	简称	发布(修正)时间
《中华人民共和国民法典》	《民法典》	2020年5月28日
《中华人民共和国建筑法》	《建筑法》	2019年4月23日
《中华人民共和国招标投标法》	《招标投标法》	2017年12月27日修正
《中华人民共和国民事诉讼法》	《民事诉讼法》	2021年12月24日修正
《最高人民法院关于审理建设工程施工合同纠纷案件适用法律问题的解释(一)》	《施工合同司法解释(一)》	2020年12月29日
*《最高人民法院关于审理建设工程施工合同纠纷案件适用法律问题的解释(二)》①	《2018年施工合同司法解释》	2018年12月29日
*《最高人民法院关于审理建设工程施工合同纠纷案件适用法律问题的解释》	《2004年施工合同司法解释》	2004年10月25日
*《最高人民法院关于建设工程价款优先受偿权问题的批复》	《优先受偿权批复》	2002年6月11日
《最高人民法院关于适用〈中华人民共和国民事诉讼法〉的解释》	《民事诉讼法司法解释》	2022年3月24日修订
《最高人民法院关于民事诉讼证据的若干规定》	《民事证据规定》	2019年10月14日修订
《最高人民法院关于人民法院办理执行异议和复议案件若干问题的规定》	《执行异议复议规定》	2020年12月29日
《最高人民法院关于人民法院执行工作若干问题的规定(试行)》	《执行工作若干规定》	2020年12月29日

① 根据2020年12月29日最高人民法院关于废止部分司法解释及相关规范性文件的决定,加*的两个解释、一个批复自2021年1月1日起废止,《施工合同司法解释(一)》同时实施。2021年1月1日之前的案件根据当时的司法解释作出判决,两个解释、一个批复也是本书的研究对象,特此说明。

续表

全称	简称	发布(修正)时间
《全国法院民商事审判工作会议纪要》	《九民会议纪要》	2019年11月8日
*《最高人民法院关于适用〈中华人民共和国合同法〉若干问题的解释(一)》	《合同法司法解释(一)》	1999年12月19日
《北京市高级人民法院关于审理建设工程施工合同纠纷案件若干疑难问题的解答》	《北京高院解答》	2012年8月6日
《河北省高级人民法院建设工程施工合同案件审理指南》	《河北高院指南》	2018年6月13日
《天津市高级人民法院关于审理建设工程施工合同纠纷案件相关问题的审判委员会纪要》	《天津高院纪要》	2020年12月9日
《山东高院民一庭关于审理建设工程施工合同纠纷案件若干问题的解答》	《山东高院民一庭解答》	2020年8月23日

目录

Contents

第一章　合同效力　001

一、无效施工合同的类型　003

二、无效施工合同的法律后果　012

三、无效合同赔偿损失的构成要件　014

四、合同无效对合同其他条款的影响　016

五、中标通知书的效力　021

第二章　实际施工人（转包、违法分包）　028

一、文义解释实际施工人制度　029

二、发包人欠付责任的界定　032

三、层层转包、分包情形下的实际施工人制度　036

四、实际施工人制度的限制与重构　040

第三章　实际施工人（挂靠）　043

一、挂靠人向发包人主张权利的请求权基础　044

二、挂靠人执行异议之诉　051

三、被挂靠人权利与责任范围问题　058

四、挂靠人对外商事行为的约束力问题　064

五、被挂靠人对挂靠人追偿问题　069

六、公司印章的法律效力　071

第四章　黑白合同 078
一、法律强制性规定与自愿原则的冲突与选择 081
第一类：明招暗定型 082
第二类：实质性变更型 085
二、招投标制度改革对黑白合同纠纷的影响 090
第三类：无中标合同型 092
第四类：非必须招标型 093
第五章　结算协议 096
一、结算协议的法律约束力 098
二、结算协议的成立与生效 103
三、结算协议与索赔 107
第六章　以其他方式确定工程价款 110
一、诉前一方自行委托造价鉴定 111
二、固定总价合同，固定总价范围内施工任务完成 114
三、固定单价合同，工程量确定 120
四、逾期答复构成有效结算 123
五、合同约定以审计结论作为结算依据 126
第七章　工程造价鉴定 137
一、工程类司法鉴定的分类与特征 139
二、一审阶段造价鉴定启动 141
三、二审阶段造价鉴定启动 145
四、鉴定机构资格 148
五、委托内容与期限 152
六、鉴定思路 154
七、鉴定材料的提交与质证 156
八、工程量争议 157
九、鉴定阶段对鉴定意见的质证 163

十、庭审阶段对鉴定意见的质证 164
第八章 利息与垫资利息 177
一、利息支付条件 178
二、利息起算时间 181
三、利息标准与调整 183
四、垫资和垫资利息 186
第九章 建设工程价款优先受偿权 190
一、权利主体之一：与发包人订立施工合同的承包人 192
二、权利主体之二：与发包人订立分包合同的承包人 195
三、工程质量大于工程效力 196
四、受偿范围 197
五、行使期限 199
六、不宜折价、拍卖的建设工程 203
七、放弃或限制优先受偿权 205
八、与商品房买受人权利的冲突问题 209
九、与抵押权人权利的冲突问题（审判阶段） 215
十、与抵押权人权利的冲突问题（执行阶段） 218
十一、本章小结 225
第十章 工程质量 226
一、现行工程质量法律法规解读 228
二、质量合格是支付工程款的前提 230
三、发包人擅自使用后的质量问题 234
四、发包人的主张属于抗辩还是属于反诉 240
五、工程质量司法鉴定问题 243
六、质量保修期、保修责任、缺陷责任期、质量保证金的关系 249
第十一章 工期 254
一、开工日期 256

二、竣工日期 262
三、工期顺延及赔偿责任 268
四、工期鉴定 280
第十二章　合同解除 286
一、施工合同解除条件 288
二、施工合同解除程序 295
三、合同解除的法律后果 298
四、通过先行判决制度解决撤场问题 309
第十三章　管辖权争议 313
一、适用专属管辖的范围 315
二、债权转让（债务负担）是否适用不动产专属管辖 317
三、签订结算协议后是否适用不动产专属管辖 318
四、实际施工人越过仲裁条款直接起诉发包人问题 320
五、挂靠人越过仲裁条款直接起诉发包人问题 323
六、代位权纠纷诉讼的管辖问题 324
七、专门法院管辖问题 326
八、级别管辖问题 327
附录部分 331
附录一:《中华人民共和国民法典》(节录) 331
附录二:最高人民法院关于审理建设工程施工合同纠纷案件适用法律问题的解释(一) 334
附录三:建筑领域常用法律法规及规范性文件目录索引 341
附录四:建设工程施工合同纠纷司法解释/审判指导意见目录索引 347

第一章

合同效力

法律法规/司法解释

《民法典》

第一百四十三条　具备下列条件的民事法律行为有效:

(一)行为人具有相应的民事行为能力;

(二)意思表示真实;

(三)不违反法律、行政法规的强制性规定,不违背公序良俗。

第一百四十六条　行为人与相对人以虚假的意思表示实施的民事法律行为无效。

以虚假的意思表示隐藏的民事法律行为的效力,依照有关法律规定处理。

第一百五十七条　民事法律行为无效、被撤销或者确定不发生效力后,行为人因该行为取得的财产,应当予以返还;不能返还或者没有必要返还的,应当折价补偿。有过错的一方应当赔偿对方由此所受到的损失;各方都有过错的,应当各自承担相应的责任。法律另有规定的,依照其规定。

第七百九十三条　建设工程施工合同无效,但是建设工程经验收合格的,可以参照合同关于工程价款的约定折价补偿承包人。

建设工程施工合同无效,且建设工程经验收不合格的,按照以下情形处理:

(一)修复后的建设工程经验收合格的,发包人可以请求承包人承担修复费用；

（二）修复后的建设工程经验收不合格的，承包人无权请求参照合同关于工程价款的约定折价补偿。

发包人对因建设工程不合格造成的损失有过错的，应当承担相应的责任。

《施工合同司法解释（一）》

第一条 建设工程施工合同具有下列情形之一的，应当依据民法典第一百五十三条第一款的规定，认定无效：

（一）承包人未取得建筑业企业资质或者超越资质等级的；

（二）没有资质的实际施工人借用有资质的建筑施工企业名义的；

（三）建设工程必须进行招标而未招标或者中标无效的。

承包人因转包、违法分包建设工程与他人签订的建设工程施工合同，应当依据民法典第一百五十三条第一款及第七百九十一条第二款、第三款的规定，认定无效。

第三条 当事人以发包人未取得建设工程规划许可证等规划审批手续为由，请求确认建设工程施工合同无效的，人民法院应予支持，但发包人在起诉前取得建设工程规划许可证等规划审批手续的除外。

发包人能够办理审批手续而未办理，并以未办理审批手续为由请求确认建设工程施工合同无效的，人民法院不予支持。

第六条 建设工程施工合同无效，一方当事人请求对方赔偿损失的，应当就对方过错、损失大小、过错与损失之间的因果关系承担举证责任。

损失大小无法确定，一方当事人请求参照合同约定的质量标准、建设工期、工程价款支付时间等内容确定损失大小的，人民法院可以结合双方过错程度、过错与损失之间的因果关系等因素作出裁判。

人民法院或仲裁机构审理合同纠纷案件，首先应当对合同效力进行评价，合同效力决定裁判方向。合同的效力，又称合同的法律效力，是指法律赋予依法成立的合同具有约束当事人各方乃至第三人的强制力。对符合有效要件的合同，按当事人的合意赋予法律效果；对不符合有效要件的合同，则区分情况，分别按无效、可撤销或效力未定处理。①

《民法典》第157条规定："民事法律行为无效、被撤销或者确定不发生效力后，行为人因该行为取得的财产，应当予以返还；不能返还或者没有必要返还的，应当折价补偿。有过错的一方应当赔偿对方由此所受到的损失；各方都有过错的，应当各自承担相应的责任。法律另有规定的，依照其规定。"具体到施工合同，虽然施工合同无效，但已经全部或部分履行，建筑材料已经物化为建筑工程，发包人接受了工程，实现了合同目的，此时需要解决的问题是工程价款如何支付，关于质量、工期、付款时间、付款进度等内容的约定是否得到遵守，合同无效对合同的其他条款有何影响。简言之，《民法典》第157条关于无效合同的法律规定在施工合同纠纷中如何具体适用，是本章所要研究的问题。

一、无效施工合同的类型

《施工合同司法解释(一)》第1条规定："建设工程施工合同具有下列情形之一的，应当依据民法典第一百五十三条第一款的规定，认定无效：(一)承包人未取得建筑业企业资质或者超越资质等级的；(二)没有资质的实际施工人借用有资质的建筑施工企业名义的；(三)建设工程必须进行招标而未招标或者中标无效的。承包人因转包、违法分包建设工程与他人订立的建设工程施工合同，应当依据民法典第一百五十三条第一款及第七百九十一条第二款、第三款的规定，认定无效。"据此，施工合同无效分为承包人未取得资质、承包人超越资质、实际施工人借用资质(又称挂靠)、必须招标而未招标、中标无效五种类型，当然，也有观点认为，发包人不知道实际施工人借用资质，不影响施工合同的效力。承包人承揽工程后基于转包、违法分包而形成的转包合同、违法分包合同，亦是无效合同，但是不影响上游施工合同的效力。

建筑企业资质制度，是指建筑企业按照其拥有的资产、主要人员、已完成的工

① 崔建远主编：《合同法》(第六版)，法律出版社2016年版，第60~63页。

程业绩和技术装备等条件申请建筑业企业资质,建筑业企业取得资质证书后,在资质许可的范围内从事建筑施工活动的一项制度。根据《建筑业企业资质管理规定》(2015 年 1 月 22 日住房和城乡建设部第 22 号令发布,2018 年 12 月 22 日修改),建筑业企业资质分为施工总承包资质、专业承包资质、施工劳务资质三个序列。施工总承包资质、专业承包资质按照工程性质和技术特点分别划分为若干资质类别,各资质类别按照规定的条件划分为若干资质等级。施工劳务资质不分类别与等级。① 《建筑法》第 26 条规定:"承包建筑工程的单位应当持有依法取得的资质证书,并在其资质等级许可的业务范围内承揽工程。禁止建筑施工企业以任何形式允许其他单位或者个人使用本企业的资质证书、营业执照,以本企业的名义承揽工程。"第 28 条规定:"禁止承包单位将其承包的全部建筑工程转包给他人,禁止承包单位将其承包的全部建筑工程肢解以后以分包的名义分别转包给他人。"第 29 条规定:"禁止总承包单位将工程分包给不具备相应资质条件的单位。禁止分包单位将其承包的工程再分包。"当事人违反《建筑法》第 26 条、第 28 条、第 29 条,构成无资质、超越资质、借用资质、转包、违法分包五类违反资质管理制度的无效合同。

为维护公平竞争的市场经济秩序,加强工程质量管理,预防和遏制腐败,提高国有资产使用效益,国家建立了招标投标制度。符合一定规模和范围的工程项目,必须进行招标。根据《招标投标法》第 3 条之规定,必须招标的工程项目包括:(1)大型基础设施、公用事业等关系社会公共利益、公众安全的项目;(2)全部或者部分使用国有资金投资或者国家融资的项目;(3)使用国际组织或者外国政府投资贷款、援助资金的项目;具体范围和规模标准由国家发展改革委制定。2018 年 3 月 27 日,国家发展改革委发布《必须招标的工程项目规定》,为必须招标的项目范围与规模标准的最新规定。招标投标是订立建设工程合同的方式,将竞争性机制引入合同订立过程,招标投标活动遵循公开、公平、公正原则和诚实信用原则,不允许当事人以意思自治规避《招标投标法》的强制性规定。招标投标活动

---

① 建筑业企业的资质类别、等级、承包范围,详见《建筑业企业资质标准》(建市〔2014〕159 号)。

违反法定程序和法定原则，损害公平竞争秩序，将导致中标无效。《招标投标法》规定了六类中标无效，分别是：(1)招标代理机构泄露应当保密的与招标投标活动有关的情况和资料的，或者与招标人、投标人串通损害国家利益、社会公共利益或者他人合法权益(第50条)；(2)依法必须进行招标的项目的招标人向他人透露已获取招标文件的潜在投标人的名称、数量或者可能影响公平竞争的有关招标投标的其他情况，或者泄露标底，影响中标结果(第52条)；(3)投标人相互串通投标或者与招标人串通投标的，投标人以向招标人或者评标委员会成员行贿的手段谋取中标(第53条)；(4)投标人以他人名义投标或者以其他方式弄虚作假，骗取中标(第54条)；(5)依法必须进行招标的项目，招标人与投标人就投标价格、投标方案等实质性内容进行谈判，响中标结果(第55条)；(6)招标人在评标委员会依法推荐的中标候选人以外确定中标人的，依法必须进行招标的项目在所有投标被评标委员会否决后自行确定中标人(第57条)。根据《施工合同司法解释(一)》第1条第1款的规定，必须招标项目未招标而订立的施工合同，或者虽然履行了招标投标手续但存在中标无效情形的施工合同，均为无效合同。

一个建设项目应当取得立项手续，取得国有土地使用权证、建设用地规划许可证、建设工程规划许可证、建设工程施工许可证。未取得前述“四证”，对施工合同效力有何影响？《施工合同司法解释(一)》第3条规定：“当事人以发包人未取得建设工程规划许可证等规划审批手续为由，请求确认建设工程施工合同无效的，人民法院应予支持，但发包人在起诉前取得建设工程规划许可证等规划审批手续的除外。”发包人未取得建设工程规划许可证等规划审批手续而订立的施工合同，亦是无效合同。《施工合同司法解释(一)》第3条后半段同时规定了合同效力补正问题，起诉前发包人取得建设工程规划许可证等规划审批手续的，无效合同补正为有效合同。

类案检索

典型案例　广西壮族自治区高级人民法院(2021)桂民申5004号裁定

【裁判规则】黄某才作为没有施工资质的自然人,以天泰建设集团的名义与发包方来宾市兴宾区土地开发整理中心签订《广西土地开发整理项目建设工程施工合同》后,又以天泰建设集团的名义与毛某先签订《广西天泰建设集团有限公司工程项目内部承包协议书》,将案涉工程转包给同样无施工资质的毛某先进行施工。依照《施工合同司法解释(一)》第1条,案涉《广西土地开发整理项目建设工程施工合同》和《广西天泰建设集团有限公司工程项目内部承包协议书》依法应认定为无效。依照《施工合同司法解释(一)》第24条第1款,实际施工人毛某先在案涉工程已竣工验收并交付使用后,请求黄某才、天泰建设集团参照《广西天泰建设集团有限公司工程项目内部承包协议书》约定支付工程价款,符合法律规定。天泰建设集团与黄某才没有进行结算,天泰建设集团主张已经超额支付工程款给黄某才但没有提交充分证据予以佐证,原审判决不予支持并无不当。原审判决天泰建设集团对黄某才欠付毛某先的工程款承担连带责任,并无不当。

典型案例　最高人民法院(2020)最高法民终1269号判决

【裁判规则】南通四建公司与世纪房地产公司并无签订、履行案涉建设工程施工合同的真实意思表示,双方签订的《建设工程施工合同》及《补充协议》无效;黄某荣为借用南通四建公司资质的案涉工程实际施工人。

南通四建公司虽然与世纪房地产公司签订了《建设工程施工合同》及《补充协议》,实际是将其施工资质出借于黄某荣用于案涉工程的施工,南通四建公司并无签订、履行合同的真实意思表示,原审依据《民法总则》第143条、第146条的规定认定案涉《建设工程施工合同》及《补充协议》因不是真实意思表示无效并无不当,本院予以维持。南通四建公司上诉主张其为《建设工程施工合同》及《补充协议》的一方当事人并向世纪房地产公司主张工程价款及优先受偿权,缺乏事实和法律依据，本院不予支持。

典型案例　最高人民法院(2019)最高法民申5609号裁定

【裁判规则】周某根与南通六建之间的法律关系应如何认定。周某根主张其与南通六建之间就案涉工程成立分包合同关系，南通六建主张与周某根是挂靠关系。2011年6月16日，凯创房地产公司与南通六建签订《建设工程施工合同》，就“鄂尔多斯市凯创城市之巅绿色节能综合发展项目三期项目”达成建设工程承包协议，案涉工程由凯创房地产公司发包，由南通六建承包建设。南通六建将案涉的11#楼、12#楼交由不具备施工资质的周某根施工，但双方并未签订书面合同。从案涉工程的工程款支付情况来看，系由凯创房地产公司将工程款直接支付给周某根，由南通六建出具收据；或由凯创房地产公司将工程款支付给南通六建，由南通六建再拨付给周某根。凯创房地产公司向周某根支付工程款及周某根收取工程款的行为证明双方均明白彼此互为交易对方。根据周某根施工及结算工程款的情况，及凯创房地产公司向周某根出具的函件中将周某根作为实际履行施工关系的对方，认定周某根与南通六建之间形成挂靠关系，周某根是案涉工程的实际施工人，并无不当。

南通六建是否应承担支付周某根工程款和相关损失的责任。周某根作为实际施工人对案涉工程进行了施工，南通六建委托周某根与凯创房地产公司进行了工程交接并进行了结算，凯创房地产公司向周某根出具了“结算确认书”“承诺书”“函”等结算文件。凯创房地产公司与周某根之间成立工程施工建设与工程款支付相关法律关系，凯创房地产公司应承担支付全部工程价款的责任。南通六建与周某根之间为挂靠关系，南通六建未参与实际施工，且不与周某根结算工程价款，二审未认定其承担支付工程款和相关损失的连带给付责任，并无不当。

案例解读

桂民申5004号裁定，没有施工资质的黄某才借用天泰建设集团的资质承揽案涉工程，之后又将该工程转包给没有施工资质的毛某先。《招标投标法》第18

条第1款规定："招标人可以根据招标项目本身的要求，在招标公告或者投标邀请书中，要求潜在投标人提供有关资质证明文件和业绩情况，并对潜在投标人进行资格审查；国家对投标人的资格条件有规定的，依照其规定。"招标公告或者投标邀请书对潜在投标人的资质类别与等级提出了要求，资格预审环节，可以排除无资质或超越资质的潜在投标人，故承包人无资质、超越资质导致施工合同无效的情形较少，施工合同无效的原因多是借用资质、未招标、中标无效。

最高法民终1269号判决，根据《民法总则》第146条"为人与相对人以虚假的意思表示实施的民事法律行为无效。以虚假的意思表示隐藏的民事法律行为的效力，依照有关法律规定处理"的规定界定了发包人、承包人（被挂靠人）、实际施工人（挂靠人）三方的关系，为挂靠人主张工程价款提供了合法路径。本案裁判结果表明，被挂靠人与发包人并无订立、履行合同的意思表示，未实际施工，请求发包人支付工程款，不予支持。

最高法民申5609号裁定，认为南通六建与周某根之间是挂靠关系，双方并无工程承包关系，南通六建对周某根没有支付工程款的义务，但是周某根可以基于事实合同向发包人凯创房地产公司主张权利。我们可以另外假设，如果南通六建和周某根是转包合同关系，周某根作为实际施工人有权向承包人南通六建主张工程价款，也有权突破合同相对性向发包人凯创房地产公司主张权利，发包人在欠付承包人的范围内对实际施工人承担责任。正确区分挂靠与转包，对各方当事人均有重大影响。

典型案例　最高人民法院（2016）最高法民申1285号裁定

【裁判规则】依据《2004年施工合同司法解释》第1条第2项关于建设工程必须进行招标而未招标或中标无效的，应当依据《合同法》第52条认定无效的规定，桂凯建筑公司与嘉乐房地产公司于2006年4月22日签订的涉及5号楼、6号楼、7号楼的建设工程施工合同因必须进行招标而未招标，违反了法律的强制性规定，当属无效。

签订2006年6月13日中标合同前，招投标过程中，桂凯建筑公司与嘉乐房地产公司即签订了2006年4月22日合同,对工程质量、工程价款、工期等进行了详细约定。并且,同年5月4日,桂凯建筑公司组织人员进场施工。以上事实表明,在案涉工程招投标过程中,嘉乐房地产公司和桂凯建筑公司已就案涉工程由桂凯建筑公司承建达成合意,违反了《招标投标法》第43条关于"在确定中标人前,招标人不得与投标人就投标价格、投标方案等实质性内容进行谈判"的规定。按照《2004年施工合同司法解释》第1条第3项的规定,2006年6月13日中标合同亦应认定为无效。

典型案例　**最高人民法院(2020)最高法民终383号判决**

【裁判规则】根据查明事实,中服公司于2012年6月1日向通州建总公司发出中标通知书,确定通州建总公司为中宇广场工程施工Ⅰ、Ⅱ标段组招标项目的中标人。通州建总公司于2012年6月1日开工,其并未在中标前提前进入工地施工。2012年4月8日,中服公司与通州建总公司签订《中宇广场工程造价编制业务协议书》,中服公司委托通州建总公司对中宇广场工程进行工程造价编制服务,而非签订施工合同,中服公司并未提交证据证明本案存在串通投标行为,故不足以认定案涉招标投标行为违反《招标投标法》的规定。中服公司主张案涉施工合同违反法律的强制性规定,应认定无效,依据并不充分,本院不予采纳。

典型案例　**最高人民法院(2020)最高法民终535号判决**

【裁判规则】大众房开公司上诉主张案涉商品住宅项目未依法进行招投标,但其主张合同无效所依据的原国家发展计划委员会《工程建设项目招标范围和规模标准规定》现已废止,而国家发展和改革委员会于2018年3月27日发布的《必须招标的工程项目规定》施行后,民间资本投资较多的商品住宅项目不再属于必须招标的项目。参照适用《合同法司法解释(一)》第3条关于"人民法院确认合同效力时,对合同法实施以前成立的合同,适用当时的法律合同无效而适用合同法合同有效的,则适用合同法"之规定,本案应认定《建设工程施工合同》有效。

【同类案例】

最高人民法院(2020)最高法民终 534 号判决

最高人民法院(2020)最高法民终 846 号判决

最高人民法院(2020)最高法民再 320 号判决

案例解读

以上是三起违反招投标制度导致施工合同无效的案例。最高法民申 1285 号裁定,2006 年 4 月 22 日标前合同未履行招投标手续,2006 年 6 月 13 日中标合同存在实质性协商情形,两份合同均无效,这是目前通行的裁判观点。最高法民终 383 号判决代表了一种新观念,虽然承包人提前进场,双方订立了框架协议,但没有证据证明双方存在串通投标、实质性协商等导致中标无效的情形,一方主张合同无效的,不予支持。最高法民终 535 号判决是招投标制度改革背景下产生的一类纠纷,自 2014 年起国务院办公厅、住房和城乡建设部发布了一系列关于招投标制度改革的文件,主要内容之一是社会资本投资项目由发包人自主决定发包方式,2018 年 3 月 27 日《必须招标的工程项目规定》出台,社会资本投资的房地产项目不属于必须招标范围,按照"效力从新"原则,未履行招标投标手续的此类合同不再认定为无效合同。

典型案例 最高人民法院(2019)最高法民终 347 号判决

【裁判规则】本院认为,合同约定应当严守,诚信观念应当强化。华诚房地产公司作为案涉建设工程的招标人,主导签订了案涉《建设工程施工合同》,在合同相对方铁建大桥工程局按约履行合同而其并未按约支付工程款,一审判决华诚房地产公司承担相应责任后,华诚房地产公司以其自身的招标行为存在违法违规为由,于二审中主张合同无效,其行为不仅违反诚实信用的基本原则,而且不利于民事法律关系的稳定,属于不讲诚信、为追求自身利益最大化而置他人利益于不顾的恶意抗辩行为。合同无效制度设立的重要目的在于防止无效合同的履行给国家、社会以及第三人利益带来损失,维护社会的法治秩序和公共道德。而本案中,华诚房地产公司作为违法行为人恶意主动请求确认合同无效，如支持其诉求，意味着体现双方真实意愿的合同约定不仅对其没有约束力，甚至可能使其获得不正当的利益，这将违背合同无效制度设立的宗旨，也将纵容违法行为人从事违法行为，使合同无效制度沦为违法行为人追求不正当甚至非法利益的手段。综上，华诚房地产公司在二审中主张案涉《建设工程施工合同》无效，该主张有违诚信原则，本院予以驳回。

案例解读

二审法院从立法目的、价值判决、利益衡量的角度充分阐述了合同无效制度，是“教科书”式判决书，值得细读。基于“任何人不得从违法行为中获取利益”理念，如果有两种以上的裁判方法，应当作出有利于诚信一方的解释。

本案代表了建设工程纠纷案件的两个独特现象，一是主动坦白违法行为，并积极提供证据证明自己违法，二是二审阶段否定一审观点，将违法行为作为上诉、申请再审的理由。《2004 年施工合同司法解释》规定了“质量高于合同效力”原则、实际施工人突破合同相对性问题，对建筑领域违法行为采取了高度容忍态度，故希望当事人遵守诚实信用原则起诉、应诉。

典型案例　最高人民法院(2020)最高法民申 1850 号裁定

【裁判规则】和昌公司与海峡公司对案涉工程至今未取得建设工程规划许可证均无异议，二审判决认定案涉建设工程施工合同无效，有事实和法律依据。根据《民事诉讼法》第 64 条第 1 款关于“当事人对自己提出的主张，有责任提供证据”的规定，海峡公司应当举证证明和昌公司持有办理建设工程规划许可证的所有材料、相关行政部门在收到和昌公司持有的材料后能够颁发建设工程规划许可证、和昌公司存在故意不办理建设工程规划许可证的行为，但海峡公司未提交充足的证据证明其关于和昌公司能够办理建设工程规划许可证而未办理的主张。和昌公司作为案涉工程发包方，确有办理建设工程规划许可证的义务，但该义务不等同于本案诉讼中的举证义务，海峡公司关于二审法院举证责任分配错误的主张缺乏法律依据。

案例解读

《城乡规划法》关于规划制定与实施的规定涉及城乡建设布局和公共管理秩序,故无论是房屋买卖合同,还是房屋租赁合同,抑或建设工程施工合同,标的物未取得规划许可手续,所签订的合同均为无效合同。本案建设项目未取得规划许可证是客观事实,一审、二审法院判决施工合同无效,完全正确。然而,承包人并不掌握项目前期手续的办理情况,更不了解未能办理规划许可手续的原因,不能就《施工合同司法解释(一)》第3条第2款"发包人能够办理审批手续而未办理"的事实进行举证,基于此,笔者认为,应当将未办理审批手续原因的举证责任分配给发包人。发包人是建设单位,掌控审批手续的办理进程,有能力提供证据证明迟延原因。如果发包人不提供证据,人民法院对其恶意主张施工合同无效的诉讼请求就不予支持;发包人迟延办理审批手续造成承包人损失的,应当承担赔偿责任。

二、无效施工合同的法律后果

无效合同,不发生当事人所预期的法律效力,即不发生合同履行的效力,并非不产生任何法律后果。《民法典》第157条规定:"民事法律行为无效、被撤销或者确定不发生效力后,行为人因该行为取得的财产,应当予以返还;不能返还或者没有必要返还的,应当折价补偿。有过错的一方应当赔偿对方由此所受到的损失;各方都有过错的,应当各自承担相应的责任。法律另有规定的,依照其规定。"无效合同的法律后果是返还财产、折价补偿、赔偿损失。返还财产,是指无效合同因不具备履行效力,合同当事人因合同履行行为所取得的财产,因合同被认定无效而丧失合法依据,因而需要通过返还财产来使当事人之间的财产关系恢复至合同订立前的状态。折价补偿,是指合同一方当事人依据合同所取得的财产不能返还或者没有必要返还时,应当将该财产进行折价,以金钱的方式返还于财产给付人,因而折价补偿实质上也是返还财产的一种方式。

与其他类型的无效合同相比,工程施工是将建筑材料物化为建筑工程的过程,发生纠纷时,发包人接受并实际使用建筑工程,无法返还财产。针对这一情况,《2004 年施工合同司法解释》第 2 条规定:"建设工程施工合同无效,但建设工程经竣工验收合格,承包人请求参照合同约定支付工程价款的,应予支持。"该解释采取了"工程质量大于合同效力"原则,工程质量合格,参照合同约定支付工程款,对建筑领域的违法行为持高度容忍态度,与此同时也产生"无效合同按照有效处理"的误解。为了体现《民法典》第 157 条规定的折价补偿的法律后果,《民法典》第 793 条第 1 款规定:"建设工程施工合同无效,但是建设工程经验收合格的,可以参照合同关于工程价款的约定折价补偿承包人。"将《2004 年施工合同司法解释》第 2 条规定的"支付工程价款"修改为"折价补偿"。根据《九民会议纪要》第 32 条第 2 款的规定,在合同不成立、无效或者被撤销的情况下,当事人所承担的缔约过失责任不应超过合同履行利益,施工合同无效,在建设工程经竣工验收合格情况下,可以参照合同约定支付工程款,但除非增加了合同之外新的工程项目,一般不应超出合同约定支付工程款。[1]

合同无效,是人民法院对合同效力的否定性评价,但任何一项建筑活动均应当遵守《建筑法》《建设工程质量管理条例》关于工程质量的规定,确保工程质量合格,维护社会公众的生命与财产安全。承包人获得了折价补偿,根据权利义务相一致原则,应当按期完工,承包人原因致使工期延误的,应当承担逾期交工的法律责任。换言之,虽然施工合同无效,但是施工合同约定的质量责任和工期责任仍然具有约束力,承包人承担有效合同状态下的质量责任和工期责任。

---

① 《九民会议纪要》第 32 条规定:"《合同法》第 58 条就合同无效或者被撤销时的财产返还责任和损害赔偿责任作了规定,但未规定合同不成立的法律后果。考虑到合同不成立时也可能发生财产返还和损害赔偿责任问题,故应当参照适用该条的规定。在确定合同不成立、无效或者被撤销后财产返还或者折价补偿范围时,要根据诚实信用原则的要求,在当事人之间合理分配,不能使不诚信的当事人因合同不成立、无效或者被撤销而获益。合同不成立、无效或者被撤销情况下,当事人所承担的缔约过失责任不应超过合同履行利益。比如,依据《最高人民法院关于审理建设工程施工合同纠纷案件适用法律问题的解释》第 2 条规定,建设工程施工合同无效,在建设工程经竣工验收合格情况下,可以参照合同约定支付工程款,但除非增加了合同约定之外新的工程项目,一般不应超出合同约定支付工程款。"

就无效合同按照有效处理的质疑,《2004 年施工合同司法解释》执笔人、最高人民法院民事审判第一庭原审判长冯小光称:“实际上司法解释的初衷并不是无效合同按有效处理,只是把它作为一个无效合同折价补偿的标准。”①《最高人民法院建设工程施工合同司法解释(二)理解与适用》一书也称:“这样处理并非将无效合同当作有效处理,而是寻找一种符合建设工程施工合同特点的损失计算方式。当事人订立施工合同时,关于工程计价、计量、工程质量、工期等约定内容,均是当事人真实意思表示,不应因合同违反国家行政管理相关规定无效而只选择性适用计价和计量条款,将其他支付条款全盘否定。参照合同约定内容来确定实际损失大小,以避免发生当事人因无效合同而取得比合同有效额外的利益。”②简言之,根据工程施工的特殊情况,基于施工合同已经履行的客观事实,《民法典》与司法解释作出了变通性处理。

三、无效合同赔偿损失的构成要件

《施工合同司法解释(一)》第 6 条规定:“建设工程施工合同无效,一方当事人请求对方赔偿损失的,应当就对方过错、损失大小、过错与损失之间的因果关系承担举证责任。损失大小无法确定,一方当事人请求参照合同约定的质量标准、建设工期、工程价款支付时间等内容确定损失大小的,人民法院可以结合双方过错程度、过错与损失之间的因果关系等因素作出裁判。”当事人一方违反质量、工期等约定,纳入合同无效制度层面解决,过错一方应当赔偿对方由此遭受的损失,双方均有过错的,按照过错大小各自承担相应责任;损失大小,由当事人举证证明,当事人无法举证证明损失的,参照合同约定计算损失。赔偿责任构成要件是当事人主观上有过错、客观上有损失发生、过错与损失之间具有因果关系。

发包人过错行为包括:未按约定支付工程价款;未按约定的时间和要求提供

---

① 2006 年 10 月 13 日最高人民法院民事审判第一庭审判长冯小光法官在山东省东营中级人民法院讲课稿件。

② 最高人民法院民事审判第一庭编著:《最高人民法院建设工程施工合同司法解释(二)理解与适用》,人民法院出版社 2019 年版,第 90 页。

原材料、设备、场地、技术资料；不履行协助义务；其他过错行为。承包人过错行为包括：未在合同约定的期限内完工，且在发包人催告的合理期限内仍未完工；已经完成的建设工程质量不合格，并拒绝修复；购买和使用不合格的材料和工程设备；将承包的建设工程转包、违法分包；其他过错行为。[①]

与之相对应的，发包人损失包括：承包人原因导致工程质量不合格或质量不符合合同约定造成的损失；承包人逾期交工造成的损失；承包人过错导致的其他损失。承包人损失包括：发包人逾期支付工程价款造成的损失，发包人原因导致停工、窝工造成的损失，发包人过错导致的其他损失。

无效合同的赔偿范围限于实际损失，不包括可得利益损失。从生效判决来看，对实际损失的赔偿，已经不再局限于施工合同约定范围，发包人因承包人逾期交工而向商品房买受人支付的逾期交房违约金，或承包人因发包人逾期付款而向材料商、租赁商支付的违约金，已经纳入赔偿范围。无效合同的损失不再仅限于信赖利益损失，当事人因履行无效合同产生的损失，亦可纳入损失范围。[②]

在赔偿损失认定与处理上，应当遵守诚实信用原则和公平原则。诚实信用原则与公平原则是民法的两项基本原则。诚实信用原则，要求民事活动的当事人在行使权利和履行义务时，应当遵守诚实信用的道德标准；诚实信用原则，要求一切市场参加者符合诚实商人和诚实劳动者的道德标准，在不损害他人利益和社会公益的前提下，追求自己的利益，目的是在当事人之间的利益关系和当事人与社会之间的利益关系中实现平衡，并维持市场道德秩序。诚实信用原则，性质上属于一般条款，其实质在于当出现立法当时未预见的新情况、新问题时，法院可依诚实信用原则行使公平裁量权，直接调整当事人之间的权利义务关系。公平原则，指法律行为内容的确定，应当遵循公平的原则。民法公平原则，主要是针对合同关系而提出的要求，是当事人缔结合同关系，尤其是确定合同内容时所应遵循的指导性原则。现代民法设立公平原则之目的，在于对市场交易的合同关系，要求兼

---

① 双方具体过错行为可以参考《2004 年施工合同司法解释》第 8 条、第 9 条以及 2017 版《建设工程施工合同（示范文本）》第 16 章“违约”。

② 关丽：《建设工程施工合同的效力认定及处理径路》，载“法盏”公众号，2019 年 5 月 22 日发布。

顾双方的利益，并为诚实信用原则、情事变更原则、显失公平规则树立判断基准。①

四、合同无效对合同其他条款的影响

施工合同无效，主要在对合同其他条款有何影响方面争议较大。具体包括以下情形：

1.付款条件、付款时间是否参照合同执行？对此存在较大争议。《施工合同司法解释（一）》第6条第2款规定："损失大小无法确定，一方当事人请求参照合同约定的质量标准、建设工期、工程价款支付时间等内容确定损失大小的，人民法院可以结合双方过错程度、过错与损失之间的因果关系等因素作出裁判。"可以看出，虽然施工合同无效，但是施工合同关于工程质量、工期、计价依据、支付时间等内容的约定是当事人真实意思表示，应当允许当事人参考这些内容来确定损失大小，《施工合同司法解释（一）》肯定了付款条件、付款进度的效力。笔者认为，付款条件、付款进度属于工程价款的重要组成部分，这些内容是判断发包人是否构成逾期付款，进而确定其是否承担逾期付款责任的事实基础，也是承包人就工期延误行使先履行抗辩权的事实基础，对当事人的权利义务具有重大影响，故付款条件、付款时间应当参照合同执行。

2.对"逾期答复视为认可"条款的影响。《施工合同司法解释（一）》第21条规定："当事人约定，发包人收到竣工结算文件后，在约定期限内不予答复，视为认可竣工结算文件的，按照约定处理。承包人请求按照竣工结算文件结算工程价款的，人民法院应予支持。"笔者认为，本条属于工程结算条款，施工合同无效，质量验收合格，参照合同约定的计价方法对承包人折价补偿，施工合同无效不影响"逾期答复视为认可"条款的适用。

3.对结算协议效力的影响。结算协议是就工程结算达成的协议，结算协议效力独立于施工合同，施工合同无效并不导致结算协议无效。《北京高院解答》第7

① 梁慧星：《民法总论》，法律出版社2010年版，第48～50页。

条也明确规定："建设工程施工合同无效，但工程经竣工验收合格，当事人一方以施工合同无效为由要求确认结算协议无效的，不予支持。"这是成熟裁判观点，没有争议。

4. 对违约金、利息、质量保证金的影响。施工合同无效，违约金条款亦无效。《施工合同司法解释（一）》第26条规定："当事人对欠付工程价款利息计付标准有约定的，按照约定处理。没有约定的，按照同期同类贷款利率或者同期贷款市场报价利率计息。"施工合同无效，合同约定的利息标准亦无效，但是利息属于工程款的法定孳息，承包人可以要求发包人按照同期利率标准支付计息，或者选择要求发包人承担逾期付款的赔偿责任。关于质量保证金是否返还，存在两种观点，笔者认为，质量保证金是担保承包人对缺陷工程进行修复的款项，与合同效力无涉，应当保留至合同约定的返还期限。

5. 对企业管理费、规费、利润的影响。笔者认为，不具备施工企业资质的单位、个人承揽工程，与建筑企业相关的企业管理费、规费，不予支持。企业利润与资质无关，应予支持。

6. 对管理费的影响。一种观点认为，挂靠、转包、违法分包行为无效，承包人基于违法行为取得管理费不应支持；另一种观点认为，承包人实际参与了管理，对外承担了责任，有权获得管理费。笔者认为，管理费应当纳入工程结算，根据《民法典》第793条"建设工程施工合同无效，但是建设工程经验收合格的，可以参照合同关于工程价款的约定折价补偿承包人"的规定，虽然挂靠合同（转包合同、违法分包合同）无效，但是挂靠人（转承包人、违法分承包人）获得的利益是管理费之外的价款，其主张获得全部工程价款，不予支持。承包人参与了工程管理，对外承担了责任，且《施工合同司法解释（一）》取消了《2004年施工合同司法解释》第4条关于"收缴当事人已经取得的非法所得"的规定，承包人有权获得管理费。

7. 对可得利益赔偿的影响。《民法典》第584条规定："当事人一方不履行合同义务或者履行合同义务不符合约定，造成对方损失的，损失赔偿额应当相当于因违约所造成的损失，包括合同履行后可以获得的利益；但是，不得超过违约一方订立合同时预见到或者应当预见到的因违约可能造成的损失。"合同有效，当事人通过履行合同而获取的利益应当依法保护。无效合同自始无效,当事人主张可得利益,不予支持。

8. 对奖励条款的影响。一种观点认为,奖励款不属于工程价款范畴,实际施工人请求发包人参照合同约定支付工程奖励款,不予支持;另一种观点认为,所谓奖励款并非真正意义上的奖励,“施工合同约定的款项,要么是对价款,要么是违约责任,而奖励款显然不属于违约责任,只能归之于对价款”。① 无论是提前竣工奖励,还是质量奖励,承包人想要获得奖励金,必须要通过加大人力、物力的投入,以符合获得奖励金的前提条件。就这个角度而言,奖励金实际上是发包人为承包人的额外付出所支付的对价,应当属于工程款的一部分。奖励金条款应当属于《民法典》第 793 条所规定的“合同关于工程价款的约定”,在建设工程施工合同无效时,应当参照适用该条款折价补偿承包人。② 两种观点的分歧在于奖励款是否属于工程价款的范畴,笔者认为,根据《建筑安装工程费用项目组成》(建标〔2013〕44 号)、《建设工程工程量清单计价规范》(GB 50500—2013)的相关规定,奖励款不属于工程价款的范畴,奖励条款可以理解为因承包人提前竣工或获得特定奖项,发包人允诺支付的一项补偿金,虽然施工合同无效,但是发包人允诺是一个独立条款,承包人请求发包人支付奖励款,应予支持。

9. 对罚款条款的影响。罚款条款,通常认为是违约金条款,例如,《北京高院解答》第 37 条规定:“建设工程施工合同约定承包人存在工期迟延、质量缺陷、转包或违法分包等违约行为,发包人可对承包人处以罚款的,该约定可以视为当事人在合同中约定的违约金条款,应依据《中华人民共和国合同法》第一百一十四条的规定予以处理。”施工合同无效,违约金条款亦无效。诉讼中,对承包人已经签署确认的罚款单,发包人要求扣除罚款的,人民法院予以支持,对发包人单方提供的未经承包人签署的罚款单,不予支持。当然,发包人有证据证明承包人存在

---

① 邬砚:《建设工程合同纠纷——254 个裁判观点深度解析(增订第二版)》,法律出版社 2019 年版,第 141 页。

② 项平:《〈民法典〉第 793 条“施工合同无效处理”条文解读(一)》,载“京衡工程法律评论”公众号,2021 年 8 月 3 日访问。

工期延误、质量缺陷等行为,可以要求承包人赔偿损失。

综上分析,合同无效对当事人权利义务具有重要影响,但是目前各地法院裁判观点不统一,需要具体问题具体分析。

类案检索

典型案例 最高人民法院(2019)最高法民申1218号裁定

【裁判规则】关于请求参照合同约定支付工程价款规定的原意应当是参照合同约定确定工程价款数额,主要指工程款计价方法、计价标准等与工程价款数额有关的约定,而双方之间关于付款节点约定的条款,不属于可以参照适用的合同约定。因此,肖某佑要求支付逾期工程进度款利息的主张缺乏法律依据,原审判决未予支持并无不当。

案例解读

合同无效,是诉讼阶段人民法院对合同效力的评价,但是双方发生纠纷之前,仍按"有效合同"对待并履行,付款节点属于工程价款的重要组成部分,付款节点是判断发包人是否构成逾期付款的参照点。客观而言,发包人逾期支付工程款,承包人或者对外高息融资,增加资金成本,或者采取停工措施,加深双方矛盾。如此循环,危害交易安全,推迟工程项目进程。因此,即使合同无效,也应当肯定付款节点的约束力。

典型案例 最高人民法院(2019)最高法民终2019号判决

【裁判规则】依照上述规定,工程价款利息是法定孳息,发包人因占用工程价款实际受益,应向承包人支付利息。京顺诚公司主张工程款利息应作为天润建设公司的损失自行承担,缺乏依据。建设工程施工合同无效的,承包人仍有权主张欠付工程价款利息,原判决判令京顺诚公司支付相应的利息,并无不当。

典型案例 **最高人民法院(2020)最高法民申2089号裁定**

【裁判规则】因合同无效,其中关于进度款迟延支付利息的约定对双方当事人无法律约束力,启航建设公司诉请嘉鼎祥置业公司按照相关约定支付工程进度款利息,依据不足。二审判决在参照合同约定确定折价补偿数额的前提下,根据双方过错情况,酌情确定欠付款项按照中国人民银行同期同类贷款利率自启航建设公司起诉之日起计算利息,虽在裁判理由中未明确阐述存在一定瑕疵,但判决结果并无不当。启航建设公司该项再审理由,依据不足。

典型案例 **最高人民法院(2019)最高法民终589号判决**

【裁判规则】按照合同约定,工期延误违约金应计算为3,288,339.5元(31,317,519元×0.5‰/天×210天)。因《桩基工程施工合同》无效,该违约金不能当然被采纳。但因苏南公司施工质量存在问题,导致案涉工程工期延误并造成损失,苏南公司应向新城公司支付适当的工期延误损失。由于新城公司在苏南公司开始施工时未取得施工许可证,对案涉工程肢解发包,存在过错,本院参照工期延误违约金的数额,酌定苏南公司、新城公司各承担50%的工期延误损失责任,故苏南公司应向新城公司支付工期延误损失1,644,169.7元。

案例解读

施工合同无效,关于违约金、利息计算方法的约定亦无效。

虽然施工合同无效,但一方当事人不履行合同造成对方当事人损失的后果客观存在,过错一方也应当承担法律责任。最高法民终2019号判决、最高法民申2089号裁定中,发包人拖欠工程款,应当按照法定利率标准支付利息。最高法民终589号判决中,工期延误违约金可以视为发包人损失,根据当事人的过错程度予以分担。

典型案例 **最高人民法院(2019)最高法民终750号判决**

【裁判规则】关于美亚公司应否支付提前竣工验收奖励款30万元的问题。美亚公司与中天公司约定如中天公司在2016年3月31日竣工验收合格,给予30万元奖励款。因案涉施工合同无效,合同约定的奖励条款亦无效,中天公司依据合同要求美亚公司支付30万元提前竣工验收奖励款的主张不能成立。一审法院支持中天公司要求美亚公司支付30万元提前竣工验收奖励款的诉讼请求不当,本院予以纠正。

关于质保金返还的问题,因案涉施工合同无效,质保金条款亦无效,合同中关于质保金扣留比例及返还时间的约定,对合同当事人不具有法律约束力。美亚公司依据合同约定主张扣留质保金不能成立,案涉工程价款质保金应随工程款一并返还。一审法院判决美亚公司按照合同约定返还质保金不当,本院予以纠正。

案例解读

施工合同无效,关于提前竣工奖励款、质量保证金返还期限的处理,一审法院与二审法院之间存在截然不同的判决结果。可见,无效合同对合同其他条款的影响力问题,仍然存在较大争议。笔者认为,施工合同由于违反资质规定、招投标制度、行政规定而无效,提前竣工奖励、质量保证金返还期限的约定与合同效力无涉,应当参照执行。

五、中标通知书的效力

法律法规 / 司法解释

《民法典》

第四百七十三条　要约邀请是希望他人向自己发出要约的表示。拍卖公告、招标公告、招股说明书、债券募集办法、基金招募说明书、商业广告和宣传、寄送的价目表等为要约邀请。

第六百四十四条　招标投标买卖的当事人的权利和义务以及招标投标程序等,依照有关法律、行政法规的规定。

《招标投标法》

第四十五条　中标通知书对招标人和中标人具有法律效力。中标通知书发出后，招标人改变中标结果的，或者中标人放弃中标项目的，应当依法承担法律责任。

第四十六条　招标人和中标人应当自中标通知书发出之日起三十日内，按照招标文件和中标人的投标文件订立书面合同。招标人和中标人不得再行订立背离合同实质性内容的其他协议。

《施工合同司法解释(一)》

第二十二条　当事人签订的建设工程施工合同与招标文件、投标文件、中标通知书载明的工程范围、建设工期、工程质量、工程价款不一致，一方当事人请求将招标文件、投标文件、中标通知书作为结算工程价款的依据的，人民法院应予支持。

《最高人民法院关于审理商品房买卖合同纠纷案件适用法律若干问题的解释》

第四条　出卖人通过认购、订购、预订等方式向买受人收受定金作为订立商品房买卖合同担保的，如果因当事人一方原因未能订立商品房买卖合同，应当按照法律关于定金的规定处理；因不可归责于当事人双方的事由，导致商品房买卖合同未能订立的，出卖人应当将定金返还买受人。

第五条　商品房的认购、订购、预订等协议具备《商品房销售管理办法》第十六条规定的商品房买卖合同的主要内容，并且出卖人已经按照约定收受购房款的，该协议应当认定为商品房买卖合同。

《招标投标法》第46条规定："招标人和中标人应当自中标通知书发出之日起三十日内，按照招标文件和中标人的投标文件订立书面合同。招标人和中标人不得再行订立背离合同实质性内容的其他协议。"如果中标通知书发出后没有订立书面合同，合同是否成立？自1999年8月30日《招标投标法》颁布以来，一直存在合同成立说与合同不成立说两种观点，因此，对同类案件可能会产生两种截然相反的判决结果。

合同成立说的理由：一是要约承诺理论，招标是招标邀请，投标是要约，发出中标通知书是承诺，承诺生效时合同成立，《招标投标法》关于承诺生效采用发信主义，中标通知书发出时承诺生效，合同成立；二是招标投标文件内容包括原《合同法》第275条(《民法典》第795条)规定的工程质量、工程造价、技术资料交付时间等合同条款，招标投标文件可以确定当事人双方的权利义务；三是原《合同法》第270条(《民法典》第789条)规定建设工程合同应当采用书面形式，招标文件、中标人的投标文件及中标通知书皆是书面文件，具备成立合同的形式要件；四是合同成立说有利于维护诚信安全交易秩序，遏制一方当事人任意终止合同。

合同不成立说则认为，在合同成立问题上《招标投标法》与原《合同法》是特别法与一般法的关系，根据原《合同法》第172条(《民法典》第644条)，采用招投标方式订立合同，应该根据《招标投标法》来判断合同是否成立，《招标投标法》第46条规定招标人与中标人应当自中标通知书发出之日起三十日内订立书面合同，恰恰说明中标通知书发生时合同尚未成立。

两种观点的分歧在于，前者按照原《合同法》规定的要约承诺理论解释中标通知书，后者按照《招标投标法》理论解释中标通知书。两种观点没有实质性交集，一方难以说服对方。

《最高人民法院建设工程施工合同司法解释(二)理解与适用》一书称："我们倾向认为，招标人发出中标通知书后，即产生在招标人、中标人之间成立书面合同的效力。在深化审批制度改革、取消施工合同备案的大背景下，招标过程中确定当事人权利义务依据最重要的文件是招标文件、投标文件和中标通知书，而非备案合同。招标文件、投标文件和中标通知书，这些文件即构成当事人之间的书面合同，而《招标投标法》第46条规定的书面合同只是对招投标文件和中标通知书的进一步确认、明确和规范化。两个书面合同可以并行，二者从《招标投标法》的立法意旨来看并不矛盾，且《招标投标法》亦未要求后者与招标文件、投标文件完全保持一致。将招投标过程认定为在当事人之间成立本约合同，则一旦当事人订立的书面合同与招投标文件相背离，完全可以根据招投标文件确定当事人之间的权利义务关系，当事人之间的权利义务就不会存在真空地带。”[①]《2018 年施工合同司法解释》第 10 条“当事人签订的建设工程施工合同与招标文件、投标文件、中标通知书载明的工程范围、建设工期、工程质量、工程价款不一致，一方当事人请求将招标文件、投标文件、中标通知书作为结算工程价款的依据的，人民法院应予支持”的规定体现了这一思路，《招标投标法》第 46 条所要求的是将招投标文件与中标通知书以合同书形式确定下来，但是招标文件、投标文件与中标通知书本身就是书面合同的一种形式，即使未订立合同，也不影响根据招标文件、投标文件与中标通知书确定当事人之间的权利义务。

检索裁判大数据可以发现，无论合同是否成立，招标人毁约情形下的赔偿范围包括中标人支付的投标费用、为履行施工合同而支出的准备费用，合同实际履行的，据实结算工程款。前述两种观点对当事人的根本影响是可得利益赔偿问题。赔偿可得利益的条件之一是合同成立并生效，条件之二是不存在中标无效的情形，如果合同不成立，则无从谈及效力，自然无法支持赔偿可得利益的诉讼请求。

2017 年 7 月《最高人民法院关于审理建设工程施工合同纠纷案件适用法律若干问题的解释(二)(征求意见稿)》第 1 条曾规定：“招标人向中标人发出中标通知书后，一方未依照招标投标法第四十六条第一款的规定履行订立书面合同义务，对方请求其承担预约合同违约责任或者要求解除预约合同并主张损害赔偿的，人民法院应予支持。另一种意见：招投标文件与中标通知书已具备建设工程施工合同主要内容，且不得作实质性变更，即使未订立书面合同，本约亦成立。”按照预约本约理论解释中标通知书。预约本约最早规定在《最高人民法院关于审理商品房买卖合同纠纷案件适用法律若干问题的解释》第 4 条、第 5 条中，根据该司法解释，商品房认购书是预约，但认购书具备商品房买卖合同的主要内容，并且实质性履行的，认购书应当认定为商品房买卖合同。按照预约本约理论解释，中标

① 最高人民法院民事审判第一庭编著：《最高人民法院建设工程施工合同司法解释(二)理解与适用》，人民法院出版社 2019 年版，第 238~239 页。

通知书的性质是预约合同，关于预约合同的法律效力存在两种观点，一种是必须磋商说，另一种是必须缔约说。鉴于中标通知书发出之前经过了招标、投标、评标程序，合同的实质性条款已经具备，按照“必须缔约说”解释中标通知书比较恰当。违反预约合同，违约方承担预约合同项下的违约责任，赔偿范围包括订立预约合同的费用以及为履行本约而支出的准备费用，责任范围相当于本约的缔约过失责任，责任形式不包括强制订立本约。如果中标通知书具备施工合同的主要内容，且实质性履行的，中标通知书应当认定为本约。

虽然《2018年施工合同司法解释》《施工合同司法解释（一）》均未规定中标通知书的性质，但是按照预约本约观点解释中标通知书，的确是一个新观点，也为处理此类纠纷提供了新思路。

类案检索

典型案例　江西省高级人民法院（2017）赣民终325号判决

【裁判规则】案涉投标文件的内容具有足以使合同成立的主要条款，且投标文件表明投标人的主观目的是缔结合同，中标后将受投标文件的约束。当招标人向中标人发出中标通知书，表示招标人接受该投标人的要约并向其发出中标通知书的行为，应属承诺。中标通知书到达中标人时，招标人与中标人既有要求对方签订施工合同的权利，也有及时配合对方签订施工合同的义务。投标人发出的投标文件（要约）和招标人发出的中标通知书（承诺）显然均已符合书面形式的要求，招投标双方当事人未签订书面合同并不影响双方之间成立建设工程施工合同的法律关系，任何一方拒绝履行都应承担违约责任。

开发区建投公司承担的违约责任除赔偿直接损失外，还应包括合同履行后可以获得的预期利益，但以合同一方订立合同时预见到或者应当预见到的因违反合同可能造成的损失为赔偿上限。综合本案实际情况，根据双方当事人基本利益平衡的公平原则和民商事活动诚实信用的原则予以衡量，兼顾当事人的过错程度以及预期利益等综合因素，二审参照案涉工程五标段利润金额为基数酌情在 10% 利润的范围内作为预期利益赔偿金向华泰公司支付 101,032.38 元（1,010,323.82 元 × 10% = 101,032.38 元），以弥补华泰公司的违约损失。

典型案例　江苏省南京市中级人民法院（2017）苏 01 民终 5137 号判决

【裁判规则】关于溧阳水利公司主张的可得利益损失 174,209 元，鉴于该项目并未实际实施，影响预期可得利益不可预见因素较多，如施工单位自身的管理水平、市场材料价格波动、国家政策文件的调整、资金财务成本的现状等，这些因素都是不可控的，一审法院结合双方招、投标的过程，招投标文件，中标价格，酌情确定溧阳水利公司的预期可得利益损失为 104,525 元。

典型案例　重庆市高级人民法院（2020）渝民终 188 号判决

【裁判规则】本案中，概述投标文件重要内容的投标函及表明承诺内容的中标通知书均较简约，招标文件的合同条款还存在部分空白。2019 年 1 月 16 日华渝置业公司做出《建设工程施工招标投标情况确认书》后，双方于 2019 年 1 月 23 日、31 日的往来函件也清楚表明双方仍在就合同履行的具体条款进行细节磋商。工业设备安装公司虽进行了部分施工前准备，但并非已履行施工合同主要义务，即不符合《合同法》第 37 条规定的情形，故一审认定双方的建设工程施工合同未成立并无不当。

由于双方之间建设工程施工合同关系尚未成立，故不存在合同生效及解除问题。对工业设备安装公司主张双方的建设工程施工合同成立、生效并解除合同的请求不予支持。本案建设工程施工合同未成立，工业设备安装公司请求履行利益损失缺乏基础。即使合同成立，工业设备安装公司亦未就其所称其履行利益损失 3,321,646.59 元举示证据予以证明。

案例解读

上述三案，人民法院均已判决招标人赔偿中标人支付的投标费用、前期进场费用等实际损失，分歧在于可得利益赔偿。赣民终 325 号判决、苏 01 民终 5137 号判决，首先论述中标通知书发出后合同成立，只有合同成立，才能进一步分析可得利益；反之，渝民终 188 号判决则认为合同不成立，自然不需要考虑可得利益问题。关于可得利益数额，鉴于施工合同未实际履行，可得利益具体数额不确定性，从赣民终 325 号判决、苏 01 民终 5137 号判决可以看出，人民法院参考投标文件载明的利润率、工程造价信息，结合前期履行准备情况及当事人过错程度，根据诚实信用原则与公平原则，酌情予以处理。

第二章

实际施工人（转包、违法分包）

法律法规 / 司法解释

《施工合同司法解释(一)》

第一条 建设工程施工合同具有下列情形之一的,应当依据民法典第一百五十三条第一款的规定,认定无效:

(一)承包人未取得建筑业企业资质或者超越资质等级的;

(二)没有资质的实际施工人借用有资质的建筑施工企业名义的;

(三)建设工程必须进行招标而未招标或者中标无效的。

承包人因转包、违法分包建设工程与他人签订的建设工程施工合同,应当依据民法典第一百五十三条第一款及第七百九十一条第二款、第三款的规定,认定无效。

第四十三条 实际施工人以转包人、违法分包人为被告起诉的,人民法院应当依法受理。

实际施工人以发包人为被告主张权利的,人民法院应当追加转包人或者违法分包人为本案第三人,在查明发包人欠付转包人或者违法分包人建设工程价款的数额后,判决发包人在欠付建设工程价款范围内对实际施工人承担责任。

第四十四条　实际施工人依据民法典第五百三十五条规定，以转包人或者违法分包人怠于向发包人行使到期债权或者与该债权有关的从权利，影响其到期债权实现，提起代位权诉讼的，人民法院应予支持。

实际施工人是《2004 年施工合同司法解释》第 26 条创设的新概念，《2018 年施工合同司法解释》第 24 条对其进行了改造与完善，《施工合同司法解释(一)》第 43 条将这两条合二为一，内容是"实际施工人以转包人、违法分包人为被告起诉的，人民法院应当依法受理。实际施工人以发包人为被告主张权利的，人民法院应当追加转包人或者违法分包人为本案第三人，在查明发包人欠付转包人或者违法分包人建设工程价款的数额后，判决发包人在欠付建设工程价款范围内对实际施工人承担责任。"该规定允许实际施工人突破合同相对性起诉与其无合同关系的发包人，有力保障了实际施工人权益，解决了发包人、承包人、实际施工人之间的连环债务问题①，但与之相关的诸如发包人责任范围问题、实际施工人权利行使边界问题、管辖问题、执行异议之诉问题、实际施工人对外商事行为问题日渐增多。此类纠纷涉及多层法律关系，涉及各方当事人之间利益博弈，各地法院裁判观点不尽统一，影响当事人心理预期，影响司法权威。

2020 年 10 月底，笔者检索北大法宝，发现《2004 年施工合同司法解释》法条关联案例共计 357, 555 篇，其中第 26 条的关联案例 98, 862 篇，占比 27.6%；《2018 年施工合同司法解释》法条关联案例共计 17, 199 篇，其中第 24 条的关联案例 6879 篇，占比 39.9%。可见，实际施工人制度引发的纠纷占比较高，甚至有愈演愈烈之趋势。

一、文义解释实际施工人制度

依文义解释，《施工合同司法解释(一)》第 43 条包含以下几层含义：

---

① 转包合同中，承包人转为转包人，违法分包合同中，承包人转为违法分包人。为行文方便，本书将转包人、违法分包人统称为承包人。

1. 实际施工人是违反资质管理制度的产物。《建筑法》第26条规定:“禁止建筑施工企业以任何形式允许其他单位或者个人使用本企业的资质证书、营业执照,以本企业的名义承揽工程。”第28条规定:“禁止承包单位将其承包的全部建筑工程转包给他人,禁止承包单位将其承包的全部建筑工程肢解以后以分包的名义分别转包给他人。”第29条规定:“禁止总承包单位将工程分包给不具备相应资质条件的单位。禁止分包单位将其承包的工程再分包。”《建筑法》禁止挂靠、转包、违法分包,而实际施工人恰恰是违反建筑企业资质制度而产生的违法承包人。实际施工人分为基于出借资质产生的挂靠人、基于转包产生的转承包人、基于违法分包产生的违法分承包人。依文义解释,第43条适用于转包和违法分包,不适用于挂靠。①

2. 本条涉及三方当事人、两层合同。第一层是发包人与承包人之间的承包合同,第二层是承包人(转包人)与转承包人之间的转包合同,或承包人(违法分包人)与违法分承包人之间的违法分包合同。第43条将转承包人与违法分承包人统称为实际施工人,基于合同相对性,实际施工人应当向其合同相对人即承包人主张权利,但基于实际施工人投入了资金、材料、人工,很多情况下正是因为上游发包人拖欠承包人而导致承包人不能清偿对下游实际施工人的债务,且实际施工人应当获取的工程款涉及建筑工人工资问题,故第43条允许实际施工人突破合同相对性,向与其没有合同关系的发包人主张权利。

3. 发包人在欠付承包人价款范围内对实际施工人承担责任。第43条要求人民法院查明发包人欠付承包人的工程价款数额,而非笼统判决“发包人在欠付转包人或者违法分包人工程价款范围承担责任”,程序上,如果实际施工人直接起诉发包人,为查明案件事实,人民法院应当追加承包人为第三人。

① 挂靠、转包、违法分包的定义与类型详见住房和城乡建设部于2019年1月3日发布的《建筑工程施工发包与承包违法行为认定查处管理办法》(建市规〔2019〕1号)。

类案检索

典型案例　**最高人民法院(2019)最高法民终890号裁定**

【裁判规则】判令发包人向实际施工人负担价款给付责任的前提是查明发包人欠款数额,一审判决对此未予查明,认定基本事实不清。依照《民事诉讼法》第170条第1款第3项的规定,裁定如下:一、撤销贵州省高级人民法院(2018)黔民初6号民事判决;二、本案发回贵州省高级人民法院重审。

典型案例　**最高人民法院(2021)最高法民申4957号裁定**

【裁判规则】建设工程施工合同纠纷案件中,判决发包人在欠付建设工程价款范围内对实际施工人承担责任,应以查明发包人欠付转包人或者违法分包人工程款数额为前提。本案中,根据原审查明的事实,截至原审法院作出判决时,南江土储中心与朝阳开发公司并未就案涉工程进行结算,南江土储中心所欠朝阳开发公司的工程款数额尚不确定。在此情形下,原审法院判决南江土储中心承担本案支付责任,属于认定基本事实不清。据此,邹某荣的再审申请符合《民事诉讼法》第200条第2项规定的情形。依照《民事诉讼法》第204条、第206条、《民事诉讼法司法解释》第395条第1款的规定,裁定如下:一、指令四川省高级人民法院再审本案;二、再审期间,中止原判决的执行。

案例解读

民事权利义务是民事法律关系的内容,具体民事权利义务不确定,则民事法律关系内容亦不确定,《施工合同司法解释(一)》第43条第2款要求"查明发包人欠付转包人或者违法分包人建设工程价款的数额后,判决发包人在欠付建设工程价款范围内对实际施工人承担责任",最高法民终890号裁定,一审判决未查明发包人欠付数额,发回重审有利于查明事实,故二审法院裁定发回重审。发回重审的目的应当限定于维护当事人诉讼辩论权利和审级利益。辩论权是当事人充分发表对案件的意见而维护自己合法权益的最核心诉讼权利，审级利益是程序法中保障当事人合法权益的核心制度。如果不属于影响上述两点程序利益的情形，原则上可以通过二审程序进行补救，而不应发回重审。[①] 最高法民申4957号裁定，根据《民事诉讼法》第207条之规定，“原判决、裁定认定的基本事实缺乏证据证明”是启动再审的理由之一，发包人欠付承包人工程款的数额，是人民法院应当查明的基本事实。原审法院未查明江南土储中心拖欠朝阳开发公司工程款的数额，笼统判决江南土储中心在拖欠朝阳开发公司工程款的范围内对邹某荣承担责任，由于江南土储中心的责任范围不明确，导致判决无法执行，故邹某荣申请再审，最高人民法院裁定指令再审本案。

二、发包人欠付责任的界定

发包人与实际施工人没有合同关系，发包人责任范围限于拖欠承包人的工程款，发包人将应向承包人支付的工程款直接支付于实际施工人。难点是如何查明发包人欠付承包人的工程款范围。

如果发包人与承包人已经结算的，发包人应当证明付款情况，发包人不提供证据的，视为拖欠事实成立，承担欠付责任。如果尚未办理结算，存在以下几种模式：

1. 河北省高级人民法院模式。《河北高院指南》第31条规定：“如果发包人与承包人已就工程款进行结算或虽尚未结算，但欠款范围明确，可以确定发包人欠付承包人的工程款数额大于承包人欠付实际施工人的工程款数顿，可以直接判决发包人对实际施工人在承包人欠付实际施工人的工程款数额范围内承担连带给付责任。”

2. 山东省高级人民法院模式。《山东高院民一庭解答》第6条规定：“发包人未与承包人进行结算的，发包人应当举证证明已付工程款数额，人民法院根据实际施工人的施工量占总工程量的比重、已付款项涵盖的范围、转包或者违法分包

---

① 李相波：“二审发回重审情形的司法认定”，载“法言峰语”公众号，2016年2月19日发布。

的情形等具体情况合理分配举证证明责任，并根据查明的欠付工程款数额作出判决。”

3. 天津市高级人民法院模式，《天津高院纪要》第3条规定：“发包人与转包人或者违法分包人未结算的，实际施工人请求发包人在欠付工程价款范围内承担责任的，应提供初步证据证明发包人欠付工程价款。发包人以其未欠付工程价款为由抗辩的，应提供相应证据予以证明。”

参考上述审判指导意见，首先，发包人掌握施工合同的结算与支付情况，应当对结算与付款情况作出合理解释并提供相关证据，发包人主张不拖欠承包人，应当证明已付款情况；其次，人民法院可以根据合同签约价格、已付款比例、合同履行情况，并综合考虑当事人的举证能力、工程未结算的过错程度，对发包人的欠付范围作出合理认定。

发包人的责任形式是连带责任吗？笔者认为，根据《民法典》第178条第3款“连带责任，由法律规定或者当事人约定”的规定，法律没有规定发包人的责任形式是连带责任，故发包人的责任形式是直接给付，而非连带责任。

类案检索

典型案例　青海省高级人民法院(2019)青民终88号判决

【裁判规则】鼎盛房地产公司与三丰建设集团之间的《建设工程施工合同》明确约定合同价款采用固定价方式，工程总价款为22,662,194元，加之一审庭审中鼎盛房地产公司明确表示对案涉工程的工程量及价款不申请鉴定，本院对鼎盛房地产公司要求工程造价鉴定的主张不予支持。

鼎盛房地产公司虽主张案涉工程存在工程减量，但其并未提交证据予以证明。关于工程增量2,808,526.43元，三丰建设集团虽然认可该数额，亦向鼎盛房地产公司提交了工程增量的结算资料，但鼎盛房地产公司作为《建设工程施工合同》的发包人，未对合同约定之外的工程量（包括工程签证单、锅炉房、消防水池、外网)所对应的工程价款进行确认,故本院不将工程增量2,808,526.43元计入鼎盛房地产公司欠付三丰建设集团的工程款中,待双方结算完毕后,三丰建设集团可另行向鼎盛房地产公司主张权利。

鼎盛房地产公司主张其已向三丰建设集团支付工程款1900万余元,但三丰建设集团经过庭后对账,仅认可鼎盛房地产公司支付工程款1690万元。根据民事诉讼证据"谁主张,谁举证"的原则,鼎盛房地产公司作为负有举证责任的一方不能提供证据证明其主张的已付款数额,应当承担举证不能的不利后果,本院确认鼎盛房地产公司的已付款数额为1690万元。

现案涉工程已投入使用,鼎盛房地产公司又存在怠于结算的情形,故本院认为,除质量保证金1,134,000元外,鼎盛房地产公司欠付三丰建设集团的工程款为4,628,194元(22,662,194元-1,134,000元-16,900,000元=4,628,194元),鼎盛房地产公司应在4,628,194元范围内向赵某雷、杨某针承担给付责任。

典型案例 贵州省高级人民法院(2019)黔民终537号判决

【裁判规则】三都城投公司作为"三都水族自治县水书广场工程"项目的发包人,应当在欠付西南能矿建筑公司工程款本息的范围内对部某元承担付款责任。一审过程中,三都城投公司与西南能矿建筑公司表示没有对案涉工程进行结算。本院二审期间,依法向三都城投公司释明,要求其举证证明是否欠付西南能矿建筑公司工程款及欠付金额,但三都城投公司并未提供证据证明。本院认为,三都城投公司作为发包人具备提供是否欠付工程款等证据的客观条件,有义务举证证明其是否欠付西南能矿建筑公司工程款,三都城投公司与西南能矿建筑公司未进行结算,亦未提供证据证明是否欠付工程款等情况,三都城投公司应当承担举证不能的不利后果。如前所述,西南能矿建筑公司应向部某元支付8,380,796.09元劳务工程款及利息,三都城投公司应在欠付西南能矿建筑公司8,380,796.09元及利息范围内向实际施工人部某元承担责任。一审判决三都城投公司承担连带责任不妥,本院予以纠正。

典型案例　宁夏回族自治区高级人民法院(2019)宁民终434号判决

【裁判规则】银川市住建局应当举证证明对案涉工程已向隆天建设集团全部付清了工程款，虽银川市住建局一审举证已向隆天建设集团支付整个高桥项目工程款74,147,929元，隆天建设集团亦认可收到74,147,929元，与合同价款82,603,651元相比，付款比例仅为89.7%，且银川市住建局与隆天建设集团至今未结算，二审庭审中银川市住建局陈述无法分清对案涉工程已支付隆天建设集团工程款的具体数额，银川市住建局应承担举证不能的不利后果，故银川市住建局应在欠付隆天建设集团工程款1,052,840.55元的范围内对强某民承担责任。

典型案例　最高人民法院(2019)最高法民终92号判决

【裁判规则】因榆平高速公路建设管理处与驻马店公路工程公司尚未结算，是否欠付工程款，欠付多少工程款尚不清楚，本案尚不具备判决榆平高速公路建设管理处在多少金额范围内承担向王某如、韩某军支付工程款的条件。王某如、韩某军对榆平高速公路建设管理处与驻马店公路工程公司之间尚未结算不持异议，王某如、韩某军亦未举证证明榆平高速公路建设管理处欠付驻马店公路工程公司工程款具体数额，一审法院由此未判决榆平高速公路建设管理处在本案中承担责任，并无不当。

案例解读

上述四起案例中发包人与承包人均未结算，对结算金额存在争议，但人民法院穷尽手段，查明发包人欠付承包人的工程款数额。青民终88号判决，一审法院并未实质性审理施工合同纠纷，从形式上分析案涉施工合同约定了固定总价，双方认可存在增量工程，恰恰说明将来的实际结算金额不低于固定总价，固定总价减去双方无争议的已付款，等于发包人欠付承包人的金额，该金额大于实际施工人起诉金额，据此判决发包人在欠付承包人的范围内对实际施工人承担责任。黔民终537号判决，将举证责任分配于发包人，发包人不能证明已付款数额的，视为欠付承包人，故判决其对实际施工人承担责任。宁民终434号判决，通过分配举证责任与推算支付比例两种方式相结合查明了发包人欠付数额。最高法民终92号判决将举证责任分配于实际施工人,实际施工人不能证明发包人欠付的,对其诉讼请求不予支持。

综合上述四起案例可以看出,法官具有较大自由裁量权,将举证责任分配于哪一方当事人,意味着该当事人承担不利后果。

三、层层转包、分包情形下的实际施工人制度

在层层转包、违法分包情形下,转包、违法分包行为多层次组合,导致一个案件中涉及多方当事人、多层法律关系。

最下游的实际施工人向其前手即合同相对人主张权利,没有争议。该实际施工人向其合同相对人的前手、前前手主张权利,面临的障碍一是双方没有合同关系,缺乏起诉根据,二是对《施工合同司法解释(一)》第43条规定的发包人能否作扩大解释。如果可以作扩大解释,实际施工人的前手、前前手所有当事人均是发包人,均应当承担责任。该实际施工人向发包人主张权利,人民法院需要追加中间环节的承包人、转承包人、违法分承包人为当事人,需要查明各当事人之间的欠款情况,法律关系复杂,审理与应诉难度加大。

一种观点认为,《施工合同司法解释(一)》第43条规定的发包人特指建设单位,实际施工人可以突破合同相对性向发包人主张权利,但该司法解释未规定实际施工人可以向承包人主张权利,根据合同相对性原则,实际施工人与承包人之间没有合同关系,要求承包人承担责任无法律依据。另一种观点则认为,多层转包、分包情形下,承包人相当于转包或违法分包关系中的"发包人",可以适用《施工合同司法解释(一)》第43条裁决此类纠纷。

《最高人民法院建设工程施工合同司法解释(二)理解与适用》一书指出:"从实践来看,多层转包或者违法分包现象较为常见;从价值取向上,多层转包或违法分包中的实际施工人也涉及农民工权利保护问题,本条适用于多层转包或违法分包。实际施工人向发包人主张权利的,应当追加各转包人或违法分包人为第三人,在查明发包人、各转包人或违法分包人以及实际施工人之间欠付工程款数额

的基础上确定发包人应当向实际施工人承担的责任。”“从建设工程是劳务的物化的角度来看，发包人是劳务物化的享有者，实际施工人有权向发包人主张权利；承包人不是劳务物化的享有者，故原则上实际施工人不能向既不是发包人又与其没有合同关系的承包人主张权利。发包人已经向承包人支付了全部工程款的情况下，实际施工人有权向承包人主张权利。”①该书指出，实际施工人制度适用于层层转包、分包情形。具体操作中，首先，审查发包人欠付数额，查明发包人拖欠承包人的，判决发包人在欠付范围内对实际施工人承担责任；其次，如果发包人对承包人付清了工程款，则审查承包人对下游转承包人、分承包人的付款情况，承包人拖欠转承包人、分承包人的，承包人在欠付范围内对实际施工人承担责任。由此看出，法官具有“造法”功能，为了保护实际施工人的利益，可以扩大解释法律。

2022 年 1 月 7 日，最高人民法院民一庭微信公众号上刊登的民一庭法官会议纪要指出：“可以依据《建工解释（一）》第四十三条规定突破合同相对性原则请求发包人在欠付工程款范围内承担责任的实际施工人不包括借用资质及多层转包和违法分包关系中的实际施工人，即《建工解释（一）》第四十三条规定的实际施工人不包含借用资质及多层转包和违法分包关系中的实际施工人。”②据此观点，层层转包、违法分包情形下的实际施工人不能根据《施工合同司法解释（一）》第 43 条向发包人主张权利。

法律的生命是经验，而不是逻辑。层层拖欠是建筑行业纠纷的重要特点，从维护诚信健康建筑市场秩序、治理纠纷源、推动各方当事人及时结算的角度出发，笔者认为，对《施工合同司法解释（一）》第 43 条应当作扩大解释，按照《最高人民法院建设工程施工合同司法解释（二）理解与适用》一书给出的思路可以解决连环拖欠问题。

---

① 最高人民法院民事审判第一庭编著：《最高人民法院建设工程施工合同司法解释（二）理解与适用》，人民法院出版社 2019 年版，第 503～505 页。

② “《建工解释（一）》第四十三条规定的实际施工人不包含借用资质及多层转包和违法分包关系中的实际施工人”，载最高人民法院民一庭公众号，2022 年 1 月 7 日发布。

类案检索

典型案例 **最高人民法院(2019)最高法民申 5048 号裁定**

【裁判规则】关于兴城建筑公司是否应当向吕某全承担支付工程款的问题。案涉工程的发包方为会宁县供水管理所,承包方为兴城建筑公司,兴城建筑公司将工程转包给唐某宏,唐某宏又将工程再次转包给吕某全。吕某全与唐某宏签订施工合同,并实际收取唐某宏工程款,吕某全与唐某宏为合同相对方。原审判决依据合同相对性,认定吕某全向兴城建筑公司主张支付工程价款无事实和合同依据,并无不当。吕某全主张兴城建筑公司以其实际的授权和默认行为突破合同相对性,依据不足,不能推翻原审判决依据合同相对性对案涉工程款支付责任主体的认定。吕某全只能向合同相对方唐某宏主张权利。同时,原审法院在查明相关事实的基础上,依据《2018 年施工合同司法解释》第 24 条,认定发包方会宁县供水管理所在欠付工程款范围内承担责任,有事实和法律依据。

吕某全关于兴城建筑公司应当向吕某全支付工程款的再审申请主张,不符合《民事诉讼法》第 200 条第 2 项、第 6 项之规定,本院不予采信。

注:原一审判决承包人兴城建筑公司向吕某全支付工程款,发包人会宁县供水管理所在拖欠工程款范围承担责任。二审改判合同相对人唐某宏支付工程款,发包人会宁县供水管理所在拖欠工程款范围承担责任。

典型案例 **河北省高级人民法院(2020)冀民终 32 号判决**

【裁判规则】关于实际施工人能否向与其没有合同关系的转包人或者违法分包人主张权利。《2014 年施工合同司法解释》第 26 条规定的实际施工人突破合同相对性的对象仅限于工程的发包人,并不包含承包人。从建设工程是劳务物化的角度来看,发包人东胜房地产公司是该劳务物化成果的享有者,实际施工人锦嘉劳务公司有权向东胜房地产公司主张权利。河北四建并非该劳务物化成果的享有者,本案中河北四建既不是发包人,又不是与锦嘉劳务公司有合同关系的相对方，且河北四建已经将东胜房地产公司支付的全部工程款按桥意公司的指示进行了付款，故锦嘉劳务公司不能向既不是发包人又与其无合同关系的承包人主张权利。一审判令河北四建对锦嘉劳务公司承担连带付款责任不当，本院予以纠正。

注：一审判决承包人河北四建在拖欠工程款范围内承担连带责任；二审改判发包人东胜房地产公司在拖欠工程款范围内承担连带责任。

典型案例　北京市高级人民法院（2019）京民申5734号裁定

【裁判规则】经查，汇源九龙沟农业公司以发包人的身份将汇源农业育苗车间的工程发包给了中建华腾装修公司，中建华腾装修公司将汇源农业育苗车间的部分工程分包给了星瑞环保公司，星瑞环保公司又将汇源农业育苗车间的二次结构分包给了潘某炳进行施工。本案案涉工程的发包人为汇源九龙沟农业公司，并非中建华腾装修公司，且中建华腾装修公司提供的相应证据，能够证明该公司已向星瑞环保公司支付的工程款数额并不低于双方签订的合同之价款。潘某炳要求中建华腾装修公司承担连带责任，缺乏法律依据。两审法院根据查明的事实并结合相应证据所作判决，并无不当。潘某炳提交的证据不足以推翻两审判决，其再审申请不符合《民事诉讼法》第200条规定的情形。

案例解读

最高法民申5048号裁定、冀民终32号判决，均是层层转包分包情形下产生的纠纷，当事人意见分歧较大，两级法院观点也截然相反，一审判决承包人对实际施工人承担责任，二审改判发包人对实际施工人承担责任。

京民申5734号裁定代表另一类纠纷，即多层转包或违法分包情形下的实际施工人起诉前手相对人、转承包人、分承包人、承包人，而不起诉发包人。实际施工人认为，在多层转包、违法分包关系链中承包人地位相当于“发包人”。三级法院虽然称承包人中建华腾装修公司不是《2004年施工合同司法解释》第26条规定的“发包人”，但仍然按照“发包人”地位进行审查，由于承包人中建华腾装修公司向下游分承包人星瑞环保公司已付款数额不低于合同签约价,该基本事实影响法官内心确认,驳回了实际施工人对承包人中建华腾装修公司的诉讼请求。相反,如果中建华腾装修公司仍然拖欠分承包人星瑞环保公司,本案或许会产生其他判决结果。

四、实际施工人制度的限制与重构

施工合同约定发包人支付部分工程款,剩余部分工程款用商品房折抵,而实际施工人认为施工合同对其无效,仍要求发包人在欠付承包人的范围内全额支付现金,发包人不同意实际施工人的诉讼请求,发包人对承包人的抗辩能否对实际施工人行使?就此类纠纷,最高人民法院第二巡回法庭2020年第3次法官会议纪要认为:“转承包人应定位于承包人所使用的辅助其履行建设工程施工义务的人,为民法理论上的履行辅助人。虽然基于司法政策考量,该履行辅助人能够取得对发包人的直接请求权,但是发包人基于《建设工程施工合同》对承包人所能行使的抗辩或者反诉请求,对于履行辅助人均有权主张。承包人未经发包人同意擅自将所承包的建设工程转包,该行为违反我国法律关于禁止转包的规定。违法转承包人因其违法承包,所享有的权利自然不能超过合法承包人所享有的权利。因此,针对本案所涉情形,转承包人丙基于转包关系所享有的权利范围不能大于乙承包人的权利范围;发包人甲对乙承包人所享有的以房支付工程款的抗辩有权行使。在经法院行使释明权后,转承包人仍不变更诉讼请求,故本案应当判决驳回其诉讼请求。”①基于实际施工人制度的特别规定,发包人将应向承包人支付的款项转付于实际施工人,发包人的地位相当于承包人的履行辅助人,故发包人对承包人的抗辩可以对实际施工人行使。这是实际施工人对发包人行使权利的边界之一。

实际施工人的权利源于转包合同(违法分包合同),人民法院根据转包合同(违法分包合同)确定实际施工人的权利范围,故实际施工人对发包人的行使权

---

① 《最高人民法院第二巡回法庭法官会议纪要》,人民法院出版社2021年版,第104~108页。

利范围不得超出其在转包合同(违法分包合同)项下的利益。这是实际施工人对发包人行使权利的边界之二。例如,北京市第二中级人民法院(2020)京02民终11182号判决认为:"实际施工人华班公司向发包人怡暖公司主张权利,怡暖公司应在欠付建设工程价款范围内对华班公司承担责任,同时法院支持的金额亦不能超过华班公司本身可向承包人港源公司主张的价款。关于华班公司应当取得的工程款金额,华班公司与港源公司就工程价款进行了约定,即港源公司与怡暖公司最终结算总价款扣除18.48%后的金额。双方合同无效后,一审法院判决参照合同约定价款进行支付,并无不当。华班公司上诉主张怡暖公司将其应当支付的工程款全部向其支付,事实依据不足,本院对其该项上诉请求不予支持。"实际施工人的权利范围应当回归到转包合同(违法分包合同)层面上进行界定。

实际施工人制度,对于解决发包人、承包人、实际施工人之间的"一揽子"纠纷,对于督促发包人及时完成结算具有积极意义,然而,也带来一系列危害。一是有效合同遵守合同相对性,而实际施工人却可以突破合同相对性,层层向上追溯,实际施工人可以从违法行为中获益,该制度有鼓励违法之嫌;二是实际施工人范围泛滥化,导致上游承包人、发包人陷入累讼,施工合同约定的结算条件与付款条件被打破,扩大了发包人的举证责任;三是判决结果多元化,没有稳定成熟的裁判规则,法官自由裁量权过大。

实际施工人制度产生的背景是解决建筑工人工资,以解决建筑工人工资的名义,实际施工人制度存在了近二十年。迟来的正义不是真正的正义,国家建立了劳动监察、劳动仲裁制度,恶意拖欠劳动报酬已经入刑,建筑工人的工资通过这些途径可以便捷解决。通过实际施工人制度解决建筑工人工资问题,不是最佳路径。

挂靠、转包与违法分包,三者的构造不同,故实际施工人制度应当一分为二。在挂靠情形下,存在实际施工人与名义施工人之分离,实际施工人与发包人之间存在事实合同关系,需要解决的是实际施工人如何基于事实合同以自己名义向发包人主张权利的问题。在转包与违法分包情形下,不存在名与实的分离,需要解决的是转承包人、违法分承包人向承包人主张权利之同时,如何向与其没有合同关系的发包人主张权利,从而解决连环拖欠纠纷的问题。

如果实际施工人制度继续存在,应当适用于合法劳务分包。分包合同有效无效、违法合法不是决定是否保护农民工权益的标准,举轻明重,既然在分包合同违法的情况下,对分包合同的承包人权利要特别保护,在分包合同合法的情况下,对分包合同的承包人当然应当予以同等保护。①

① 最高人民法院民事审判第一庭编著:《最高人民法院建设工程施工合同司法解释(二)理解与适用》,人民法院出版社2019年版,第509页。

第三章

实际施工人（挂靠）

挂靠，是指单位或个人以其他有资质的施工单位的名义承揽工程的行为。前款所称承揽工程，包括参与投标、订立合同、办理有关施工手续、从事施工等活动。[①] 无资质的单位或者个人称为挂靠人，出借资质的建筑企业称为被挂靠人。挂靠，本质上是有工程项目无资质的挂靠人与有资质无工程项目的被挂靠人之间的一种"业务合作"，因挂靠行为违反了《建筑法》《招标投标法》的强制性规定，属于无效行为。

挂靠涉及以下法律问题：一是挂靠人向发包人主张工程款的请求权基础，二

---

① 本书挂靠的概念源于《建筑工程施工发包与承包违法行为认定查处管理办法》第9条。该办法第8条、第10条规定了挂靠的情形：(1)没有资质的单位或个人借用其他施工单位的资质承揽工程的；(2)有资质的施工单位相互借用资质承揽工程的，包括资质等级低的借用资质等级高的，资质等级高的借用资质等级低的，相同资质等级相互借用的；(3)施工总承包单位或专业承包单位未派驻项目负责人、技术负责人、质量管理负责人、安全管理负责人等主要管理人员，或派驻的项目负责人、技术负责人、质量管理负责人、安全管理负责人中一人及以上与施工单位没有订立劳动合同且没有建立劳动工资和社会养老保险关系，或派驻的项目负责人未对该工程的施工活动进行组织管理，又不能进行合理解释并提供相应证明的；(4)合同约定由承包单位负责采购的主要建筑材料、构配件及工程设备或租赁的施工机械设备，由其他单位或个人采购、租赁，或施工单位不能提供有关采购、租赁合同及发票等证明，又不能进行合理解释并提供相应证明的；(5)专业作业承包人承包的范围是承包单位承包的全部工程，专业作业承包人计取的是除上缴给承包单位"管理费"之外的全部工程价款的；(6)承包单位通过采取合作、联营、个人承包等形式或名义，直接或变相将其承包的全部工程转给其他单位或个人施工的；(7)专业工程的发包单位不是该工程的施工总承包或专业承包单位的，但建设单位依约作为发包单位的除外；(8)专业作业的发包单位不是该工程承包单位的；(9)施工合同主体之间没有工程款收付关系，或者承包单位收到款项后又将款项转拨给其他单位和个人，又不能进行合理解释并提供材料证明的。

是挂靠人执行异议之诉问题,三是被挂靠人权利与责任范围问题,四是挂靠人对外商事行为的约束力问题,五是被挂靠人对挂靠人的追偿问题。

一、挂靠人向发包人主张权利的请求权基础

研究挂靠的初衷是为挂靠人设计一条向发包人主张权利的途径。涉及的具体问题包括挂靠人是不是《施工合同司法解释(一)》第 43 条规定的实际施工人?挂靠人能否根据第 43 条向发包人主张权利?发包人不知道挂靠,对挂靠人主张权利有无影响?

《施工合同司法解释(一)》第 43 条第 1 款"实际施工人以转包人、违法分包人为被告起诉的,人民法院应当依法受理。"依文义解释,本条适用于转包、违法分包,不适用于挂靠。

挂靠与转包,形式上均表现为承包人将工程项目交由他人施工,实质上挂靠与转包有重大区别。挂靠产生在工程承揽阶段,挂靠人承揽了案涉工程项目,参与前期洽谈、投标、交纳投标保证金,但挂靠人没有企业资质,故借用被挂靠人资质承揽工程,施工合同内容体现了挂靠人的意思表示,被挂靠人虽然是施工合同项下的承包人,但是与发包人之间没有订立合同、履行合同的意思表示,双方仅为名义上的施工合同关系,挂靠人实际履行了施工合同,与发包人建立了事实施工合同关系,是工程款权利的终极享有者,挂靠的整个关系链中存在名和实的分离。转包产生在工程承揽之后,承包人承揽工程后不履行施工合同项下的合同义务,交由转承包人完成,转包是违法行为,但是不影响上游施工合同的效力,转承包人与发包人之间不存在施工合同关系,整个关系链中不存在名与实的分离。基于挂靠人与发包人存在事实施工合同关系,允许挂靠人以自己名义向发包人起诉;而转承包人与发包人之间不存在施工合同关系,基于《施工合同司法解释(一)》第 43 条的特别规定,允许转承包人突破合同相对性向发包人主张权利,发包人在拖欠承包人工程款范围内对转承包人承担责任。

《最高人民法院建设工程施工合同司法解释(二)理解与适用》一书指出:"第 24 条规定不适用于借用资质的实际施工人,不等于借用资质的实际施工人在履

行完毕建设工程施工合同后工程价款债权请求权不能得到保障。根据《民法总则》第146条,借用资质订立建设工程施工合同,实际包含两个法律行为,一是以虚假意思表示实施的民事法律行为,即出借资质的建筑企业与发包人订立的建设工程施工合同,二是以虚假的意思表示隐藏的民事法律行为,即借用资质的实际施工人与发包人订立的建设工程施工合同,该行为违反了法律行政法规强制性规定,不产生合同效力,但要产生《合同法》上的效力,即借用资质的实际施工人与发包人之间就建设工程施工合同之标的产生了实质性的法律关系,根据《合同法》第58条、《建设工程司法解释》第2条,在建设工程质量合格的情况下,实际施工人直接向发包人请求参照合同约定支付工程价款。"①该书明确挂靠人属于实际施工人,但挂靠人向发包人主张权利的事实基础是事实施工合同关系,请求权基础是原《合同法》第58条、《2004年施工合同司法解释》第1条、第2条。《民法典》实施后,请求权基础是《民法典》第793条、《施工合同司法解释(一)》第1条。

挂靠人以自己名义起诉发包人,应当证明自己是实际施工人。挂靠人可以从以下5个方面证明:(1)项目前期,与发包人进行洽谈,参与工程投标,交纳投标保证金,参与订立了施工合同;(2)与被挂靠人订立了挂靠协议(或内部承包协议),持有被挂靠人出具的授权委托书、项目部印章;(3)实际投入了资金、购买了建筑材料、租赁了设施设备、选任分包商或班组,并与之订立了相关合同;(4)从发包人处直接领取工程款,或从被挂靠人处领取了挂靠协议约定的工程款;(5)持有施工合同文本、施工资料、结算资料、各类来往函件等各种资料。

实践中,发包人是否知道挂靠关系,对于挂靠人向发包人主张权利具有重大影响。2022年1月7日最高人民法院民一庭微信公众号上刊登的民一庭法官会议纪要指出:没有资质的实际施工人借用有资质的建筑施工企业名义与发包人订立建设工程施工合同,在发包人知道或者应当知道系借用资质的实际施工人进行施工的情况下,发包人与借用资质的实际施工人之间形成事实上的建设工程施工

---

① 最高人民法院民事审判第一庭编著:《最高人民法院建设工程施工合同司法解释(二)理解与适用》,人民法院出版社2019年版,第500~502页。

合同关系,该建设工程施工合同因违反法律的强制性规定而无效。建设工程经验收合格的情况下,借用资质的实际施工人有权请求发包人参照合同关于工程价款的约定折价补偿。这代表最高人民法院民一庭的最新观点,也是主流裁判观点,挂靠人可基于事实合同关系向发包人主张权利。

然而,很多情况下发包人对挂靠并不知情,挂靠人与发包人之间是否形成事实合同关系?挂靠人向发包人主张权利的请求权基础是什么?法官会议并未回答这一问题。《最高人民法院建设工程施工合同司法解释(一)理解与适用》一书给出的答案是:"实践中还有一种情形,即发包人对实际施工人借用建筑企业名义并不知情。考虑到转包行为和挂靠施工行为存在交叉,二者在现实中不宜区分,根据《建筑工程施工发包与承包违法行为认定查处管理办法》第七条规定,有证据证明属于挂靠或其他违法行为的,不认定为转包。当事人无法证明实际施工人与承包人系挂靠的,一般认定为转包,并依照本条之规定处理。"即不能认定为挂靠的,可以认定为转包,根据《施工合同司法解释(一)》第43条第2款之规定,判决发包人在拖欠被挂靠人工程款的范围内对挂靠人承担责任。

笔者认为,发包人对挂靠事实不知情,挂靠人越过被挂靠人直接向发包人主张权利,涉及各方当事人利益平衡问题。首先,挂靠人应当证明实际施工、工程质量合格、发包人接受工程等基本事实,这是挂靠人主张权利的事实基础。其次,挂靠人应当证明直接主张权利具有正当性。例如,《北京高院解答》第20条规定:"不具有资质的实际施工人(挂靠施工人)挂靠有资质的建筑施工企业(被挂靠人),并以该企业的名义签订建设工程施工合同,被挂靠人怠于主张工程款债权的,挂靠施工人可以以自己名义起诉要求发包人支付工程款,法院原则上应当追加被挂靠人为诉讼当事人,发包人在欠付工程款范围内承担给付责任……"被挂靠人怠于主张权利、下落不明、宣告破产,挂靠人以自己名义向发包人主张权利具有正当性。再次,应当充分考虑被挂靠人的利益,部分案件中被挂靠人明确表示不向发包人主张工程款,且同意挂靠人的诉讼请求,说明被挂靠人对自身权利进行了处分,或者被挂靠人不同意挂靠人的主张,也对发包人提出支付工程款的请求,但是人民法院综合双方证据,认定挂靠人是实际施工人,进而认定应当保护挂靠人的利益。最后，挂靠发生在挂靠人与被挂靠人之间，发包人是否知情，并不影响认定挂靠，发包人对转包、违法分包不知情，并不影响其根据《施工合同司法解释（一）》第43条第2款之规定对实际施工人承担责任。同理，发包人对挂靠是否知情，不影响挂靠关系的认定，支付工程款是发包人的合同义务，发包人向挂靠人支付工程款并不损害其利益，没有加重其履行负担。当然，发包人对被挂靠人的抗辩，仍可以对挂靠人主张。例如，发包人对挂靠事实不知情，与被挂靠人签订了结算协议，此时应当保护发包人的信赖利益。总之，人民法院应当根据施工合同的履行情况，综合平衡各方当事人的利益，允许挂靠人向发包人主张权利。另外，制定实际施工人制度的初衷就是突破合同相对性，打破“名”和“实”的樊篱，解决连环拖欠问题，仍然固守合同相对性，等于否定了实际施工人制度。

典型案例　**最高人民法院（2017）最高法民申3613号裁定**

【裁判规则】挂靠施工情形中，存在两个不同性质、不同内容的法律关系，一为建设工程法律关系，二为挂靠法律关系，根据合同相对性原则，各方的权利义务关系应当根据相关合同分别处理。二审判决根据上述建邦地基公司认可的事实，认定建设工程法律关系的合同当事人为中冶集团公司和博川岩土公司，并无不当。建邦地基公司并未提供证据证明其与中冶集团公司形成了事实上的建设工程施工合同关系，因此，即便认定建邦地基公司为案涉工程的实际施工人，其亦无权突破合同相对性，直接向非合同相对方中冶集团公司主张建设工程合同权利。至于建邦地基公司与博川岩土公司之间的内部权利义务关系，双方仍可另寻法律途径解决。

《2014年施工合同司法解释》第26条适用于建设工程非法转包和违法分包情况，不适用于挂靠情形，二审判决适用法律虽有错误，但判决结果并无不当。该解释第2条赋予主张工程款的权利主体为承包人而非实际施工人，建邦地基公司主张挂靠情形下实际施工人可越过被挂靠单位直接向合同相对方主张工程款，依据不足。

案例解读

五年以来，最高人民法院的这份裁定书广为流传，成为挂靠人不得越过被挂靠人直接向发包人主张权利的经典案例。截至2022年8月10日，笔者在中国裁判文书网上检索，发现全国法院共有225份裁判文书（包含裁定书），即曾经有225位当事人将此裁定作为类案向人民法院提供，可见，此裁定书的影响力非常强大。

笔者查阅了本案一审、二审、再审法律文书，发现挂靠人建邦地基公司自始没有根据《2004年施工合同司法解释》第26条（《施工合同司法解释（一）》第43条）主张权利，但是一审、二审法院以及最高人民法院均根据第26条解释建邦地基公司的请求权基础，一审、二审法院释明建邦地基公司可以根据第26条向被挂靠人主张权利，同时请求发包人在欠付范围内承担责任，最高人民法院则认为第26条适用于转包、违法分包，不适用于挂靠，挂靠人不得根据第26条向被挂靠人、发包人主张权利。

一直以来，《2004年施工合同司法解释》第26条成为挂靠人主张权利时不可以逾越的"坎"，存在多种判决方法：（1）挂靠人可以根据第26条向发包人主张权利，发包人应当在欠付范围内直接对挂靠人承担责任；（2）挂靠人可以根据第26条向被挂靠人、发包人主张权利，被挂靠人承担支付责任，发包人在欠付范围内对挂靠人承担责任；（3）第26条不适用于挂靠，挂靠人可以基于事实合同关系向发包人主张权利。

典型案例　最高人民法院（2019）最高法民申4501号裁定

【裁判规则】关于马某臣的诉讼主体资格是否适格的问题。马某臣以亚星建筑公司的名义从申颐置业公司处承包工程，如果申颐置业公司在签订案涉建设工程施工合同时，知道马某臣挂靠亚星建筑公司承揽案涉工程的事实，则马某臣为案涉工程的真实承包人，有权请求申颐置业公司支付工程款。如果申颐置业公司在签订案涉建设工程施工合同时，不知道马某臣挂靠亚星建筑公司承揽案涉工程的事实，则系亚星建筑公司从申颐置业公司承包到案涉工程后又将工程转包给了马某臣。这种情况下，马某臣亦有权依据《最高人民法院关于审理建设工程施工合同纠纷案件适用法律问题的解释》的相关规定请求申颐置业公司在欠付工程款的范围内承担责任。因此，无论申颐置业公司在签订案涉建设工程施工合同时是否知道马某臣挂靠亚星建筑公司承揽案涉工程的事实，马某臣均有权向其主张权利，是本案适格的诉讼主体。

案例解读

申颐置业公司的再审理由之一是案涉工程承包人是被挂靠人亚星建筑公司，而非挂靠人马某臣，故马某臣不能越过亚星建筑公司直接向申颐置业公司主张工程款，并提供最高人民法院(2017)最高法民申3613号民事裁定书，拟证明同为挂靠关系，最高人民法院判例不支持挂靠人的诉请，原审法院也不应支持挂靠人马某臣的诉请。

目前倡导"同案同判"的司法理念，但事实上没有两个完全相同的案件，不可能完全实现"同案同判"。本案中，最高人民法院认为，发包人对挂靠事实不知情，可以按照转包处理，即无论是挂靠或转包，马某臣是实际施工人的事实不容否定，马某臣均有权向发包人主张权利。这一裁判思路与《最高人民法院新建设工程施工合同司法解释(一)理解与适用》一书所述观点完全一致。

典型案例 最高人民法院(2020)最高法民终630号判决

【裁判规则】根据原审查明的事实，黄某忠系借用有资质的建筑施工企业签订案涉《施工合同》，并实际履行了郴投公司与联合体公司签订的《施工合同》，且案涉项目均已通过竣工验收并已交付，无论郴投公司是否知晓黄某忠是实际施工人，均已形成了事实上的权利义务关系。原审对此认定并无不当。郴投公司以其不知晓黄某忠是实际施工人为由主张原审认定事实及适用法律错误，理据不足，本院不予采信。郴投公司作为发包方，支付工程款是其应履行的合同义务。原审已追加华盛公司、格塘公司作为第三人参加诉讼，在诉讼中华盛公司、格塘公司均未对案涉工程款提出独立主张，反而对黄某忠的诉请及理由予以支持，因此在查明郴投公司欠付工程款的情况下，判令郴投公司在欠付工程款范围内向黄某忠支付工程款，并未损害郴投公司的利益。郴投公司主张黄某忠不是本案适格主体，原审判令郴投公司向黄某忠支付工程款适用法律错误，理据不足，本院不予支持。

案例解读

本案裁判结果表明，无论发包人是否知道挂靠事实，均不影响事实合同的成立，同时指出，支付工程款是发包人的合同义务，发包人向挂靠人支付工程款并不损害其利益，故支持挂靠人对发包人主张权利。

典型案例　最高人民法院(2019)最高法民终 80 号判决

【裁判规则】(一)赵某强身份问题。2017 年 9 月 16 日，广汇建设集团、赵某强向三榆房地产公司出具“西城天街一期建设项目”工程款债权转让通知书，并于 2017 年 9 月 18 日将该通知书邮寄至三榆房地产公司。赵某强受让广汇建设集团的债权后，遂提起本案诉讼。由此可见，赵某强在本案中，其是以广汇建设集团债权受让人的身份参加诉讼，三榆房地产公司在庭审中对赵某强的债权受让人身份亦不持异议，故赵某强在本案中主体适格。

……

(三)350 万元工程款支付问题。2015 年 8 月 27 日，西安市中级人民法院发出协助执行通知，要求三榆房地产公司扣留、提取广汇建设集团在三榆房地产公司的工程款 350 万元，并支付至西安市中级人民法院指定账户。协助执行通知在《关于“西城天街一期建设项目”工程款债权转让协议》之前作出，一审判决认定三榆房地产公司应履行协助义务，三榆房地产公司欠付广汇建设集团的 350 万元工程款不应向广汇建设集团支付，该笔工程款亦不应向广汇建设集团的债权受让人赵某强支付，并无不当。如该另案执行终结后，西安市中级人民法院并未从三榆房地产公司处执行该 350 万元工程款，则赵某强可另行主张权利。

案例解读

挂靠人与被挂靠人签订债权转让协议，受让被挂靠人的债权，之后再以债权受让人身份对发包人提起诉讼，是挂靠人主张权利的新路径。《民法典》第548条规定："债务人接到债权转让通知后，债务人对让与人的抗辩，可以向受让人主张。"赵某强受让广汇建设公司的债权，三榆房地产公司对广汇建设集团的抗辩，可以向赵某强主张。

关于协助执行问题，另一种观点认为，西安市中级人民法院的判决书对广汇建设集团、赵某强没有既判力，西安市中级人民法院的协助执行通知书并未限制广汇建设集团、赵某强的实体权利，故协助执行通知书并不影响赵某强向三榆房地产公司主张350万元工程款，即使支持了赵某强的该项请求，该判决只是确认了赵某强享有350万元债权，并未确认所有权，也未确认赵某强享有优先权，至于赵某强能否实际取得该款项，可以到执行阶段再行解决。笔者同意这一观点。

二、挂靠人执行异议之诉

设定一个场景，挂靠人挂靠某建筑企业承揽房地产项目，在该建筑企业与银行借款纠纷案执行程序中，执行法院冻结了该建筑企业对公账户内资金（或者对房地产公司发出履行到期债务通知），挂靠人根据《民事诉讼法》第234条提出案外人执行异议，理由是被冻结资金是房地产公司支付的工程进度款，挂靠人是实际施工人，是该款项的所有权人，挂靠人对执行标的享有足以排除强制执行的权益，要求中止执行。

根据《执行异议复议规定》第24条、第25条①，人民法院对案外人执行异议采取形式审查原则，鉴于挂靠人既不是被冻结账户的开户人，又不是施工合同的承包人，其执行异议将被驳回，挂靠人的下一救济途径是根据《民事诉讼法》第234条提出执行异议之诉。《民事诉讼法司法解释》第310条规定："对案外人提起的执行异议之诉，人民法院经审理，按照下列情形分别处理：（一）案外人就执行标的享有足以排除强制执行的民事权益的，判决不得执行该执行标的；（二）案外人就执行标的不享有足以排除强制执行的民事权益的，判决驳回诉讼请求。案外人同时提出确认其权利的诉讼请求的，人民法院可以在判决中一并作出裁判。"据此，执行异议之诉的审查重点是挂靠人就执行标的是否享有足以排除强制执行的民事权益。

从挂靠人与建筑企业的内部关系而言，挂靠人是工程进度款的实际权利人，但是执行法院冻结建筑企业账户、执行到期债权行为是合法执行行为。一个标的物之上负两种权利，两种权利冲突时需要作出选择，保障一种权利，牺牲另一种权利。权衡两种权利时面临以下难题：

1. 权利外观障碍。从外观上看，建筑企业是被冻结账户的开户人，也是房地产项目的承包人，基于这些外观表征，人民法院冻结账户、执行到期债权是合法行为，挂靠人与建筑企业的内部约定不能对抗合法执行行为。

2. 债权关系障碍。建筑企业扣除约定税费后将剩余部分转交挂靠人，双方之

---

① 《执行异议复议规定》第24条：对案外人提出的排除执行异议，人民法院应当审查下列内容：（一）案外人是否系权利人；（二）该权利的合法性与真实性；（三）该权利能否排除执行。第25条：对案外人的异议，人民法院应当按照下列标准判断其是否系权利人：（一）已登记的不动产，按照不动产登记簿判断；未登记的建筑物、构筑物及其附属设施，按照土地使用权登记簿、建设工程规划许可、施工许可等相关证据判断；（二）已登记的机动车、船舶、航空器等特定动产，按照相关管理部门的登记判断；未登记的特定动产和其他动产，按照实际占有情况判断；（三）银行存款和存管在金融机构的有价证券，按照金融机构和登记结算机构登记的账户名称判断；有价证券由具备合法经营资质的托管机构名义持有的，按照该机构登记的实际投资人账户名称判断；（四）股权按照工商行政管理机关的登记和企业信用信息公示系统公示的信息判断；（五）其他财产和权利，有登记的，按照登记机构的登记判断；无登记的，按照合同等证明财产权属或者权利人的证据判断。案外人依据另案生效法律文书提出排除执行异议，该法律文书认定的执行标的的权利人与依照前款规定得出的判断不一致的，依照本规定第二十六条规定处理。

间是一种转付关系，未转付之前账户内资金归该建筑企业所有，挂靠人对建筑企业享有的权利性质是债权，此债权并不优先于银行对建筑企业的债权。

3. 资金混同障碍。货币是一种具有高度替代性的种类物，占有与所有权一致，工程进度款进入建筑企业账户后，将与既有资金混同，挂靠人难以证明被冻结的资金就是其挂靠的房地产项目的进度款。

4. 审查形式障碍。挂靠人提出执行异议之诉的基本事实是实际施工人，法律根据是《施工合同司法解释（一）》第43条，实际施工人在施工合同纠纷案审理中考量的事实，而执行异议之诉的审理对象不是施工合同纠纷，可以不审查实际施工人的身份问题。

5. 合法性障碍。最高人民法院（2016）最高法民再149号判决书中写道："遵法守法依法行事者，其合法权益必将受到法律保护；反之，不遵法守法甚至违反法律者，因其漠视甚至无视法律规则，就应当承担不受法律保护或者受到法律追究的风险。"①挂靠违反了《建筑法》的强制性规定，而且挂靠人作为谨慎理性的社会人，应当意识到建筑企业账户可能被冻结之不利后果，其仍然选择以挂靠方式承揽工程，应当承担相应风险。

类案检索

典型案例　金牛区大山钢材经营部与刘某鑫申请执行人执行异议之诉案

再审申请人（一审原告、二审上诉人，执行申请人）：金牛区大山钢材经营部

被申请人（一审被告、二审被上诉人，挂靠人）：刘某鑫

被申请人（一审被告、二审被上诉人，被执行人、被挂靠人）：黄瓦台建筑工程有限公司

① 李某国与孟某生、长春圣祥建筑工程有限公司等案外人执行异议之诉案，载《最高人民法院公报》2017年第2期。

一审:四川省南充市中级人民法院(2017)川13民初4号判决

二审:四川省高级人民法院(2018)川民终933号判决

再审:最高人民法院(2019)最高法民申2147号裁定

【裁判规则】

本案审查的焦点问题是:刘某鑫对案涉工程进度款是否享有足以排除强制执行的民事权益。针对金牛区大山钢材经营部的再审申请理由,具体分析如下:

首先,黄瓦台建筑工程有限公司与刘某鑫均认可刘某鑫系借用黄瓦台建筑工程有限公司资质承揽“中交·王府景”四期复合地基与基础工程。根据发包人中交投资公司出具的《情况说明》,中交投资公司在与黄瓦台建筑工程有限公司签订案涉施工合同时,就知晓刘某鑫借用黄瓦台建筑工程有限公司资质与其签订合同,中交投资公司也认可刘某鑫是案涉施工合同项下建设工程的施工人。这表明,中交投资公司对刘某鑫作为案涉施工合同实际履行人是明知且认可的,也意味着黄瓦台建筑工程有限公司与中交投资公司之间并没有订立施工合同的真实意思表示。中交投资公司在《情况说明》中也表示“2016年12月6日,我司将本应支付刘某鑫的工程进度款3,894,970元转入了四建公司的账户,该3,894,970元系我方拨付的工程进度款。”在案涉账户被冻结后,中交投资公司又直接向刘某鑫支付工程进度款。以上事实说明,本案真实的施工合同关系存在于中交投资公司与刘某鑫之间,中交投资公司与刘某鑫才是施工合同权利享有者和义务承担者。建设工程价款是施工人投入劳务、材料等到建设工程中所获得的对价。刘某鑫提供了其与案外人签订的土石方工程施工合同、管桩施工合同、转账凭证、收条等证据证实其对工程的投入情况,作为投入对价的工程款应由刘某鑫享有,即刘某鑫是案涉工程进度款的实际权利人和给付受领人。

其次,黄瓦台建筑工程有限公司与中交投资公司虽然签订了施工合同,但因合同双方均欠缺订立合同的真实意思表示,施工合同关系未能在双方之间订立,黄瓦台建筑工程有限公司不是施工合同权利人,不具有享有中交投资公司所拨付3,894,970元工程进度款的权利基础。同时,案涉款项进入黄瓦台建筑工程有限公司账户时,该账户已被人民法院冻结,不受黄瓦台建筑工程有限公司的支配和控制，黄瓦台建筑工程有限公司因而未实际占有该款项，故不能仅凭账户名义外观即认定该款项属黄瓦台建筑工程有限公司所有。从案涉账户业务交易单可以看出，除案涉款项外，该账户被冻结后没有其他款项进入，案涉款项并未与黄瓦台建筑工程有限公司其他款项混同。而且，刘某鑫提供的巴中市巴州区劳动保障监察大队出具的情况说明、巴中市巴州区人力资源和社会保障局劳动保障监察投诉登记表及劳动保障监察限期改正指令书可以形成证据链证实案涉款项的拨付用途与支付农民工工资有关。综上，可认定案涉款项不属于黄瓦台建筑工程有限公司可供执行的责任财产范围。

最后，本案属于执行异议之诉，并非当事人之间的建设工程合同纠纷，故不宜对当事人之间的建设工程合同效力进行评述。刘某鑫与黄瓦台建筑工程有限公司均认可双方签订《内部挂靠承包合同》，系刘某鑫借用黄瓦台建筑工程有限公司资质承揽工程，黄瓦台建筑工程有限公司收取管理费，双方并未因该合同形成以建设工程价款为标的的合同权利义务关系。因此，刘某鑫对黄瓦台建筑工程有限公司享有工程款债权这一前提并不存在，金牛区大山钢材经营部关于其对黄瓦台建筑工程有限公司享有的债权应优先于刘某鑫对黄瓦台建筑工程有限公司所享有工程款债权的理由不能成立。法律虽然禁止借用资质承揽建设工程，但借用资质一方在其施工的建设工程符合法定条件的情况下仍有权获得建设工程价款。故虽然刘某鑫借用黄瓦台建筑工程有限公司资质承揽工程的行为违法，但不能以此否定其获得工程价款的权利，金牛区大山钢材经营部关于挂靠行为违法，工程款请求权不能排除强制执行的再审申请理由不能成立。

【判决结果】驳回金牛区大山钢材经营部的再审申请。

案例解读

挂靠人提出执行异议之诉，结果多数是败诉。任何事物都有两面性，矛盾出现在另一面，事物将发生质变，从另外一个角度分析，上述障碍恰恰成为判决挂靠人胜诉的理由，如笔者选取的金牛区大山钢材经营部与刘某鑫执行异议之诉纠纷案。

胜诉理由一是经审查认定挂靠人刘某鑫是工程进度款的实际权利人;二是被冻结款项具有可识别性,未与黄瓦台建筑工程有限公司的其他资金混同;三是被冻结款项将用于发放建筑工人工资,用途特定;四是否定了挂靠人与建筑公司之间系债权关系的观点;五是否定了挂靠违法不予保护的观点。三级法院在争议问题上均作出了对挂靠人刘某鑫有利的解释。

分析挂靠人败诉案例可以发现,判决均根据《施工合同司法解释(一)》第43条展开,分析胜诉案例也可发现,判决全部绕开了《施工合同司法解释(一)》第43条,从挂靠人与发包人存在事实合同关系的角度进行分析,认定挂靠人是工程进度的实际权利人,认定挂靠人对执行标的物享有足以排除强制执行的权益。可见,《施工合同司法解释(一)》第43条对挂靠影响很深,亟须明确挂靠人主张权利的路径问题。

典型案例 刘某松等与北京乾坤恒运建筑设备租赁有限公司执行异议之诉案

上诉人(原审原告,挂靠人):刘某松

被上诉人(原审被告,执行申请人):北京乾坤恒运建筑设备租赁有限公司(以下简称乾坤恒运公司)

原审第三人(被执行人、被挂靠人):重庆市黄浦建设(集团)有限公司(以下简称黄浦建设公司)

一审:北京市大兴区人民法院(2020)京0115民初12415号判决

二审:北京市第二中级人民法院(2021)京02民终612号判决

【基本事实】

1. 黄浦建设公司与乾坤恒运公司租赁合同纠纷案中,北京市大兴区人民法院于2016年9月7日进行调解:黄浦建设公司给付乾坤恒运公司租赁费共计255万元。

2. 乾坤恒运公司申请强制执行。刘某松挂靠黄浦建设公司在广安区文化局承揽了工程项目,北京市大兴区人民法院于2018年11月6日裁定冻结并提取黄浦建设公司案涉工程款,并于2018年11月9日向广安区文广局送达执行裁定书及协助执行通知书。

3. 挂靠人刘某松将广安区文广局作为被告、黄浦建设公司作为第三人诉至广安区人民法院。2019 年 10 月 24 日该院作出 1549 号民事判决：广安区文广局向刘某松支付欠付工程款 341,055.25 元。

4. 刘某松作为案外人向北京市大兴区人民法院提出执行异议，请求解除对案涉工程款的冻结措施。北京市大兴区人民法院裁定：驳回刘某松的异议请求。

5. 刘某松不服，提出执行异议之诉。

【北京市第二中级人民法院裁判规则】

关于案涉工程款，广安区文化局与黄浦建设公司签有施工合同，依据该合同，广安区文化局应向黄浦建设公司支付相应工程款，黄浦建设公司有权取得案涉工程款。刘某松与黄浦建设公司签有内部承包合同，刘某松可依据内部承包合同向黄浦建设公司主张权利。

根据《2018 年施工合同司法解释》第 24 条之规定，虽然该司法解释赋予了实际施工人可向发包人主张权利，但发包人承担责任的基础为其与转包人或违法分包人之间签有施工合同，未向转包人或违法分包人履行施工合同中的全部付款义务，故发包人仅在欠付工程款范围内承担向实际施工人支付费用的责任，该司法解释并未否定转包人、违法分包人所享有的向发包人主张欠付工程款的合同权利。

本案中，北京市大兴区人民法院 2018 年 11 月就向广安区文化局送达了执行裁定书及协助执行通知书，此后刘某松才起诉广安区文化局及黄浦建设公司，1549 号民事判决书并不具有排除强制执行的效力。

综上所述，刘某松的上诉请求不能成立，应予驳回。

案例解读

本案的特点是刘某松作为挂靠人，对发包人广安区文化局及被挂靠人黄浦建设公司提起施工合同纠纷诉讼，获得了胜诉判决，根据该判决提起执行异议之诉。在此情形下，刘某松仍然面临两个障碍。

一是一审、二审法院按照《2018年施工合同司法解释》第24条规定的实际施工人制度分析挂靠人提起的执行异议之诉,施工合同项下工程款债权主体是承包人,发包人将欠付承包人的工程款直接支付给实际施工人,但承包人获取工程款的权利并未被否定,实际施工人享有的权利性质是债权,该权利不优先于其他债权。

二是《执行异议复议规定》第26条第1款的适用问题,其内容是"金钱债权执行中,案外人依据执行标的被查封、扣押、冻结前作出的另案生效法律文书提出排除执行异议,人民法院应当按照下列情形,分别处理:(一)该法律文书系就案外人与被执行人之间的权属纠纷以及租赁、借用、保管等不以转移财产权属为目的的合同纠纷,判决、裁决执行标的归属于案外人或者向其返还执行标的且其权利能够排除执行的,应予支持……"广安区人民法院1549号民事判决并未确认工程款归刘某松所有,且北京市大兴区人民法院发出协助执行裁定后刘某松才提起施工合同纠纷,故对其主张不予支持。

三、被挂靠人权利与责任范围问题

关于被挂靠人对挂靠人有无支付工程款的义务,2017年7月《最高人民法院关于审理建设工程施工合同纠纷案件适用法律若干问题的解释(二)(征求意见稿)》第9条第3款曾规定:"发包人订立合同时明知实际施工人借用资质,实际施工人向出借资质的建筑施工企业主张工程价款的,不予支持;实际施工人主张出借资质的建筑工程施工企业对发包人不能清偿的工程价款承担补充责任的,可予支持。"笔者对"补充责任"一节提出反对意见,并通过全国律师协会建筑与房地产专业委员会书面提交了修改意见。理由是:该规定混淆了借用资质关系与工程承包关系,被挂靠建筑企业与挂靠人之间是借用资质关系,双方没有工程承包关系,该建筑企业对挂靠人没有支付工程款的义务;该规定将发包人不支付工程款的风险转移至建筑企业,其后果是鼓励发包人违约,容易引起道德风险;建筑企业目前面临发包人拖欠工程款的风险、挂靠人对外商事行为的风险,如果再把发包人的支付风险转移至建筑企业,多数建筑企业将不堪重负,不利于建筑市场良性发展。最终,《2018年施工合同司法解释》《施工合同司法解释(一)》均未规定被挂靠人的"补充责任"。

被挂靠人是否有权起诉发包人支付工程款?《民事诉讼法》第 122 条规定:“起诉必须符合下列条件:(一)原告是与本案有直接利害关系的公民、法人和其他组织;(二)有明确的被告;(三)有具体的诉讼请求和事实、理由;(四)属于人民法院受理民事诉讼的范围和受诉人民法院管辖。”被挂靠人是施工合同约定的承包人,与本案具有直接利害关系,人民法院应当受理其起诉。案件审理过程中发现可能存在挂靠施工的,人民法院应当追加挂靠人为第三人,查明挂靠关系对于审查合同效力、确定责任主体、权利主体具有重要意义。《民事诉讼法》第 59 条第 1 款规定:“对当事人双方的诉讼标的,第三人认为有独立请求权的,有权提起诉讼。”《民事诉讼法司法解释》第 81 条规定:“根据民事诉讼法第五十九条的规定,有独立请求权的第三人有权向人民法院提出诉讼请求和事实、理由,成为当事人;无独立请求权的第三人,可以申请或者由人民法院通知参加诉讼。第一审程序中未参加诉讼的第三人,申请参加第二审程序的,人民法院可以准许。”挂靠人作为有独立请求权的第三人,也可以申请参加诉讼,有权对发包人提出支付工程款的主张。人民法院查明挂靠关系,查明挂靠人实际完成施工,工程质量合格,应当判决发包人向挂靠人支付工程价款,同时驳回被挂靠人的诉讼请求。

类案检索

典型案例　**最高人民法院(2021)最高法民申 1995 号裁定**

再审申请人(一审原告、二审上诉人、挂靠人):朱某胜

被申请人(一审被告、二审上诉人、被挂靠人):宏通建筑公司

被申请人(一审被告、二审被上诉人、发包人):泉兴房地产公司

被申请人(一审被告、二审被上诉人、发包人的开办方):白银城投公司

【再审理由】二审法院判决宏通建筑公司、白银城投公司不承担连带责任错误。宏通建筑公司将资质借用给朱某胜使用,理当对朱某胜尚未获得清偿的工程款承担连带责任。白银城投公司作为泉兴房地产公司的上级单位,其与泉兴房地

产公司在人员、资产、业务等方面混同，依法也应承担连带责任。

【裁判规则】关于二审法院判决宏通建筑公司、白银城投公司不承担连带责任是否有误的问题。

首先，本案中，从《承包合同》签订前朱某胜即已施工及后期以房抵账实际是朱某胜参与协商且售房款实际付给朱某胜等事实，可以推定泉兴房地产公司对于朱某胜为实际施工人的情况知悉，且双方之间形成了事实上的权利义务关系。在此情形下，二审法院认定宏通建筑公司同朱某胜之间系挂靠关系，并不存在建设工程转包关系，宏通建筑公司不承担连带责任并无不当。

其次，白银城投公司并非案涉《承包合同》的当事人，朱某胜关于白银城投公司与泉兴房地产公司存在人员、资产、业务的混同，应当承担连带责任的主张，因其未提交相应证据予以证明，对其该项主张，本院不予支持。

综上，朱某胜的再审申请不符合《民事诉讼法》第200条第1项、第2项、第6项规定的情形。

典型案例　最高人民法院(2021)最高法民申6436号裁定

【裁判规则】宋某(挂靠人)与城西建筑公司(被挂靠人)签订《内部承包合同》，约定宋某按工程总造价1%支付管理费。宋某作为自然人不具备建设工程施工合同主体资质，其借用城西建筑公司的资质并以城西建筑公司名义进行施工，系案涉工程实际施工人。

宋某与英祥房地产公司(发包人)签订《工程施工劳务承包合同》《雍翠桂花城项目基础工程承包补充协议书》及宋某与英祥房地产公司、城西建筑公司签订《工程施工劳务承包合同》之补充协议并实际履行，亦可证明案涉工程实际由宋某组织施工，城西建筑公司没有对案涉工程投资并实际参与施工，宋某亦是案涉工程项目的实际承包人。

发包人英祥房地产公司按照上述协议约定直接向宋某支付工程款，城西建筑公司不存在截留工程款或拖欠工程款的行为，原审判决由发包方英祥房地产公司直接向实际施工人宋某支付工程款，并无不当。

承担连带责任必须由法律规定或者当事人约定。宋某并未提供城西建筑公司承担连带责任的合同依据和法律依据，宋某请求被挂靠单位城西建筑公司对欠付工程款承担连带责任，缺乏依据。

【同类案例】

最高人民法院(2018)最高法民再265号判决

最高人民法院(2019)最高法民再329号判决

最高人民法院(2019)最高法民申5609号裁定

案例解读

被挂靠人与挂靠人之间是出借资质关系，双方之间没有工程承包关系，被挂靠人出借资质，收到发包人支付的工程款之后，扣除约定的税费及管理费，剩余部分转交挂靠人。基于双方的合作模式，当发包人拖欠工程款时，不应判决被挂靠人向挂靠人支付工程款。

最高法民申1995号裁定，一审、二审法院判决发包人泉兴房地产公司向挂靠人朱某胜支付工程款，朱某胜仍然要求被挂靠人宏通建筑公司承担责任，缺乏事实根据，不予支持。

最高法民申6436号裁定，《民法典》第178条第3款规定："连带责任，由法律规定或者当事人约定。"法律没有规定发包人与被挂靠人承担连带责任，宋某与城西建筑公司签订的内部承包合同也没有约定连带责任，故宋某请求城西建筑公司承担连带责任，也缺乏法律根据。

当然，此类纠纷中，被挂靠人面临的风险点往往是不能证明挂靠关系，而转包与挂靠的外观形式一致，如果人民法院将双方关系界定为转包，被挂靠人身份变为转包人，将承担不利法律后果。

典型案例　最高人民法院(2020)最高法民终1269号判决

【裁判规则】如前所述，南通四建公司虽然与世纪房地产公司签订了《建设工程施工合同》及《补充协议》，实际是将其施工资质出借给黄某荣用于案涉工程的施工，南通四建公司并无签订、履行合同的真实意思表示；黄某荣借用南通四建公司的资质承揽案涉工程，是案涉工程的实际施工人。因此，原审依据《2004年施工合同司法解释》第2条“建设工程施工合同无效，但建设工程经竣工验收合格，承包人请求参照合同约定支付工程价款的，应予支持”的规定，准许黄某荣以自己的名义向世纪房地产公司主张相应施工价款并无不当。

本案黄某荣与世纪房地产公司已于2016年8月27日签订工程结算确认书，对工程施工范围、结算依据、工程造价、世纪房地产公司的已付款数额、欠付工程款数额等进行确认。在本案二审庭审中，世纪房地产公司与黄某荣对原审认定的欠付工程款金额也均予以认可，本院亦予以确认。因南通四建公司并非施工主体，其虽对世纪房地产公司支付情况提出异议，但未提供证据证明黄某荣与世纪房地产公司之间就工程款结算的确认系虚假的意思表示，故原审认定世纪房地产公司欠付黄某荣工程款数额为959,477.84元并无不当，本院予以维持。

【同类案例】

最高人民法院(2018)最高法民申859号裁定

案例解读

本案裁判理由部分，首先从原《民法总则》第146条“行为人与相对人以虚假的意思表示实施的民事法律行为无效。以虚假的意思表示隐藏的民事法律行为的效力，依照有关法律规定处理”的规定，分析了当事人之间的法律关系，其次根据《2004年施工合同司法解释》第2条，支持挂靠人请求发包人支付工程款的主张。本案裁判理由部分并未提及《2004年施工合同司法解释》第26条。

本案也提醒被挂靠人慎重行使诉权，或许被挂靠人为工程垫付了资金，或许由于出借资质遭受了重大损失，但均不能否定挂靠关系，被挂靠人没有实际施工，向发包人主张工程款，缺乏事实根据，缺乏正当性。

典型案例 最高人民法院(2020)最高法民再176号判决

再审申请人(一审原告、二审上诉人)：姚某广

被申请人(一审被告、二审上诉人):广西建工集团

被申请人(一审被告):华盛房地产公司

【基本事实】2012年10月25日,广西建工集团与华盛房地产公司签订《建设工程施工协议书》。2014年7月9日,广西建工集团与姚某广签订《责任书》,约定姚某广作为案涉项目的直接承包人,对项目负全部经济责任,广西建工集团扣留管理费6.5%。经查,《建设工程施工协议书》和《责任书》在工程名称、工程地点、合同工期、工程造价方面的约定均相一致,可初步证明广西建工集团将全部案涉工程,而非部分案涉工程交由姚某广承包施工。

【裁判规则】判断建设工程的实际施工人应视其是否签订转包、挂靠或者其他形式的合同承接工程施工,是否对施工工程的人工、机器设备、材料等投入相应物化成本,并最终承担该成本等综合因素确定。

1.在工程劳务方面,1707号判决查明,姚某广以广西建工集团的名义与张某水签订了《建筑施工劳务分包合同》,将案涉工程的部分劳务分包给张某水,并与张某水的劳务队签订了结算单。

2.在工程材料方面,姚某广向供货商中意混凝土公司支付混凝土款250,760元,该款项在广西建工集团与中意混凝土公司签订的《债务处理协议》中予以确认。姚某广向供货商筑巢物资公司支付100万元,该款项在广西建工集团与筑巢物资公司签订的《调解协议》中予以确认。

3.本案再审期间,姚某广还提交了其与李某、蔡某刚2019年签署的《结算协议书》,确认姚某广尚欠的土石方款801,680元,如姚某广不是案涉工程的实际施工人,其无理由为案涉工程支付上述款项。

4.一审、二审期间,姚某广提供了案涉工程施工质量全部验收材料的原件以及案涉项目工程施工过程中所产生的工程联系单、签证单、工程预算表、水电费支付凭证,施工过程中需要的砂石、水泥砖、试验费用支付凭证,机械台班费用支付凭证等材料的原件,而广西建工集团称因发生农民工打砸抢事件,相关资料被抢夺,但其未提供证据证明。

5.姚某广的委托诉讼代理人、姚某广之子姚某能清楚地说明项目栋数、各栋

楼房施工的具体进度、项目所涉及的相对方主体情况及相关资料内容,而广西建工集团对工程施工情况表述模糊。

6. 广西建工集团主张其自行组织实施并完成案涉工程的施工管理、停工、协调、结算,并举证证明其与元都劳务公司、中意混凝土公司、筑巢物资公司签订合同,经查,案涉工程于2015年3月1日停工,而广西建工集团主张其支付的各项费用,均发生在案涉工程停工之后。根据建设工程施工需要前期大量投资的常识判断,在案涉项目停工前应当存在大量支出,该事实与姚某广关于案涉项目停工之后,广西建工集团因作为合同签订主体,因涉诉才支付材料款、工程款的主张相印证,且广西建工集团支付的款项并不能涵盖案涉工程的整体施工费用,不足以证明案涉工程由广西建工集团自行组织施工。

综合考虑各方当事人提交的证据并结合案件相关事实,根据高度盖然性的证明标准来看,尽管姚某广提交的关于案涉工程支出的款项的证据,无相关合同等证据进行印证,但其提供的证据证明力仍明显大于广西建工集团提供的证据。在广西建工集团无证据证明案涉工程系其自行组织施工以及本案还有其他实际施工人的情况下,姚某广系案涉工程实际施工人的事实具有高度盖然性。综上,一审判决认定姚某广为案涉工程的实际施工人,并无不当,本院予以维持。

案例解读

挂靠人以自己名义向发包人主张权利,应当举证证明投入了资金、人力、材料,施工合同的订立与履行体现了挂靠人的意思表示,挂靠人是施工合同的实际履行者。挂靠人提供上述证据,证据达到高度盖然性标准,法官可以形成内心确认,相信挂靠人是实际施工人,挂靠人直接向发包人主张权利才可能获得支持。本案纠纷特点是姚某广与广西建工集团就谁是实际施工人发生争议,一审法院根据双方举证情况,最终认定姚某广是实际施工人,二审法院予以维持。

四、挂靠人对外商事行为的约束力问题

挂靠人实施购买建筑材料、租赁设备、民间借贷等商事行为,这些行为对被挂

靠人的约束力问题，一直困扰着被挂靠人，导致其陷入累讼、债务缠身。

相对人对被挂靠人提起买卖合同（租赁合同、借款合同）纠纷诉讼时，被挂靠人提出的抗辩理由是：（1）挂靠协议约定，挂靠人自主经营、自负盈亏，应由挂靠人承担责任；（2）债权凭证上加盖的印章系伪造，或加盖了资料章、技术章，超越了应有功能，对被挂靠人无约束力；（3）未授权挂靠人与相对人订立合同，挂靠人行为对被挂靠人无效；（4）挂靠人与相对人串通，虚构债权关系、加大欠款数额；（5）挂靠人涉嫌伪造印章、职务侵占等犯罪，正在刑事报案，申请中止审理。这些抗辩理由，难以获得支持。

人民法院审理挂靠人对外商事行为，有两种审判思路。

第一种思路是根据《北京市高级人民法院审理民商事案件若干问题的解答之五（试行）》第47条"合同相对人同时起诉挂靠者和被挂靠者的，如果合同相对人对于挂靠事实不明知，由挂靠者与被挂靠者承担连带民事责任；如果合同相对人对于挂靠事实明知，首先由挂靠者承担责任，被挂靠者承担补充的民事责任……"的规定，区分相对人是否知道挂靠事实，判决挂靠双方承担相应责任，即使相对人知道挂靠事实，被挂靠人也应当承担补充责任。

第二种思路是根据《浙江省高级人民法院民二庭关于审理涉建筑施工企业项目部纠纷的疑难问题解答》第1条"……从该行为是否有建筑施工企业的明确授权（委托代理行为），是否属于职务行为（职务代理行为），是否构成表见代理三个层面依次进行审查。构成委托代理、职务行为或表见代理的，相应的法律后果应当由建筑施工企业承担"的规定，从三个层面分析挂靠人的行为性质，进而判断被挂靠人是否承担责任。当然，三个层面的难点是表见代理的认定问题。[①]

《民法典》第172条规定："行为人没有代理权、超越代理权或者代理权终止

---

① 就项目经理（挂靠人）对外商事行为问题，各地法院出台的审判指导意见还有《江苏省高级人民法院建设工程施工合同案件审理指南》《绍兴市中级人民法院关于审理建筑领域民商事纠纷案件若干问题的纪要》《聊城市中级人民法院关于审理在建设工程施工过程中项目部对外欠款案件的意见》《南通市中级人民法院关于印发关于建设工程实际施工人对外从事商事行为引发纠纷责任认定问题的指导意见（试行）的通知》《连云港中院民二庭关于职务行为认定的讨论意见》。

后，仍然实施代理行为，相对人有理由相信行为人有代理权的，代理行为有效。”《最高人民法院关于适用〈中华人民共和国民法典〉总则编若干问题的解释》第28条规定：“同时符合下列条件的，人民法院可以认定为民法典第一百七十二条规定的相对人有理由相信行为人有代理权：（一）存在代理权的外观；（二）相对人不知道行为人行为时没有代理权，且无过失。因是否构成表见代理发生争议的，相对人应当就无权代理符合前款第一项规定的条件承担举证责任；被代理人应当就相对人不符合前款第二项规定的条件承担举证责任。”表见代理，不仅要求客观上形成具有代理权的表象，而且要求相对人在主观上善意且无过失，本人和相对人就是否构成表见代理发生争议的，通过分配举证责任方式解决，相对人对构成要件之一“存在代理权的外观”承担举证责任，被挂靠人对构成要件之二“相对人不知道行为人行为时没有代理权，且无过失”承担举证责任。需要强调的是，司法解释规定相对人的主观标准是“无过失”，而非“无重大过失”，表明相对人负担较重的注意义务，这对于合理平衡被挂靠人与相对人之间利益冲突具有重要意义。

以下因素是认定表见代理的客观表象：

1. 以被挂靠人名义。被挂靠人实际承包了案涉工程，有中标通知书、施工合同、开工许可证以及施工现场铭牌信息等证据，挂靠人以被挂靠人的名义实施了商事行为，相对人有理由相信挂靠人具有代理权。人民法院进一步认为，被挂靠人有权从发包人处取得工程价款，被挂靠人可用该工程款抵扣其承担的债务，判决被挂靠人承担责任并不损害其合法利益。

2. 加盖了项目章。项目部是被挂靠人组建的全权管理案涉工程的机构，项目章是项目部的印鉴，相对人持有的债权凭证上加盖项目章，对被挂靠人具有约束力。即使该印章是伪造，但相对人并不知晓，且相对人无法核实印章真伪，苛求相对人核实印章真伪，不利于交易安全。

3. 概括授权。被挂靠人出具的委托书通常是“授权挂靠人办理某项目的全部事务，对其一切行为，我司均予认可”，既然是概括授权，挂靠人权限范围可以包括对工程质量、进度、价款进行管理，也可以包括购买材料、租赁设备，挂靠人对外商事行为并未超越代理权。

4. 事实合同。相对人可以提供送货单、对账单、聊天记录、已付款凭证、发票等证据，证明履行地为被挂靠人承揽的工程项目，与被挂靠人建立了事实合同。

5. 挂靠人自认。被挂靠人对相对人证据提出种种质疑，然而挂靠人全部自认，挂靠人是案涉合同的订立者和履行者，其自认更具客观性，被挂靠人既不能举证其他人替代履行，又不能否定相对人证据。

基于此，相对人可以证明被挂靠人承揽了案涉工程、以被挂靠人名义订立了合同、债权凭证上加盖了被挂靠人印章、被挂靠人出具了委托书、事实上履行了合同，再加之挂靠人自认，且被挂靠人不能反证案涉建筑材料或租赁物由第三人提供，据此，人民法院认定表见代理没有障碍。

以下情形下，人民法院可以认定由挂靠人对相对人承担责任：（1）挂靠人以自己名义对外实施商事行为；（2）相对人知道挂靠事实或者知道相对人没有代理权、超越代理权；（3）挂靠人与相对人恶意串通，伪造签证单、结算单等结算资料或合同、借条、债权转让协议等文书，故意损害被挂靠人合法权益的；（4）其他情形。

典型案例 **北京市第三中级人民法院（2019）京03民终9342号判决**

【裁判规则】首先，朗惠公司提交的《采购合同》等协议虽已经鉴定机构认定加盖印章为假，但一审法院并未依据《采购合同》等协议认定买卖合同关系。

其次，远洋公司自认贺某系远洋公司案涉项目生产经理，履行与案涉项目有关工作时能够代表远洋公司，远洋公司虽主张贺某因涉嫌伪造公章已被公安机关受理，但远洋公司亦未能提交充分证据对贺某签字的真实性予以反驳。

再次，远洋公司未能提交充分证据证明案涉项目所用瓷砖系从案外第三人处采购，且远洋公司是否与案外第三人存在瓷砖买卖合同关系并不当然排除其与朗惠公司之间的买卖合同关系。

最后，朗惠公司提交的供货明细、申请一审法院调取的杨某某名下银行历史交易明细等与其当庭陈述能够相互印证，形成了完整证据链。

一审法院认定远洋公司与朗惠公司之间存在事实上的买卖合同关系，且朗惠公司已依约向远洋公司履行供货义务并无不当，本院予以维持。

典型案例　北京市高级人民法院（2019）京民终607号判决

【裁判规则】行为人于某俭是代表黑龙江龙鑫公司签约，而非代表中建六局土木公司签约。

印章鉴定结果证明在中建六局土木公司收回项目经理部印章后出具《还款承诺书》，并非中建六局土木公司的真实意思表示。

中纺公司承认其在签订《物资购销合同》时，仅凭于某俭出示的印有“中建六局土木公司北京分公司副总经理”字样名片、其持有的项目经理部印章，以及《物资购销合同》中明确指定了交货地点等，即“有理由相信”于某俭有权代表中建六局土木公司签约。中纺公司具有严重的缔约过失，于某俭行为亦不能构成表见代理行为。

现有证据不足以证明本案具有明确的货物。中纺公司既未按照合同约定的地点交付货物，亦未实际向中建六局土木公司交付货物。

综上，中纺公司与中建六局土木公司之间不存在货物买卖合同关系，故中纺公司无权向中建六局土木公司主张《物资购销合同》项下货款。

案例解读

上述两个案件所涉印章经过司法鉴定，皆是假印章，但判决结果截然相反。综合两个案件裁判思路，人民法院在认定挂靠人对外商事行为对被挂靠人约束力问题时，遵循以下顺序：

1. 审查印章真伪。案涉合同加盖了公章、合同章、项目章，对被挂靠人具有约束力。

2. 审查代理权。若印章虚假，审查挂靠人是否构成有权代理或职务行为，构成有权代理或职务行为的，争议问题就此解决。

3. 审查表见代理。挂靠人不构成有权代理或职务行为，则从表见代理入手。

4. 审查以谁的名义。挂靠人以个人名义对外实施商事行为的，缺乏代理权的表象，相对人要求被挂靠人承担责任的，不予支持。

5. 审查事实合同。通过供货凭证、签字人、送货地点、运输方式、已付款等因素综合认定是否存在事实合同。

6. 审查被挂靠人解释。被挂靠人作为承包人，有能力对购买建筑材料情况作出合理解释，如果不能合理解释，又不能证明第三方供货的，则承担不利后果。

从以上两个案件可以看出，人民法院裁判案件系用“多点支撑”原则，即多维度、多方向，综合权衡各方利益，根据诚实信用原则与公平原则，运用民事证据“高度盖然性”标准，并考虑日常生活经验，综合各个因素后作出判决。

五、被挂靠人对挂靠人追偿问题

《建筑法》第26条第2款第2句规定：“禁止建筑施工企业以任何形式允许其他单位或者个人使用本企业的资质证书、营业执照，以本企业的名义承揽工程。”挂靠是违法行为，被法律所禁止，挂靠人与被挂靠人订立的挂靠协议无效。然而，挂靠协议约定了工程价款分配规则、投资主体、管理模式、责任承担等问题，根据《民法典》第793条第1款“建设工程施工合同无效，但是建设工程经验收合格的，可以参照合同关于工程价款的约定折价补偿承包人”的精神，应当参照挂靠协议处理双方纠纷。

被挂靠人收取工程款、扣除税金管理费之后不向挂靠人支付剩余款项，挂靠人可以根据挂靠协议提起诉讼。争议问题之一是被挂靠人收取的管理费能否获得支持？挂靠人认为，被挂靠人收取管理费违反法律的强制性规定，不应获得支持；被挂靠人认为，挂靠协议是双方真实意思表示，虽然挂靠协议无效，但处理双方关系时应当执行挂靠协议，挂靠人也是无效合同的一方，不应当从违法行为中获取更大利益，被挂靠人提供资质是挂靠人承揽工程的必要条件，施工过程中被挂靠人在质量、安全、技术等方面提供了管理，对外承受着质量责任、经济责任，甚至面临被罚款、信用惩戒、吊销执照等巨大风险，有权获得管理费。笔者认同被挂靠人的观点。

《北京市高级人民法院审理民商事案件若干问题的解答之五（试行）》第47

条第3款规定:“在被挂靠者对外承担责任的范围内,被挂靠者对挂靠者享有追偿权。”被挂靠人行使追偿权时涉及以下问题:

1. 追偿依据。被挂靠人追偿的依据是挂靠协议或挂靠人出具的承诺书,如前所述,挂靠行为无效,但处理内部纠纷时应当参照双方约定。部分案件中,挂靠人否定挂靠关系,辩称被挂靠人是施工合同的承包人,是合同履行者,本人是接受被挂靠人委托的管理人员,不承担终极责任,此时需要从施工合同订立过程、工程价款的实际掌控者等方面查明是否存在挂靠关系。

2. 追偿条件。被挂靠人追偿条件之一是实际承担了民事责任,即前一轮买卖合同、租赁合同纠纷等案件业经强制执行,被挂靠人履行了生效判决项下的各项义务,当然,双方另有约定的除外。条件之二是被挂靠人与挂靠人之间是否应当完成内部结算?部分案件中,挂靠人辩称,挂靠双方尚未结算,被挂靠人的责任范围不确定,追偿条件不成立。笔者认为,挂靠人是终极责任主体,除非被挂靠人留存的工程款大于业已承担的民事责任,否则,不影响被挂靠人行使追偿权。

3. 追偿范围。对于经济责任引起的追偿纠纷,因追偿是双方之间的私人事务,不违反公共利益与公序良俗,故被挂靠人追偿经济责任,应当全部支持。对于工伤赔偿引发的追偿权纠纷,《最高人民法院关于审理工伤保险行政案件若干问题的规定》第3条规定:“社会保险行政部门认定下列单位为承担工伤保险责任单位的,人民法院应予支持:……(四)用工单位违反法律、法规规定将承包业务转包给不具备用工主体资格的组织或者自然人,该组织或者自然人聘用的职工从事承包业务时因工伤亡的,用工单位为承担工伤保险责任的单位;(五)个人挂靠其他单位对外经营,其聘用的人员因工伤亡的,被挂靠单位为承担工伤保险责任的单位。前款第(四)、(五)项明确的承担工伤保险责任的单位承担赔偿责任或者社会保险经办机构从工伤保险基金支付工伤保险待遇后,有权向相关组织、单位和个人追偿。”据此,被挂靠人与挂靠人聘请人员之间虽然没有劳动关系,但仍是承担工伤责任的主体,被挂靠人承担工伤责任后,有权向挂靠人追偿。关于追偿范围存在两种观点:一种观点仍然认为遵守挂靠协议,由挂靠人承担全部责任;另一种观点认为按照挂靠人与被挂靠人的过错程度划分责任,被挂靠人是现场直接管理者,过错较大,应当承担主要责任。笔者赞同第二种观点。

4.分公司问题。为方便挂靠人承揽工程,被挂靠人为挂靠人设立了分公司,任命挂靠人为分公司负责人,《公司法》第14条第1款规定:“公司可以设立分公司。设立分公司,应当向公司登记机关申请登记,领取营业执照。分公司不具有法人资格,其民事责任由公司承担。”然而,此类分公司并非通常意义上的分公司,而是实施挂靠的一种方式,挂靠人是分公司民事责任的终极承担者,不影响被挂靠人行使追偿权。

另外需要提及的是,挂靠人与被挂靠人之间不存在工程承包关系,双方之间的利益分配纠纷或追偿权纠纷不适用不动产专属管辖。

六、公司印章的法律效力

每个公司都需要刻制5枚印章,分别是公章、合同专用章、财务专用章、发票专用章、法定代表人人名章。公章在所有印章中效力最高,代表公司的意志。合同专用章、财务专用章、发票专用章,顾名思义,分别用于对外签订合同、财务往来、开具发票。法定代表人人名章,配合其他印章使用,一般不独立使用。公司对外签订合同,应当加盖公章或合同专用章。签名和盖章是什么关系?如何理解“盖章(签名)、盖章并签名、盖章或签名”的法律意义?使用伪造印章,是否影响民事法律行为的效力?

《民法典》第490条第1款规定:“当事人采用合同书形式订立合同的,自当事人均签名、盖章或者按指印时合同成立。在签名、盖章或者按指印之前,当事人一方已经履行主要义务,对方接受时,该合同成立。”依文义解释,可以总结出以下规则:(1)签名、盖章或者按指印,三者是选择关系,三者之中一项查证属实,该合同成立,如果合同上加盖的印章是伪造印章,印章的法律效力被否定,则进一步审查签名的法律效力。签名人是法定代表人、授权代理人,签名行为构成职务行为、有效代理,对公司具有法律约束力。(2)合同加盖的印章系伪造印章,签名人客观上没有代理权,但是外观上具有代理权表象,相对人基于对代理权表象的信赖,事实上履行了主要合同义务,事实合同成立,事实合同大于签名或盖章,不能苛求相对人在每一笔交易前审查印章真伪,更不能苛求其审查签名人的实际代理权限。

据此思路,可以解读《九民会议纪要》第41条关于盖章行为法律效力的规定。

第1款:“司法实践中,有些公司有意刻制两套甚至多套公章,有的法定代表人或者代理人甚至私刻公章,订立合同时恶意加盖非备案的公章或者假公章,发生纠纷后法人以加盖的是假公章为由否定合同效力的情形并不鲜见。人民法院在审理案件时,应当主要审查签约人于盖章之时有无代表权或者代理权,从而根据代表或者代理的相关规则来确定合同的效力。”在假章真人的情形下,判断签字人行为是否构成职务行为、有权代理,进而判断该行为效力是否及于公司。

第2款:“法定代表人或者其授权之人在合同上加盖法人公章的行为,表明其是以法人名义签订合同,除《公司法》第16条等法律对其职权有特别规定的情形外,应当由法人承担相应的法律后果。法人以法定代表人事后已无代表权、加盖的是假章、所盖之章与备案公章不一致等为由否定合同效力的,人民法院不予支持。”根据《民法典》第61条之规定,法定代表人以法人名义从事的民事活动,其法律后果由法人承受,法定代表人在合同上加盖假公章,也属于代表行为,对公司具有法律约束力。

第3款:“代理人以被代理人名义签订合同,要取得合法授权。代理人取得合法授权后,以被代理人名义签订的合同,应当由被代理人承担责任。被代理人以代理人事后已无代理权、加盖的是假章、所盖之章与备案公章不一致等为由否定合同效力的,人民法院不予支持。”根据《民法典》第162条之规定,代理人在代理权限内,以被代理人名义实施的民事法律行为,对被代理人发生效力,代理人获取授权,以被代理人名义签订合同,行为效力及于被代理人。授权委托书、合同上加盖了假章,则进一步审查代理人行为是否构成表见代理,事实合同是相对人相信代理人具有代理权表象之一。

假公章的认定,往往需要借助举证责任的分配予以解决。通常情况下,是公司以加盖在合同书上的某一枚公章是假公章为由提出合同不成立或无效抗辩,此时,应由该公司承担举证责任,公司可通过申请鉴定、比对备案章等方式进行举证。公司举证后,合同相对人可通过举证证明盖章之人具有代表权(如为法定代表人或负责人）、代理权（职务代理、个别代理）或其合理理由相信盖章之人有代表权或代理权等事实，从而主张根据相关规则认定合同对公司有效。此时，公司只能通过举证证明交易相对人为恶意相对人来否定合同的效力。①

建筑行业非常特殊，建筑项目往往在建筑公司住所地之外，为了方便履行合同，建筑公司除上述5枚印章外，项目部还刻制了项目章、资料章、技术章等各类印章，这些印章有什么法律效力？

项目部是建筑公司设立的对工程项目进行全面管理的临时机构，不具有法人资格，项目部的法律责任由建筑公司承担，项目章对外代表项目部，故合同加盖项目章，对建筑公司具有法律约束力，例如，《河北高院指南》第51条规定："施工企业认可的项目部印章对外订立合同的，该印章具有缔约或结算的效力，施工企业应对加盖该项目部印章的合同承担责任。施工企业对项目部印章不认可的，若权利人举证证明在其他对外经济往来或具有公示效力的场合使用过该印章，则该印章具有缔约或结算的效力。"

资料章、技术章，顾名思义，资料章用于开工报告、设计图纸会审记录等有关工程项目资料，也可用于收发资料，技术章仅限于与工程技术相关事务，两枚印章属于内部印章，根据其文义以及交易习惯，合同加盖资料章、技术章，超越了印章的应有功能，对建筑公司没有法律约束力。从现实情况来看，恰恰由于合同加盖了资料章、技术章而发生纠纷，就此类纠纷，《河北高院指南》第52条规定："技术章、材料收讫章、资料专用章一般不具有缔约或结算的效力，相对人主张权利的，应当结合交易习惯、该章的使用情况等举证证明其有理由相信该印章具有超出其表面记载的实际功能，可以认定该章的效力。"不能因为加盖了资料章、技术章而否定一份合同，而应当根据交易习惯、交易方式、签名人的代理权限等因素认定合同是否成立。

---

① 最高人民法院民事审判第二庭编著：《〈全国法院民商事审判工作会议纪要〉理解与适用》，人民法院出版社2019年版，第291页。

类案检索

典型案例 北京市高级人民法院(2014)高民申字第2482号裁定

【裁判规则】根据已查明的事实,二审法院认定许某兰与京开物资公司签订的《建筑施工物资租赁合同》租赁架管等建筑施工设备系许某兰代表中建二局从事的职务行为,该租赁合同对中建二局具有法律约束力并无不当。中建二局公司提出的"中国建筑第二工程局有限公司平谷区滨河新城集中供热工程项目专用章"系伪造并要求鉴定一节,由于是否对该公章进行鉴定并不影响本案的事实认定,故一、二审法院对该鉴定申请未予支持,并无不当。

案例解读

从《民法典》第490条第1款"当事人采用合同书形式订立合同的,自当事人均签名、盖章或者按指印时合同成立……"的规定可以看出,签名、盖章、按指印是选择关系,三者其一真实,则合同成立。中建二局对许某兰出具授权委托书,授权范围是"工程项日的全部事宜",全部事宜包括履行施工合同,也包括为履行施工合同而实施的购买材料、租赁设备、劳动用工等行为,故许某兰与中建二局的名义与京开物资公司签订租赁合同,并未超出中建二局的授权范围。《民事诉讼法司法解释》第121条第1款规定:"当事人申请鉴定,可以在举证期限届满前提出。申请鉴定的事项与待证事实无关联,或者对证明待证事实无意义的,人民法院不予准许。"经过笔迹鉴定,《建筑施工物资租赁合同》上许某兰签名是其本人所签,其签订合同行为构成职务行为,对中建二局具有约束力,鉴于合同成立问题已经解决,启动印章鉴定无意义,故人民法院对中建二局提出的鉴定申请不予准许。

典型案例 安徽省高级人民法院(2020)皖民申2027号裁定

【裁判规则】刘某峰主张其与江西四建之间存在建设工程施工合同关系,所举证据为案涉合同文本,该合同首部虽载明甲方为相山区广泽家园B标桥头安置房A、B标项目部，乙方为刘某峰，但最后签名盖章处，甲方签名为程某敏个人，乙方为刘某峰本人，并无江西四建的公章或其项目部的印章。合同骑缝处加盖印文为“江西四建淮北市相山区2011年新建公租房、廉租房项目—广泽家园B标段项目部技术资料章”，但根据技术资料章的性质，只能在单位内部使用，不能作为对外签订施工合同之用。同时，刘某峰亦不能证实案外人程某敏系江西四建的工作人员，其行为构成表见代理，故一、二审法院未认定其与江西四建之间成立建设工程施工合同关系，进而未支持其诉讼请求，并无不当。

典型案例　**最高人民法院（2019）最高法民申2135号裁定**

【裁判规则】关于宏盛建筑公司是否应当返还庆国劳务公司90万元信誉保证金的问题。一审中，庆国劳务公司提供了落款时间分别为2011年9月10日、2011年9月14日、2012年1月15日、2012年1月20日的4份转账凭证，显示转账总金额为90万元。汇款人均是程某红、收款人均是严某东，严某东系宏盛建筑公司的项目负责人。该4张凭条背面均加盖“河南宏盛建筑有限公司旭日华庭项目资料专用章”，劳务合同也约定庆国劳务公司应向宏盛建筑公司缴纳信誉保证金。结合全案证据，从优势证据的角度来看，二审判决认定庆国劳务公司向宏盛建筑公司支付了保证金90万元，宏盛建筑公司应当返还该款项，有事实依据。

案例解读

资料章、技术章的对外使用超越了其应有范围，从形式上不能推定为建筑公司的意思表示。上述两起案件，均绕开资料章、技术章本身的法律效力，转而审查签名人程某敏的签字行为、宏盛建筑公司严某东的收款行为对被代理人有无约束力问题。换言之，与其探讨资料章、技术章的法律效力，不如探讨签名人行为是否构成职务行为、有权代理或表见代理，进而判断其行为对被代理人有无法律约束力的问题。

典型案例　最高人民法院(2014)民申字第1142号裁定

【裁判规则】关于本案是否应移送公安机关处理问题。本案中,马某光持有地质工程公司向其出具的《授权委托书》,马某光以地质工程公司名义从事的与工程建设有关的所有行为均是依法、依约行使代理权的行为,该行为的法律后果应当由地质工程公司承担。本案因地质工程公司不认可马某光以其名义与中宇经贸公司签订的《钢材供货合同》而引起,属于经济纠纷案件。中宇经贸公司向一审法院提起诉讼后,地质工程公司以马某光伪造其公司印章对外签订虚假合同为由向公安机关报案,公安机关已立案侦查。根据上述事实以及《最高人民法院关于在审理经济纠纷案件中涉及经济犯罪嫌疑若干问题的规定》(法释〔1998〕7号),二审法院认定本案争议属于经济纠纷案件,因而无论马某光是否涉嫌犯罪、应否承担刑事责任与地质工程公司应承担的民事责任没有必然联系,马某光是否涉嫌刑事犯罪不影响本案审理。地质工程公司认为二审法院应当将马某光涉嫌刑事犯罪部分移送公安机关审理属适用法律不当,地质工程公司的该再审主张无法律依据,不能成立。

案例解读

挂靠人对外实施民商事行为导致被挂靠的建筑公司涉诉,很多建筑公司的维权途径是以挂靠人涉嫌伪造印章罪向公安机关提起刑事报案之后,又以公安机关受理刑事报案为由申请中止审理民事诉讼。挂靠人构成伪造印章罪,其实施的民商事行为对建筑公司有无约束力?刑事报案是不是建筑公司维权的有效途径?

事实上,即使挂靠人构成伪造印章罪,也并不能免除建筑公司的民事责任。首先,建筑公司是案涉项目的承包人,对挂靠人出具了授权委托书,很多情形下还是"一切认可"式授权,挂靠人行为可以构成有权代理或表见代理;其次,建筑公司不能否定事实合同存在,更不能举证证明案涉材料由案外人提供;最后,商事交易奉行外观主义,不能苛求相对人对印章真伪进行判断,相对人基于对印章的信赖而实施交易,主观上没有过错。故单纯否定印章,不能免除建筑公司的民事责任。

2017 年《民事诉讼法》第 153 条第 5 项规定:“有下列情形之一的,中止诉讼:……(五)本案必须以另一案的审理结果为依据,而另一案尚未审结的”,人民法院审理民事案件不需要以伪造印章罪刑事案件审结为前提,故对建筑公司提出的中止审理申请,不予支持。《九民会议纪要》第 130 条最后一句规定:“如果民商事案件不是必须以相关的刑事案件的审理结果为依据,则民商事案件应当继续审理。”也明确民商事案件中止审理的条件,本案建筑公司提出中止审理申请,不符合法定条件。

当然,挂靠人伪造建筑公司印章,利用伪造印章与相对人恶意串通,实施损害建筑公司合法权益的,建筑公司应当选择刑事报案,通过刑事侦查发现事实真相。

第四章

黑白合同

法律法规 / 司法解释

《招标投标法》

第三条　在中华人民共和国境内进行下列工程建设项目包括项目的勘察、设计、施工、监理以及与工程建设有关的重要设备、材料等的采购,必须进行招标:

(一)大型基础设施、公用事业等关系社会公共利益、公众安全的项目;

(二)全部或者部分使用国有资金投资或者国家融资的项目;

(三)使用国际组织或者外国政府贷款、援助资金的项目。

前款所列项目的具体范围和规模标准,由国务院发展计划部门会同国务院有关部门制订,报国务院批准。

法律或者国务院对必须进行招标的其他项目的范围有规定的,依照其规定。

第四十五条　中标人确定后,招标人应当向中标人发出中标通知书,并同时将中标结果通知所有未中标的投标人。

中标通知书对招标人和中标人具有法律效力。中标通知书发出后,招标人改变中标结果的,或者中标人放弃中标项目的,应当依法承担法律责任。

第四十六条第一款　招标人和中标人应当自中标通知书发出之日起三十日内,按照招标文件和中标人的投标文件订立书面合同。招标人和中标人不得再行订立背离合同实质性内容的其他协议。

第五十条　招标代理机构违反本法规定，泄露应当保密的与招标投标活动有关的情况和资料的，或者与招标人、投标人串通损害国家利益、社会公共利益或者他人合法权益的……

前款所列行为影响中标结果的，中标无效。

第五十二条　依法必须进行招标的项目的招标人向他人透露已获取招标文件的潜在投标人的名称、数量或者可能影响公平竞争的有关招标投标的其他情况的，或者泄露标底的……

前款所列行为影响中标结果的，中标无效。

第五十三条　投标人相互串通投标或者与招标人串通投标的，投标人以向招标人或者评标委员会成员行贿的手段谋取中标的，中标无效……

第五十四条　投标人以他人名义投标或者以其他方式弄虚作假，骗取中标的，中标无效……

第五十五条　依法必须进行招标的项目，招标人违反本法规定，与投标人就投标价格、投标方案等实质性内容进行谈判的……

前款所列行为影响中标结果的，中标无效。

第五十七条　招标人在评标委员会依法推荐的中标候选人以外确定中标人的，依法必须进行招标的项目在所有投标被评标委员会否决后自行确定中标人的，中标无效……

《施工合同司法解释（一）》

第一条第一款　建设工程施工合同具有下列情形之一的，应当依据民法典第一百五十三条第一款的规定，认定无效：

（一）承包人未取得建筑业企业资质或者超越资质等级的；

（二）没有资质的实际施工人借用有资质的建筑施工企业名义的；

（三）建设工程必须进行招标而未招标或者中标无效的。

第二条　招标人和中标人另行签订的建设工程施工合同约定的工程范围、建设工期、工程质量、工程价款等实质性内容，与中标合同不一致，一方当事人请求按照中标合同确定权利义务的，人民法院应予支持。

招标人和中标人在中标合同之外就明显高于市场价格购买承建房产、无偿建设住房配套设施、让利、向建设单位捐赠财物等另行签订合同，变相降低工程价款，一方当事人以该合同背离中标合同实质性内容为由请求确认无效的，人民法院应予支持。

第二十二条　当事人签订的建设工程施工合同与招标文件、投标文件、中标通知书载明的工程范围、建设工期、工程质量、工程价款不一致，一方当事人请求将招标文件、投标文件、中标通知书作为结算工程价款的依据的，人民法院应予支持。

第二十三条　发包人将依法不属于必须招标的建设工程进行招标后，与承包人另行订立的建设工程施工合同背离中标合同的实质性内容，当事人请求以中标合同作为结算建设工程价款依据的，人民法院应予支持，但发包人与承包人因客观情况发生了在招标投标时难以预见的变化而另行订立建设工程施工合同的除外。

第二十四条　当事人就同一建设工程订立的数份建设工程施工合同均无效，但建设工程质量合格，一方当事人请求参照实际履行的合同关于工程价款的约定折价补偿承包人的，人民法院应予支持。

实际履行的合同难以确定，当事人请求参照最后签订的合同关于工程价款的约定折价补偿承包人的，人民法院应予支持。

黑白合同纠纷是招标投标制度下的产物。依《招标投标法》第46条第1款的规定，招标人和中标人按照招标文件和中标人的投标文件订立的合同称为中标合同，业界称为“白合同”，中标合同经过备案，又称为备案合同；另行订立的背离中标合同实质性内容的其他协议称为“黑合同”。

黑白合同纠纷的核心是合同选择问题。同一建设工程存在两份或多份施工合同，所约定的计价方式亦不相同，人民法院只能采纳其中一份合同作为结算依据，采纳哪一份合同，对当事人影响重大，甚至两份合同之间有千万元差距。当然，黑白合同对当事人的影响不限于结算依据，还包括支付进度、付款条件、调价方法、质量、工期、违约责任等内容。例如,一方当事人认为实际履行合同是A合同,按照A合同,其在工期、付款进度问题上不构成违约,而人民法院认定实际履行合同是B合同,按照B合同,该当事人则构成违约。可以说,黑白合同对当事人而言是全局问题,对法官而言是裁判路径问题,在黑白合同问题上出现误判,将导致“全盘皆输”的不利后果。

一、法律强制性规定与自愿原则的冲突与选择

招标投标是订立施工合同的一种方式,其特点是将竞争机制引入合同订立过程。《招标投标法》是一部具有诸多强制性规定的法律,主要表现在:规定了强制招标制度,达到一定范围和规模的建设工程必须进行招标;规定了招标投标流程,不允许当事人任意变更;规定了当事人必须根据招标文件和中标人的投标文件订立合同,不得另行订立背离中标合同实质性内容的其他协议。

“四点一线”贯穿招标投标的各个阶段活动,“点”是指合同的实质性内容,包括工程范围、价款、质量、工期等内容。根据《招标投标法》第19条、第27条、第41条、第46条的规定,招标阶段,招标文件应当包括投标报价要求和评标标准等所有实质性要求,这是实质性内容的起点;投标阶段,投标文件应当对招标文件提出的实质性要求和条件作出响应,如果未作出实质性响应,评标委员会应当否决其投标;评标阶段,中标条件之一是能够满足招标文件的实质性要求;合同订立阶段,招标人和中标人应当按照招标文件和中标人的投标文件订立书面合同。不难理解,经过严格的招标投标活动,如果再产生背离中标合同实质性内容的其他协议,等于架空了招标投标制度,损害了其他未中标投标人的合法权益,损害了有序竞争的交易秩序,违反了诚实信用原则和公开、公平、公正原则,故应当对背离中标合同实质性内容的其他协议作出否定性评价。

《民法典》第5条规定:“民事主体从事民事活动,应当遵循自愿原则,按照自己的意思设立、变更、终止民事法律关系。”自愿原则是民法的基本原则,指民事主体在民事活动中有权按照自己的真实意愿自主选择,决定交易对象和交易条件,自愿变更和终止民事法律关系。但是,自愿原则并不是任意的无限制的自愿,还

要受到公序良俗和法律强制性规定的约束。自愿原则与《招标投标法》的强制性规定冲突时,自愿原则应当让位于强制性规定,回归到《招标投标法》层面上,当事人根据自愿原则订立的其他协议应予否定。这是分析黑白合同纠纷的理论基础。

基于以上分析,黑白合同纠纷存在以下类型:

第一类:明招暗定型

当事人双方未履行招标手续而订立了施工合同,承包人先行进场施工,之后基于办理施工许可证等后期手续之需,补办招标投标手续,形成第二份施工合同。第一份施工合同称为标前合同,该合同未履行招标手续而订立,根据《施工合同司法解释(一)》第1条之规定,为无效合同,第二份施工合同称为中标合同,虽然履行了招标投标手续,但当事人之间业已订立标前合同,且承包人实际进场施工,该承包人终将成为唯一中标人,招标投标行为违反了《招标投标法》关于招标人不得与投标人就投标价格、投标方案等内容进行实质性协商的规定,中标合同亦是无效合同。

标前合同与中标合同均无效,中标合同不具有优先适用的效力,应当根据《施工合同司法解释(一)》第24条"当事人就同一建设工程订立的数份建设工程施工合同均无效,但建设工程质量合格,一方当事人请求参照实际履行的合同关于工程价款的约定折价补偿承包人的,人民法院应予支持。实际履行的合同难以确定,当事人请求参照最后签订的合同关于工程价款的约定折价补偿承包人的,人民法院应予支持"的规定,按照"符合真意"原则处理黑白合同纠纷。即数份合同均无效,首先选择实际履行的合同,实际履行的合同难以确定的,推定最后订立的合同体现当事人的真实意思,以最后订立的合同作为结算依据。通过探究当事人真意,根据合同订立时间、合同履行情况,并结合补充协议、来往函、会议纪要、支付凭证等证据综合认定实际履行的合同。

为明确两份合同的效力,当事人经常订立补充协议,约定"中标合同只用于办理行政手续,双方实际履行的是标前合同"。笔者认为,该补充协议可以作为认定实际履行合同的证据之一,如果没有证据证明中标合同无效,不能仅凭补充协议而否定依法订立的中标合同的法律效力。

近年来有一种观点认为,即使承包人先行进场施工,但当事人订立了意向合同或框架合同,其效力等于预约合同,不一定存在实质性协商行为,中标合同未必一定无效。实践中也存在签订了标前合同,由于规划调整、图纸深化、施工范围变化、价格调整等原因,标前合同不能满足需求,招标人根据实际需求进行真实招标的情形。故在此提醒当事人,应当结合标前合同的内容、实际施工内容、招投投标组织情况等因素综合判断标前合同的效力。

类案检索

典型案例　最高人民法院(2013)民申字第572号裁定

【裁判规则】讼争工程属于必须进行招标的工程。本案中作为投标人的日建建设集团在讼争工程正式招标之前和招标人君泰房地产公司就投标价格等实质性内容进行谈判,并签订了标前合同,违反了《招标投标法》第55条之规定,日建建设集团的中标应认定无效,依据《2004年施工合同司法解释》第1条之规定,中标无效的,备案的中标合同亦应认定无效。综上,二审判决认定讼争中标合同为无效合同并无不妥。

《2004年施工合同司法解释》第21条适用的前提是备案的中标合同为有效合同,而如前所述,中标合同应认定无效,故本案不能适用该条的规定,以中标合同作为工程价款的结算依据。从实际履行情况来看,日建建设集团和君泰房地产公司均是按照标前合同的约定结算工程进度款,也即双方实际履行的合同为标前合同,而非中标合同,故二审判决依据标前合同结算工程价款并无不妥。

综上,日建建设集团关于二审判决未依据《2004年施工合同司法解释》第21条的规定以备案的中标合同进行结算属于适用法律错误等申请理由不能成立。

案例解读

本案裁判规则是标前合同与中标合同均无效,鉴于中标合同无效,不适用

《2004年施工合同司法解释》第21条,以当事人实际履行的合同作为结算依据。此案虽然距今已十年,但十年以来,这一裁判规则成熟稳定,应当充分肯定。

典型案例　最高人民法院(2019)最高法民申4159号裁定

【裁判规则】关于双方实际履行合同的问题。

其一,从合同效力来看。案涉建设工程属于必须进行招标的项目,双方在履行招投标程序确定大成建筑公司为施工单位之前,恒鑫源置业公司已允许大成建筑公司进场施工,即双方在招投标程序进行前即已确定大成建筑公司为中标人,故根据《建设工程施工合同解释》第1条的规定,双方签订的《施工框架协议》《一期工程施工合同》与中标通知书等本案所涉合同,存在未招先定等违反《招标投标法》禁止性规定的行为,均为无效。

其二,从合同订立时间来看。本案所涉《施工框架协议》签订在前,《一期工程施工合同》签订在后,大成建筑公司认为双方实际履行的合同为《施工框架协议》,恒鑫源置业公司认为双方实际履行的合同为《一期工程施工合同》。双方对实际履行哪份合同无明确约定,《一期工程施工合同》为双方最后签订的合同,据此,一、二审判决以后签订的《一期工程施工合同》为双方实际履行合同具有法律依据。

其三,从合同内容来看。第一,《施工框架协议》没有约定施工总工期和开工、竣工日期等合同必备条款,大成建筑公司也没有在《施工框架协议》上签字和盖章,表明《施工框架协议》仅是一个意向协议,缺乏实际履行的基础。第二,《施工框架协议》与《一期工程施工合同》约定的内容并不矛盾。两份协议均采用固定总价的方式结算工程款,但《施工框架协议》并没有明确约定固定总价数额,而《一期工程施工合同》只是将固定总价明确为70,143,232.7元,与先订立的两份补充协议内容基本一致。第三,《施工框架协议》与《一期工程施工合同》合同内容中解决争议方式,从仲裁变更为诉讼解决,大成建筑公司在与恒鑫源置业公司发生争议后,向法院提起诉讼而不是申请仲裁,可从侧面印证大成建筑公司认可实际履行的是《一期工程施工合同》。最后,一、二审判决根据双方当事人工程款支付的实际情况及其后相关当事人签订的补充协议、造价明细表及付款节点情况表等证据综合判断本案工程实际履行的合同为《一期工程施工合同》具有事实依据。

综上，二审判决认定《一期工程施工合同》是双方当事人实际履行的合同并无不当，大成建筑公司相关申请理由不能成立。

案例解读

本案特点是标前合同与中标合同均无效，当事人对实际履行的合同产生争议，人民法院需要认定哪一份合同是实际履行的合同。首先，对比两份合同的内容，判断哪一份合同更符合工程现状、更具有可操作性；其次，根据补充协议、付款申请单、竣工验收资料、结算资料等履约证据判断哪一份是当事人认定的实际履行的合同；最后，根据诉讼中的举证、质证、自认等事实，结合诚实信用原则进一步分析。当然，无法确定实际履行的合同，以最后订立的合同作为结算依据。

第二类：实质性变更型

《施工合同司法解释（一）》第 2 条规定："招标人和中标人另行签订的建设工程施工合同约定的工程范围、建设工期、工程质量、工程价款等实质性内容，与中标合同不一致，一方当事人请求按照中标合同确定权利义务的，人民法院应予支持。招标人和中标人在中标合同之外就明显高于市场价格购买承建房产、无偿建设住房配套设施、让利、向建设单位捐赠财物等另行签订合同，变相降低工程价款，一方当事人以该合同背离中标合同实质性内容为由请求确认无效的，人民法院应予支持。"据此，实质性内容包括工程范围、建设工期、工程质量、工程价款四项，变更方式分为本条第 1 款规定的直接变更与第 2 款规定的变相变更。如前文所述，经过招标、投标、开标、评标等一系列法定程序，如果允许当事人另行签订合同变更中标合同的实质性内容，等于架空了招标投标制度，故对另行签订的其他协议应予否定，以中标合同确定当事人的权利义务。

对任何事物都不能绝对化理解，中标合同并非不能变更，下列情形下的变更不视为实质性变更。

1.《第八次全国法院民商事审判工作会议(民事部分)纪要》第31规定:“招标人和中标人另行签订改变工期、工程价款、工程项目性质等影响中标结果实质性内容的协议,导致合同双方当事人就实质性内容享有的权利义务发生较大变化的,应认定为变更中标合同实质性内容。”实质性变更应当达到对当事人权利义务发生较大变化的程度。以工程款为例,工程款内容不仅包括结算依据,还包括支付进度、支付方式、价款调整等内容,另行签订的合同改变了付款进度(月付款改为形象进度付款)、改变了支付方式(现金付款改为商品房抵款)、改变了结算条件(另行约定以行政审计作为结算条件),对中标人的工程款利益产生重大影响,均属于实质性变更。另外,变更了工程范围、建设工期、工程质量、工程价款等实质性内容之外的其他合同条款,不构成实质性变更。

2.《2011年全国民事审判工作会议纪要》第23条规定:“建设工程开工后,发包方与承包方因设计变更、建设工程规划指标调整等原因,通过补充协议、会谈纪要、往来函件、签证等形式变更工期、工程价款、工程项目性质的,不应认定为变更中标合同的实质性内容。”施工合同周期长、环节多、过程复杂,合同订立阶段不可能预测到后期将要出现的所有问题,施工过程中可能基于设计变更、规划调整、工程变更等原因而变更中标合同。当事人并无规避制度、逃避监管之故意,不构成对中标合同的实质性变更。

3.基于处理纠纷之需订立补充协议,或于工程结算阶段订立结算协议,不构成实质性变更。补充协议及结算协议均有效,据此确定当事人的权利义务。

类案检索

典型案例 最高人民法院(2020)最高法民终1142号判决

【裁判规则】新田房地产公司与万利建筑公司于2012年12月27日签订的《协议书》约定工程价款为329,874,156.18元,该协议系中标合同,工程内容载明

“招标文件和投标文件中规定的范围”,承包范围载明“施工图纸范围内已经列明和包含的所有项目”。同日,新田房地产公司与万利建筑公司签订《协议书》,约定工程价款为357,744,699元,工程内容载明“2012年设计施工图纸范围内的土建、安装”,承包范围载明为2012年设计施工图纸范围内除18项的所有项目,上述内容显然与中标合同不一致。故一审判决对工程价款329,874,156.18元的认定,符合该司法解释的规定,并无不当。

典型案例　北京市第三中级人民法院(2019)京03民初575号判决

【裁判规则】本案中,当事人另行订立的《框架协议书》,对案涉工程的工期、价款等方面作出实质性变更,该《框架协议书》虽然是当事人真实意思表示,并在中标合同后进行了合同相关内容的重新确认和补充,但其合同形式不合法,不论其是否被实际履行,均不产生变更经过备案的《施工总承包合同》的法律效力。故案涉工程应以《施工总承包合同》作为结算工程价款的依据。

典型案例　最高人民法院(2018)最高法民终373号判决

【裁判规则】威鲁公路公司上诉主张应按宏胜建筑公司出具的《承诺书》下浮中标价33.61%。但威鲁公路公司向宏胜建筑公司发出的《中标通知书》中写明工程中标价为150,521,660元,无下浮33.61%的内容。合同价款应以中标价150,521,660元为依据,威鲁公路公司关于应下浮33.61%的主张不能成立。

典型案例　重庆市第二中级人民法院(2018)渝02民终2925号判决

【裁判规则】上诉人双方在专用合同条款24中特别约定了捐赠条款,云阳县双江人民医院称是接受的公益捐赠。本院认为实质是通过捐赠变相降低工程价款,云阳县双江人民医院的辩称不能成立,中澳建工集团有限公司认为该条无效的上诉理由成立。因为该条款无效,云阳县双江人民医院应该将捐赠款286,006元作为工程款支付给中澳建工集团有限公司。

典型案例　新乡市中级人民法院(2019)豫07民终156号判决

【裁判规则】本案中,胙城乡政府在其编制的招标文件中明确载明案涉工程合同价款采取固定总价方式确定,备案施工合同中未约定工程价款的调整办法,双方当事人均称案涉工程施工中未有变更的情况,故案涉工程价款应按备案合同约定的997,960.2元结算。胙城乡政府提供的合同约定工程款依据审计决算报告审定金额支付,而中标合同中未约定以审计结论作为结算依据,且案涉工程已经完工并交付使用,案涉工程价款应按合同约定的997,960.2元结算。

案例解读

上述案例均是当事人订立中标合同之后,通过订立其他协议变更中标合同实质性内容的案例,虽然其他协议是当事人的真实意思,但违反了《招标投标法》的强制性规定,根据《施工合同司法解释(一)》第2条之规定,以中标合同作为结算依据。

对于承包人承诺让利(下浮、捐赠),应否支持,一直存在争议。笔者认为,如果不涉及黑白合同,遵循意思自治原则,承诺让利有效,但是在《招标投标法》强制性规定的约束下,如果招标投标文件、中标通知书及中标合同没有让利条款,承包人另行出具让利承诺,该承诺构成实质性变更,该承诺无效。

值得一提的是豫07民终156号判决,发包人胙城乡政府提供的合同约定以行政审计结论作为结算依据,改变了结算条件,一则延长结算时间,二则审计结论不确定,对承包人永盛建筑公司的权利义务造成重大影响,故一审、二审法院判决按照中标合同结算工程款。

典型案例　北京市高级人民法院(2021)京民终443号判决

【裁判规则】2007年1月17日,诚通建筑公司中标了杨庄村委会发包的4号楼、7号楼项目,双方于2007年2月6日签订了《建设工程施工合同》。2008年3月5日,诚通建筑公司中标了杨庄村委会5号楼项目并于2008年3月19日签订了《建设工程施工合同》。上述合同签订后,诚通建筑公司进场施工,后陆续完工并将工程交付使用。在此过程中,因杨庄村委会不能及时支付工程款,双方于2017年11月6日签订了《工程结算协议书》。该协议书不仅包含了工程价款,还对施工过程中的出现的停工情况以及停工损失、变更洽商部分的款项、利息计算以及工程款支付方式、期限、违约责任等问题进行了"一揽子"的解决,包括体现了工程的具体实施情况和施工过程的具体细节,是对整个工程施工过程和结算事项的概括性总结。该《工程结算协议书》应当是工程施工完毕双方进入结算阶段产生的,而内容亦是根据工程的实际施工情况确定的,是双方当事人的真实意思体现。

《招标投标法》第46条第1款规定:"招标人和中标人应当自中标通知书发出之日起三十日内,按照招标文件和中标人的投标文件订立书面合同。招标人和中标人不得再行订立背离合同实质性内容的其他协议"。该条款要求招标人和中标人将招标文件和中标人的投标文件的有关内容以合同的形式固定下来,双方不得再行订立背离合同实质性内容的其他协议。实质在于保护公平竞争,保证招投标活动的正当性。而《工程结算协议书》是在工程完工后,双方就施工合同履行过程中产生的包括工程款争议在内的所有争议"一揽子"解决的协议。不仅包括通常意义上的工程款,也包括合同履行过程中发生的停工、窝工等损失,并非对中标合同的实质性变更,应属有效。故一审法院认定《工程结算协议书》为有效协议并依据双方在《工程结算协议书》中确定的施工款数额判决杨庄村委会支付诚通建筑公司欠付的工程款并无不当,本院予以维持。

案例解读

此案裁判规则是成熟稳定的裁判规则。当事人签订《工程结算协议书》旨在解决结算纠纷,内容不仅包括工程款,还包括洽商变更、停工损失、违约责任等问题,当事人并无规避招标投标制度之故意,虽然《工程结算协议书》改变了两份《建设工程施工合同》约定的计价方式,但不属于实质性变更,对当事人具有法律约束力。

典型案例 北京市第四中级人民法院(2020)京04民特552号裁定

2020年5月14日,北京仲裁委员会依据六建公司提出的仲裁申请以及六建公司与汇佳房地产公司签订的《补充协议四》中仲裁条款的约定,受理了六建公司与汇佳房地产公司之间因履行《I标段施工合同》产生的争议仲裁案。该案现尚未开庭。

本院认为,汇佳房地产公司未能提供证据证明六建公司以胁迫手段迫使汇佳房地产公司签订《补充协议四》,汇佳房地产公司据此认为《补充协议四》无效,本院不予采信。《补充协议四》中的仲裁条款变更了《I标段施工合同》《补充协议二》《补充协议三》中原约定的诉讼解决方式,约定争议解决方式的变更,并不违反《招标投标法》第46条第1款的规定。《补充协议四》中的仲裁条款符合《仲裁法》第16条的规定,且不存在《仲裁法》第17条、第18条规定的仲裁协议无效的情形,应为有效。汇佳房地产公司认为仲裁协议无效,缺乏事实和法律依据,本院不予支持。

案例解读

《民法典》第488条规定:"承诺的内容应当与要约的内容一致。受要约人对要约的内容作出实质性变更的,为新要约。有关合同标的、数量、质量、价款或者报酬、履行期限、履行地点和方式、违约责任和解决争议方法等的变更,是对要约内容的实质性变更。"《招标投标法》第46条规定的实质性变更限于变更工程范围、价款、质量、工期,且变更程度达到对当事人权利义务造成重大影响的程度,而工程范围、价款、质量、工期之外的变更,不构成实质性变更,与《民法典》第488条的规定有所区别。案涉工程位于高碑店市,应由工程所在地人民法院管辖,《补充协议四》将争议解决方式由诉讼改为仲裁,不构成实质性变更,汇佳房地产公司请求确认《补充协议四》的仲裁条款无效,不予支持。

二、招投标制度改革对黑白合同纠纷的影响

研究发现,政府投资项目几乎没有黑白合同纠纷,绝大多数黑白纠纷出现在

社会投资的房地产项目中,甚至可以说社会投资的房地产项目中,合同效力问题是必备争议焦点。面对这些状况,让人不禁反思:原因何在?

笔者认为,主要原因是《招标投标法》规定的招投标制度与日趋深入的投资体制改革制度不相适应。《招标投标法》规定的招投标制度,不分投资主体、不分资金来源、不分项目性质,一律按照资金限额决定招标范围和规模。2004 年 7 月 16 日,国务院发布《国务院关于投资体制改革的决定》(国发〔2004〕20 号),提出"改革项目审批制度,落实企业投资自主权,对于企业不使用政府投资建设的项目,一律不再实行审批制,区别不同情况实行核准制和备案制",落实企业投资自主权,企业可以自由选择发包方式,此后国家发布了一系列文件,明确提出对于社会资本投资项目,建设单位可以自主决定发包方式,为社会资本彻底"松绑",但是《招标投标法》至今仍未修改,建设单位在《招标投标法》强制性规定的约束下不能自主选择承包单位。建设单位为使某承包单位中标,不得不采取明招暗定、事后变更等违法方法,由此导致黑白合同纠纷层出不穷。

近年来,国家对招标制度进行了一系列改革,笔者将改革内容梳理如下:

2014 年 7 月 1 日,住房和城乡建设部发布《关于推进建筑业发展和改革的若干意见》,主要内容:调整非国有资金投资项目发包方式,试行非国有资金投资项目建设单位自主决定是否进行招标发包,是否进入有形市场开展工程交易活动,并由建设单位对选择的设计、施工等单位承担相应的责任。

2017 年 2 月 21 日,国务院办公厅发布《关于促进建筑业持续健康发展的意见》,主要内容:缩小并严格界定必须进行招标的工程建设项目范围,放宽有关规模标准,防止工程建设项目实行招标"一刀切";在民间投资的房屋建筑工程中,探索由建设单位自主决定发包方式。

2018 年 3 月 27 日,国家发展改革委发布《必须招标的工程项目规定》,主要内容:缩小必须招标项目的范围,提升了必须招标项目的限额,取消了省、自治区、直辖市人民政府可以规定本地区必须进行招标项目的具体范围和规模标准的权限。房地产项目不再属于必须招标的工程项目。

2018 年 5 月 2 日，李克强总理主持召开国务院常务会议，提出对社会投资的房屋建筑工程，建设单位可自主决定发包方式。

2018 年 5 月 14 日，国务院办公厅发布《关于开展工程建设项目审批制度改革试点的通知》，主要内容：取消施工合同备案；社会投资的房屋建筑工程，建设单位可以自主决定发包方式。

2019 年 3 月 13 日，住房和城乡建设部修正《房屋建筑和市政基础设施工程施工招标投标管理办法》，取消中标合同备案制度。

基于以上改革，黑白合同纠纷将发生重大变化：(1)社会投资的房屋建筑项目，建设单位可以自主选择发包方式，当事人之间订立一份施工合同即可，一个工程项目不存在两份或多份合同，黑白合同纠纷数量将大幅减少；(2)取消中标合同备案制度，由于脱离了行政监管，可能存在某工程项目虽然履行了招投标手续，但是当事人订立的施工合同与招投标文件、中标通知书的实质性内容不一致的情形，笔者将此种情形称为“没有中标合同”。

基于以上分析，黑白合同纠纷将存在以下类型：

第三类：无中标合同型

《施工合同司法解释(一)》第 22 条规定：“当事人签订的建设工程施工合同与招标文件、投标文件、中标通知书载明的工程范围、建设工期、工程质量、工程价款不一致，一方当事人请求将招标文件、投标文件、中标通知书作为结算工程价款的依据的，人民法院应予支持。”鉴于没有中标合同，回归到《招标投标法》强制性规定的层面上，以招标文件、投标文件、中标通知书作为结算依据。

典型案例　**最高人民法院(2019)最高法民终 80 号判决**

【争议焦点】一审判决以 9470 万元确定工程造价是否正确的问题。

【裁判规则】2013 年 3 月 18 日，广汇建筑公司的《投标报价书》载明：西城天街建设项目一期建设工程(二标段)、建筑面积 54,750.84 平方米、投标报价 9470

万元。

2013年3月25日，三榆房地产公司向广汇建筑公司发出《中标通知书》载明：西城天街项目一期建设工程二标段、建筑面积约57,253.6平方米、中标价9470万元。

2013年3月、8月，三榆房地产公司与广汇建筑公司签订了《建设工程施工合同》，《建设工程施工合同》第一部分协议书约定：合同价款1720元/平方米，第三部分专用条款约定：本合同价款采用中标价方式确定、采用固定价格合同。

2016年12月1日，广汇建筑公司向三榆房地产公司提交的《工程竣工报告》亦载明：工程造价为9470万元。

一审法院结合上述《投标报价书》《中标通知书》《工程竣工报告》等证据，认定案涉工程合同价款为9470万元，适用法律正确。赵某强（注：挂靠广汇建筑公司、本案原告）关于应以案涉《建设工程施工合同》中约定的"合同价款1720元/平方米"计算工程造价的上诉理由不能成立，本院不予支持。

案例解读

案涉《建设工程施工合同》没有按照招标文件及中标人的投标文件订立，而且协议书部分与专用条款部分约定了不同计价方式，具有很强的随意性。为维护《招标投标法》的强制性规定，一审、二审法院判决以中标通知书载明的9470万元作为结算依据，这与广汇建筑公司向三榆房地产公司递交的结算资料也完全吻合。另外，鉴于结算纠纷已经解决，对原告赵某强提出的造价鉴定申请，一审法院不予准许。

第四类：非必须招标型

非必须招标工程，无须履行招标手续，当事人可以自由约定合同内容，也可以自由变更合同。如果非必须招标工程根据《招标投标法》履行了招投标程序，产生两份合同，哪一份合同作为结算依据？一种意见认为应当遵守《招标投标法》的强制性规定，以中标合同作为结算依据；另一种意见认为当事人实际履行的合同作为结算依据,两种意见分歧已久。《施工合同司法解释(一)》第23条规定:"发包人将依法不属于必须招标的建设工程进行招标后,与承包人另行订立的建设工程施工合同背离中标合同的实质性内容,当事人请求以中标合同作为结算建设工程价款依据的,人民法院应予支持,但发包人与承包人因客观情况发生了在招标投标时难以预见的变化而另行订立建设工程施工合同的除外。"该司法解释肯定了第一种意见,以中标合同作为结算依据。

《施工合同司法解释(一)》第22条与第23条的区别是:第22条所称的施工合同没有根据招标文件、投标文件、中标通知书订立,笔者将此种情形称为"无中标合同",招标文件、投标文件、中标通知书作为结算依据。第23条适用的前提是非必须招标工程履行了招标投标手续,同时存在中标合同与背离中标合同实质性内容的其他协议,中标合同作为结算依据。

典型案例 **北京市第二中级人民法院(2020)京02民终3574号判决**

【争议焦点】关于新兴公司与格莱瑞公司就案涉工程所签订的《建设工程施工合同》和《施工合同补充协议》,二者应以何作为适用标准的争议。

【裁判规则】第一,案涉工程并非招投标法中规定的必须进行招标的项目。格莱瑞公司对该工程采用了招投标方式。双方根据招投标内容签订的施工合同,并作为备案合同。第二,补充协议签订时间虽然手填日期要早于施工合同的签订时间,但根据其内容分析,该补充协议应系双方在订立施工合同之后所签订。第三,补充协议对于合同价款进行了较大的变更,因合同价款系合同重要内容,故应认定补充协议对于备案的中标合同进行了实质性变更。根据法律规定,发包人将依法不属于必须招标的建设工程进行招标后,与承包人另行订立的建设工程施工合同背离中标合同的实质性内容,当事人请求以中标合同作为结算建设工程价款依据的,人民法院应予支持。因此,该案中应根据施工合同约定的标准作为工程价款结算依据。

案例解读

本案裁判思路完全符合《施工合同司法解释(一)》第23条。特别需要指出的是,从形式上看,补充协议时间早于备案合同,属于标前合同,但法官并没有被表象所束缚,而是通过对比分析,认定补充协议日期是倒签,补充协议实际产生于备案合同之后,与备案合同实质性内容不一致,构成实质性变更,根据《施工合同司法解释(一)》第23条,备案合同作为结算依据。辨析补充协议的性质,才能正确适用法律,应当充分肯定本案法官探索真相的精神。

第五章

结算协议

法律法规 / 司法解释

《民法典》

第一百一十九条　依法成立的合同,对当事人具有法律约束力。

第一百四十三条　具备下列条件的民事法律行为有效:

(一)行为人具有相应的民事行为能力;

(二)意思表示真实;

(三)不违反法律、行政法规的强制性规定,不违背公序良俗。

第一百四十六条　行为人与相对人以虚假的意思表示实施的民事法律行为无效。

以虚假的意思表示隐藏的民事法律行为的效力,依照有关法律规定处理。

第一百四十七条　基于重大误解实施的民事法律行为,行为人有权请求人民法院或者仲裁机构予以撤销。

第一百四十八条　一方以欺诈手段,使对方在违背真实意思的情况下实施的民事法律行为,受欺诈方有权请求人民法院或者仲裁机构予以撤销。

第一百四十九条　第三人实施欺诈行为,使一方在违背真实意思的情况下实施的民事法律行为,对方知道或者应当知道该欺诈行为的,受欺诈方有权请求人民法院或者仲裁机构予以撤销。

第一百五十条 一方或者第三人以胁迫手段,使对方在违背真实意思的情况下实施的民事法律行为,受胁迫方有权请求人民法院或者仲裁机构予以撤销。

第一百五十一条 一方利用对方处于危困状态、缺乏判断能力等情形,致使民事法律行为成立时显失公平的,受损害方有权请求人民法院或者仲裁机构予以撤销。

第一百五十三条 违反法律、行政法规的强制性规定的民事法律行为无效。但是,该强制性规定不导致该民事法律行为无效的除外。

违背公序良俗的民事法律行为无效。

第一百五十四条 行为人与相对人恶意串通,损害他人合法权益的民事法律行为无效。

《施工合同司法解释(一)》

第二十九条 当事人在诉讼前已经对建设工程价款结算达成协议,诉讼中一方当事人申请对工程造价进行鉴定的,人民法院不予准许。

第三十条 当事人在诉讼前共同委托有关机构、人员对建设工程造价出具咨询意见,诉讼中一方当事人不认可该咨询意见申请鉴定的,人民法院应予准许,但双方当事人明确表示受该咨询意见约束的除外。

工程结算,是指发承包双方根据合同约定,对合同工程在实施中、终止时、已完工后进行的合同价款计算、调整和确认。包括期中结算、终止结算、竣工结算。[①]《北京高院解答》第 32 条第 1 款规定:"当事人对工程价款存在争议,既未达成结算协议,也无法采取其他方式确定工程款的,法院可以根据当事人的申请委托有司法鉴定资质的工程造价鉴定机构对工程造价进行鉴定;当事人双方均不申请鉴定的,法院应当予以释明,经释明后对鉴定事项负有举证责任的一方仍不申请鉴定的,应承担举证不能的不利后果。"该规定明确了确定工程价款的三种递进方式:有结算协议,根据结算协议确定;无结算协议,采取其他方式确定;既无结

① 《建设工程工程量清单计价规范》(GB 50500—2013)第 2.0.44 条。

算协议，也无法采取其他方式确定，通过造价鉴定方式确定。三种方式也可以理解为两种方式：启动造价鉴定方式和无须启动造价鉴定方式。

结算协议是发包人与承包人就工程结算而签订的协议。结算协议一节所涉争议问题包括结算协议的法律约束力问题、结算协议成立与生效问题，结算协议与工程索赔问题。

一、结算协议的法律约束力

工程结算之前，承包人已经完成各项施工任务，工程质量验收合格，发包人在认可工程质量的前提下才可能与承包人签订结算协议。工程结算也是一个过程行为，发包人和承包人在这一过程中充分考虑了工程量、计价方式、索赔签证、工期延误、违约责任等问题，经过多轮磋商和讨价还价，最终签订了结算协议。签订结算协议，意味着发包人和承包人就工程质量、价款、工程量工期、签证、索赔、违约责任等问题达成了“一揽子”终结性处理协议，除结算协议另有约定外，之前的各项纠纷归结为一纸结算协议。

《民法典》第119条规定：“依法成立的合同，对当事人具有法律约束力。”《施工合同司法解释（一）》第29条规定：“当事人在诉讼前已经对建设工程价款结算达成协议，诉讼中一方当事人申请对工程造价进行鉴定的，人民法院不予准许。”据此，当事人双方达成结算协议，应当严格遵守，诉讼中一方当事人申请造价鉴定，如果启动造价鉴定，意味着推翻结算协议而重新结算，故人民法院对该当事人提出的鉴定申请不予准许，但是结算协议被认定为无效、可撤销的除外。

签订结算协议，诸如合同效力、黑白合同、工程量、工程签证等决定工程价款的基础性纠纷视为已经解决。结算协议或与实际工程量不符，基于意思自治原则，视为当事人自由处分民事权利，人民法院不予调整。

《民法典》第799条第1款规定：“建设工程竣工后，发包人应当根据施工图纸及说明书、国家颁发的施工验收规范和质量检验标准及时进行验收。验收合格的，发包人应当按照约定支付价款，并接收该建设工程。”签订结算协议，意味着发包人认可工程质量，故发包人以工程存在质量问题为由拒绝支付工程款或申请质量鉴定,不予准许。竣工验收后的工程质量问题,纳入保修制度解决。

《民法典》第143条规定:“具备下列条件的民事法律行为有效:(一)行为人具有相应的民事行为能力;(二)意思表示真实;(三)不违反法律、行政法规的强制性规定,不违背公序良俗。”结算协议符合这三个条件,即为有效。结算协议源于施工合同,所依赖的事实基础是工程验收合格、双方对工程价款协商一致,故结算协议具有独立性,施工合同无效不影响结算协议的效力。

一方当事人认为结算协议无效或可撤销,应当提供证据证明。《民法典》第153条、第154条、第146条规定的无效民事法律行为包括:违反法律、行政法规的强制性规定的民事法律行为;违背公序良俗的民事法律行为;恶意串通损害他人合法权益的民事法律行为;行为人与相对人以虚假的意思表示实施的民事法律行为。《民法典》第147条、第148条、第149条、第150条、第151条规定的可撤销民事行为包括:基于重大误解实施的民事法律行为;一方或第三人以欺诈手段实施的民事法律行为;一方或者第三人以胁迫手段实施的民事法律行为;乘人之危实施的民事法律行为。检索中国裁判文书网可以发现,一方主张结算协议无效或可撤销,胜诉案例极少。

类案检索

典型案例　最高人民法院(2015)民申字第3504号裁定

【发包人再审理由】建设工程结算造价审核报告中存在多算工程款等问题,二审法院没有依法对工程造价重新进行审计是违法的。具体项目包括:(1)依据双方合同和中标通知书约定,晨光建筑公司在工程款结算时让利2.6%,总工程款为288,565,763.09元,应让利7,502,709.7元,但没有让利,应从工程款中扣除。(2)该工程没有达到市级优良标准,无市级优良证书,结算审核时,却按照市级优良标准4.442%取费,多结算工程款107万元,应从工程款中扣除。(3)晨光建筑公司未安装电子智能门锁30套,每套5000元,结算审核时,却按已安装结算，多结算工程款15万元，应从工程款中扣除。(4)电梯未安装对讲电话，每部3000元，结算审核时，按33部结算，多结算工程款9.9万元，应从工程款中扣除。(5)按照双方约定，该工程的一切手续均由晨光建筑公司负责办理，否则，由晨光建筑公司承担一切责任，而该工程在施工中，却因为手续不全，被主管部门罚款449,059元，未在工程款中扣除。(6)晨光建筑公司私自出售了7号楼10套房屋，合计525万元，未从工程款中扣除。(7)1号楼至10号楼多结算工程款超过2000万元，应从工程款中扣除。(8)晨光建筑公司承建的车库和室外工程，多结算工程款超过1000万元，应从工程款中扣除。(9)晨光建筑公司至今未将供热配套款项400万元支付热力公司，应从工程款中扣除。以上九项合计款项为48,520,768.7元，应从工程款中扣除。

【裁判规则】关于二审判决以工程结算造价确认表作为认定讼争工程造价的依据是否妥当的问题。讼争工程业已验收合格并交付使用，该工程的结算造价审核系由聂村村委会委托工程造价咨询机构作出，且对于该审核结论，聂村村委会和晨光建筑公司均加盖公章予以认可，可以认定双方已就讼争工程造价款达成合意。此后，聂村村委会还两次出具承诺函，对讼争工程应支付的工程款、已支付的工程款及欠付工程款进行了确认，并按照上述造价实际履行，聂村村委会在此期间并未提出任何异议。故一、二审判决据此对聂村村委会要求重新鉴定工程造价的申请不予准许，并依据上述工程结算审核造价以及已付款情况确认聂村村委会欠付的工程款数额并无不当。聂村村委会关于工程结算造价审核报告中存在多算工程款等问题，其未派人参与讼争工程的审核，工程造价咨询公司及晨光建筑公司并未将审核结果提交给聂村村委会，故应认定该确认行为是无效行为，以及二审法院没有按照法律规定通知鉴定人到庭作证，故上述造价审核结果不应予以采信等申请理由均不能成立。

典型案例 **最高人民法院(2020)最高法民申1516号裁定**

【裁判规则】本院经审查认为，武安二建曾就案涉工程项目所涉工程款提起过诉讼，案件当事人达成58号调解书，其中约定："武安二建、光太公司、市交通局三方在法院签订调解协议书后,武安二建与光太路桥集团和市交通局关于三个项目之间所有的款项全部结清,三方之间权利义务终止。再无其他任何争议。”该意思表示明确,即案涉工程项目所有款项已经结算完毕。本案中,武安二建主张光太路桥集团在达成调解之后,又与其签订两份《协议书》,同意向其支付58号调解书未处理的工程款共计5000万余元,该主张与58号调解书的内容相悖。光太路桥集团对两份《协议书》的真实性不予认可。两份《协议书》加盖的印章系工程项目经理部的印章,没有经办人签字,且武安二建曾经持有该印章,二审判决认为该两份《协议书》不能证明系光太路桥集团的意思表示,并无不当。

武安二建该申请再审理由,本院不予采纳。

【同类案例】

最高人民法院(2021)最高法民申4235号裁定

最高人民法院(2019)最高法民申5609号裁定

最高人民法院(2021)最高法民申5356号裁定

案例解读

结算协议是当事人就工程结算签订的终结性处理协议,体现了“账清、人走、事了”的意思表示。

民申字第3504号裁定,发包人主张应当扣除九类款项,合计金额近5000万元,本案的实际情况是发包人单方委托造价审核,承包人签字确认,其后发包人出具承诺书,且实际支付了部分工程款,庭审时却不认可造价审核结果而申请造价鉴定,一审、二审、再审三级审理程序中,发包人主张均未获得支持。最高法民申1516号裁定,双方达成结算协议,结算协议明确约定“三个项目之间所有的款项全部结清”,而后承包人又主张尚有5000万元工程款未结,该主张与日常生活经验相悖,无法排除合理怀疑,法院从各个角度分析论证,对承包人主张不予支持。

典型案例 最高人民法院(2018)最高法民申101号裁定

【裁判规则】陈某华(承包人)以行贿方式串通涂某君(发包人葛洲坝基础公

司履约代表)违法分包案涉工程,违反《合同法》第52条“恶意串通,损害国家、集体或者第三人利益”之合同无效情形,且案涉合同系陈某华串通涂某君倒签,合同中关于工程款的约定明显并非葛洲坝基础公司(发包人)真实意思表示,不能作为认定工程款的依据。涂某君代表葛洲坝基础公司与陈某华就案涉工程先后共办理了五次结算,生效刑事判决和涂某君本人的情况说明中均证明陈某华为办理结算向涂某君行贿的事实,足以证实结算报告存在随意虚增工程结算量和结算单价的情况,该结算行为亦违反《合同法》第52条第2项之规定,应为无效,由此形成的结算单亦不能作为合法、真实和有效的结算依据,不能作为认定本案应付工程款的依据。

典型案例 北京市第三中级人民法院(2016)京03民终1322号判决

【裁判规则】本案中,冷某华并非红旗建设集团之法定代表人,亦无证据表明红旗建设集团曾向其出具过授权结算之委托书,冷某华以红旗建设集团名义与付某虎签订之结算书,在红旗建设集团未作出追认的情况下,对红旗建设集团不发生效力。

金宏农业公司虽主张冷某华系红旗建设集团在京机构负责人,且曾作为红旗建设集团之委托代理人签订案涉建设工程施工合同,但上述事实亦不足以证明冷某华具有代理权或金宏农业公司有理由相信冷某华有代理权签订案涉结算书。

根据本案相关证据及证人证言,冷某华与金宏农业公司均存在恶意损害红旗建设集团利益的行为。冷某华作为红旗建设集团人员,却将红旗建设集团财务章擅自交予金宏农业公司,并在金宏农业公司生态园任管理职位,上述行为导致红旗建设集团有可能陷入交易风险,处于不利地位,冷某华亦认可其为谋取利益而与金宏农业公司签订远低于实际工程价款的结算书。

综上,冷某华没有代理权签订结算书,且其与金宏农业公司均不具有善意,双方所签订之结算书对红旗建设集团不发生效力,不能作为案涉工程的结算价款依据。

典型案例 **最高人民法院(2019)最高法民申 4463 号裁定**

【裁判规则】神洲煤炭公司认为对账函系在被胁迫的状态下签署,但是其未能提供证据证明被胁迫的事实存在,其亦未依法申请撤销对账函,原判决对神洲煤炭公司该主张未予采纳,并无不当。

典型案例 **最高人民法院(2021)最高法民申 136 号裁定**

【裁判规则】迅安公司认为案涉结算协议是在胁迫的情况下签订,另案提起诉讼,请求撤销案涉结算协议,另案生效民事判决未支持迅安公司的诉讼请求。案涉结算协议属于暨东公司与迅安公司对双方签订的工程承包合同进行结算与清理的意思表示,不违反法律、行政法规的强制性规定,原判决认定案涉结算协议有效,并无不当。

案例解读

签订结算协议是民事主体之间的私人事务,不涉及公共利益、国家利益,不涉及公序良俗,可以构成结算协议无效的情形只有《民法典》第 154 条规定的恶意串通行为,上述最高法民申 101 号裁定、京 03 民终 1322 号判决均属于此类情形。

施工合同当事人均是有丰富交易经验的商事主体,结算协议不存在重大误解、欺诈之情形。特殊情形下,一方当事人采取胁迫、乘人之危手段迫使对方当事人签订结算协议,根据最高法民申 4463 号裁定、最高法民申 136 号裁定的裁判规则,受到胁迫或处于危难境地的一方应当提供相应证据,且根据《民法典》第 152 条,应当在一年期限内行使撤销权。

特别强调,根据笔者对裁判大数据的分析,结算协议被认定为无效的案例极少,结算协议被撤销的案例目前数量为零,故希望当事人慎重对待结算协议。

二、结算协议的成立与生效

协议生效的前提是协议成立,不成立则谈不上效力。诉讼中当事人经常对结算协议是否成立产生争议,此时,需要对结算协议的成立要件进行分析。

达成结算协议的方式之一是施工合同正常履行中，经过当事人双方认量认价，签订结算协议，或者发生纠纷后自行协商或经过第三方调解后签订结算协议。通过审查结算协议的内容、结算协议的产生过程、结算协议是否与基础资料相吻合，印章的真实性、印章的对外效力、签字行为的效力、事后认可行为以及双方的交易习惯等因素，判断结算协议是否成立。

《河北高院指南》第23条规定："……承包方提出结算申请后，发包人单方委托鉴定，后承包方以发包人委托鉴定结论为依据起诉要求支付工程款的，按诉前共同委托鉴定处理。"第24条规定："发包人对承包方提供的结算报告已经委托有资质的第三方进行审核并经双方签字认可，或者双方当事人已完成工程价款结算，结算报告已经双方签字认可。诉讼中一方当事人要求重新鉴定的，人民法院不予准许。"这两条正面规定了不予启动造价鉴定，反面规定了达成结算协议的第二种方式，即当事人双方共同委托造价咨询机构进行审核，或者是发包人单方委托，承包人签字认可、据此申请付款或者作为起诉证据。无论哪一种方式，都表达了当事人双方同意将结算争议提交第三方机构，由第三方机构运用专业知识解决争议的意思表示，故该机构出具的审核意见对当事人双方具有约束力。通过审查委托内容、承包人是否参与审核、是否签收、是否提出异议以及后续付款情况，判断结算协议是否成立。

应当注意《施工合同司法解释(一)》第30条"当事人在诉讼前共同委托有关机构、人员对建设工程造价出具咨询意见，诉讼中一方当事人不认可该咨询意见申请鉴定的，人民法院应予准许，但双方当事人明确表示受该咨询意见约束的除外"的规定。依文义解释，有关机构、人员对工程造价出具了咨询意见，一方当事人表达不认可该咨询意见，即可申请造价鉴定，不需要提供相应证据。特殊情形下，该咨询意见究竟是造价审核报告，还是专家意见？当事人产生争议时，首先，审查鉴定委托书是否表达了当事人双方自愿接受咨询意见约束的意思表示；其次，审查咨询意见的内容，是针对整个工程的造价审核，还是单纯性咨询；最后，通过后续行为进一步分析当事人是否以实际行为自认了咨询意见。

类案检索

典型案例　最高人民法院(2015)民提字第26号判决

【裁判规则】定案单应当作为双方当事人结算工程价款的依据。首先,从定案单的名称来看,双方当事人没有使用“预结算”“估算”等代表不确定性结论的名称,而是使用了“定案单”,此处的“定”应当理解为双方当事人对工程价款作出了确定性的结论。

其次,从定案单的内容来看,定案单系对鹭港二期0705#、0706#、0835#、0836#楼审定造价汇总表及地下车库、洽商、外网审定造价表等的再汇总,以上各项工程的审定造价汇总表有新天地房地产公司相关结算人员程某、郑某、赵某等的签字确认,亦有中南建筑公司黄某利、沈某金的签字确认。同时,以上各审定造价汇总表又由各结算子项汇总而来,如鹭港二期0705#楼审定造价汇总表由土建部分的主体、内装修、外装修、零星工程、甲供材料保管费等共计22,874,720.87元加安装部分的电气、给排水、采暖、消防费用共计2,813,794.74元组成,最终确定中南建筑公司送审金额为136,729,646.5元,新天地房地产公司审减金额为12,277,912.98元,审定金额为124,451,733.5元。该定案单底部建设单位审核人处有程某芬、郑某、赵某的签字,部门经理处有方某斌的签字,主管领导签字处有刘某江的签字,还加盖了“唐山新天地房地产开发有限公司运营管理部”的印章。同时,该定案单亦有中南建筑公司经办人、负责人、主管领导的签字并加盖有单位公章。应当说,定案单内容上是客观有据的,程序上是规范严谨的,应为双方认真核对的结果,符合建设工程价款结算的实际,可以作为认定案涉工程价款的依据。

最后,虽然定案单没有加盖新天地房地产公司的公章,但是加盖了新天地房地产公司运营管理部的公章。运营管理部作为新天地房地产公司的职能部门,负责工程价款结算等相关事务,其意思表示是客观真实的,对新天地房地产公司具有当然的约束力。并且,定案单、各项工程汇总表及各子项结算上还有新天地房地产公司结算人员、主管领导等人员的签字,以上人员的签字均系职务行为,由此产生的法律责任也应当由新天地房地产公司承担。同时,该定案单并没有注明结算成果仅作为初步结算,不作为双方最终结算,或者需要第三方审计,因此,新天地房地产公司、中南建筑公司事实上已经就案涉工程价款的结算事宜达成合意。中南建筑公司主张以定案单为依据结算工程价款,理据充分,本院予以支持。

典型案例 最高人民法院(2020)最高法民终1号判决

【裁判规则】岗地文化公司委托有关机构作出工程进度控制价后,兵团建筑公司表示认可;同时,兵团建筑公司向岗地文化公司提交确认函,要求岗地文化公司对于工程进度控制价载明的已完工程价款进行确认,对此岗地文化公司在确认函上盖章确认。可见,双方对于已完工程价款的结算已经达成协议,岗地文化公司以其诉讼中不同意该工程进度控制价为由申请鉴定的主张不能成立,本院不予支持。

典型案例 最高人民法院(2020)最高法民申6400号裁定

【裁判规则】晶艺工程公司主张,欧阳某武在多份结算文件上签字的行为构成表见代理。经查,晶艺工程公司提供的工程结算书中,欧阳某武在工程结算申请表建设单位项目部意见栏签字,在结算资料审核表、结算资料交接清单上,欧阳某武在甲方经办工程师栏签字。而合同明确约定:“本工程的业主代表是孙某龙。在整个合同期内,除非本合同另有约定,业主代表(代表业主)应是业主唯一的合法代理人,并应受理与其有关的所有通知、指示、同意、批准、证书、决定等。”合同明确约定了双方认可的业主唯一合法代理人,晶艺工程公司对此应当明知,当该代理人离职需由他人代为履行职责时,橘韵公司应当出具授权委托材料,并重新得到双方的认可和确认,方能视为代理人的变更。欧阳某武在相关结算文件上签字,并未出具橘韵公司的授权委托材料,晶艺工程公司对此亦当明知。

晶艺工程公司还主张,工程量变更及价款确认等特别事项,合同未约定具体授权代理人,应视为约定不明。经查,合同约定“对于本合同中约定了特别签字确认方式的事项和文件等，按照本合同相关约定执行”，晶艺工程公司亦认可合同并未约定特别签字确认事项的授权代理人，既然合同无相关约定，即应当按照一般约定条款执行。晶艺工程公司无证据证明孙某龙之外的人员可代表橘韵公司在相关结算文件上签字，橘韵公司也不承认其对欧阳某武进行过授权，二审判决认定欧阳某武的签字不能视为双方对案涉合同约定的固定总价进行变更或对工程价款进行了结算，具有事实和法律依据。

案例解读

上述案例的共同争议焦点是结算协议是否成立。

民提字第26号判决，定案单虽未冠以“结算协议”字样，但载明送审额、核减额、审定额等内容，表达了结算的意思表示，当事人双方人员签字，加盖项目运营部印章，且没有标注存在争议项目，故定案单构成有效结算文件。

最高法民终1号判决，发包人委托有关机构进行造价审核，审核结果出具后承包人签署确认，庭审时发包人却不予认可，违反诚实信用原则，法院对其鉴定申请不予准许。

结算协议是工程领域最重要的协议，直接决定了当事人的根本性权利义务，故应当结算协议的成立要件应当严格审查。最高法民申6400号裁定，欧阳某武不是发包人任命的履约代表，发包人也没有对欧阳某武出具办理结算的委托书，欧阳某武的行为属于无权代理，对发包人不具有约束力，案涉工程结算书尚未成立。

三、结算协议与索赔

《北京高院解答》第24条规定：“结算协议生效后，承包人依据协议要求支付工程款，发包人以因承包人原因导致工程存在质量问题或逾期竣工为由，要求拒付、减付工程款或赔偿损失的，不予支持，但结算协议另有约定的除外。当事人签订结算协议不影响承包人依据约定或法律、行政法规规定承担质量保修责任。结算协议生效后，承包人以因发包人原因导致工程延期为由，要求赔偿停工、窝工等损失的，不予支持，但结算协议另有约定的除外。”双方达成结算协议时，工程已经完工并办理了竣工验收，工程质量是否合格，承包人是否存在逾期竣工的违约责任，承包人是否存在停工窝工损失，双方在签订结算协议时非常清楚。很难相信双方在已经就工程质量、工期等存在争议的情况下，在结算时不予考虑，而仅就供参考数额达成结算。① 据此分析，签订了结算协议，一方主张索赔的，不予支持，除非结算协议另有约定。

2017 版《建设工程施工合同（示范文本）》关于索赔的规定："19.2(3)承包人接受索赔处理结果的，索赔款项在当期进度款中进行支付……19.4(3)承包人接受索赔处理结果的，发包人可从应支付给承包人的合同价款中扣除赔付的金额或延长缺陷责任期……19.5(1)承包人按第 14.2 款〔竣工结算审核〕约定接收竣工付款证书后，应被视为已无权再提出在工程接收证书颁发前所发生的任何索赔。"可见，从建筑行业的交易习惯考察，索赔款项纳入当前进度款处理，工程结算时已经充分考虑了索赔事项，工程索赔期限截止竣工付款证书签署之时。

类案检索

典型案例 北京市第三中级人民法院(2015)三中民终字第 03291 号判决

【裁判规则】爱玛家服务公司称广佳建筑公司存在逾期竣工违约行为，故工程款结算确认书确定的数额应扣除相应违约金，广佳建筑公司则主张己方属于合理延迟工期，不存在违约行为。根据本案庭审查明的事实和相关证据可以看出，爱玛家服务公司曾向广佳建筑公司发过相关的函件，但是时间上均在双方签订工程款结算确认书之前；双方达成结算协议时，工程已经完工，并办理了竣工验收，工程质量是否合格，承包人是否存在逾期竣工的违约行为，承包人是否存在停工、窝工损失等争议，双方在签订结算协议时是非常清楚的。由于结算的目的是最终确定因施工合同履行产生的债权债务数额，双方在结算协商时会考虑所有对最终

① 陈旻：《建设工程案件审判实务与案例精析》，中国法制出版社 2014 年版，第 83 页。

价款产生影响的因素并一起予以解决，这符合日常经验逻辑和目前建筑市场的交易习惯。在双方就工程质量、违约责任存在争议的情况下，在结算时不予考虑，仅就工程款数额达成结算，这确实有违生活常理和交易习惯。据此，一审法院按照工程款结算确认书确定的价款数额作出的相应处理是正确的。

典型案例 最高人民法院(2019)最高法民终1980号判决

【裁判规则】关于恒远房地产公司欠付中城投建筑公司停工损失、提前撤场费用、设施设备等转让款及逾期付款利息等数额及依据的问题。

一审法院认为，第一，根据2014年8月29日工作联系函内容，能够体现中城投建筑公司因恒远房地产公司未按合同约定支付工程进度款而进行停工索赔函告恒远房地产公司，并附有每天停工导致的相关损失数额为374,702元，该联系函有中城投建筑公司的盖章及签收单位恒远房地产公司黄某钢的签字，能够证明在案涉工程施工过程中存在停工并导致相关损失的事实。

第二，虽然双方于2015年1月15日解除协议中约定互不追责，但2015年2月15日结算中有关于损失的内容，说明其对于损失部分并未放弃主张权利。

第三，结合2015年2月15日双方签订的结算汇总表二、结算纪要及附后的结算争议问题，双方对于已完工程实体进行结算的工程价款已确认完毕，但还存在其他争议问题，其中包含停工损失、逾期付款利息、提前撤场损失，该附表能够体现损失未计入工程实体结算中，对于该部分双方未进行审定仍存在争议，也能够体现中城投建筑公司对于损失部分并未放弃主张权利。

案例解读

三中民终字第03291号判决，体现了“大结算”思路，工程结算是当事人就工程量、价款、工期、质量等问题达成的“一揽子”协议，一方再行提出索赔的，不予支持。最高法民终1980号判决，虽然双方达成结算协议，仍支持了承包人提出的索赔主张，一是客观上存在索赔事项与索赔款项，二是对比解除协议与结算协议，可以看出签订结算协议时并没有一并处理索赔事项，故一审、二审法院均予以支持。

第六章

以其他方式确定工程价款

法律法规/司法解释

《施工合同司法解释(一)》

第十九条　当事人对建设工程的计价标准或者计价方法有约定的,按照约定结算工程价款。

因设计变更导致建设工程的工程量或者质量标准发生变化,当事人对该部分工程价款不能协商一致的,可以参照签订建设工程施工合同时当地建设行政主管部门发布的计价方法或者计价标准结算工程价款。

建设工程施工合同有效,但建设工程经竣工验收不合格的,依照民法典第五百七十七条规定处理。

第二十条　当事人对工程量有争议的,按照施工过程中形成的签证等书面文件确认。承包人能够证明发包人同意其施工,但未能提供签证文件证明工程量发生的,可以按照当事人提供的其他证据确认实际发生的工程量。

第二十一条　当事人约定,发包人收到竣工结算文件后,在约定期限内不予答复,视为认可竣工结算文件的,按照约定处理。承包人请求按照竣工结算文件结算工程价款的,人民法院应予支持。

第二十八条　当事人约定按照固定价结算工程价款,一方当事人请求对建设工程造价进行鉴定的,人民法院不予支持。

以其他方式确定工程价款，是指当事人尚未签订结算协议，根据工程量签证文件等履约资料，通过解释合同条款，分析法律构成要件，运用法律思维和日常生活经验，不启动工程造价鉴定而确定工程价款的结算方式。

根据《施工合同司法解释（一）》以及地方法院审判指导意见，以其他方式确定工程价款具体分为以下情形：（1）诉前一方自行委托造价鉴定；（2）固定总价合同，固定总价范围内施工任务完成；（3）固定单价合同，工程量确定；（4）逾期答复构成有效结算；（5）合同约定以审计结论作为结算依据。本章对这五种情形分析解读。

一、诉前一方自行委托造价鉴定

2019 年《民事证据规定》第 41 条规定："对于一方当事人就专门性问题自行委托有关机构或者人员出具的意见，另一方当事人有证据或者理由足以反驳并申请鉴定的，人民法院应予准许。"本条所称的意见属于造价咨询意见，具备证据资格，可以作为人民法院认定工程价款的初步证据，另一方当事人并非只是简单否定或一句不予认可，而应当进行实质性反驳，并同时提出鉴定申请。

对比 2001 年《民事证据规定》第 28 条"一方当事人自行委托有关部门作出的鉴定结论，另一方当事人有证据足以反驳并申请重新鉴定的，人民法院应予准许"的规定，可以看出，2019 年《民事证据规定》第 41 条将有关机构或人员出具的材料称为"意见"，2001 年《民事证据规定》则称为"鉴定结论"。司法鉴定是诉讼程序中人民法院根据当事人申请就专门问题委托专业机构出具鉴定意见的一项活动，人民法院委托的鉴定才能称之为司法鉴定，2017 年《民事诉讼法》第 63 条将鉴定结论修改为鉴定意见，故 2019 年《民事证据规定》所称的"意见"更科学。

反驳与推翻具有较大区别，反驳的证明标准是形成对抗，推翻的证明标准不仅是对抗，而且还要予以否定。反驳之目的是使法官对诉前一方自行委托的鉴定意见产生合理怀疑，进而决定通过司法鉴定方式发现事实真相。

参考 2019 年《民事证据规定》第 40 条第 1 款"当事人申请重新鉴定，存在下列情形之一的，人民法院应当准许：（一）鉴定人不具备相应资格的；（二）鉴定程序严重违法的；(三)鉴定意见明显依据不足的；(四)鉴定意见不能作为证据使用的其他情形”的规定，对方当事人可以从以下方面进行反驳：有关机构是否具备工程造价资格，有关人员是否具备工程造价专业知识，计价依据或计价方式是否符合合同约定，鉴定材料是否具备真实性、合法性与关联性，鉴定方法与推理过程是否科学。

另外，还应当考察一方当事人自行委托鉴定行为是否具有正当性，如果施工合同约定了结算程序，双方就结算问题尚未陷入僵局，一方当事人不遵守合同而自行委托，该行为不具有正当性，造价咨询意见不应采信。

类案检索

典型案例　最高人民法院(2021)最高法民申4491号裁定

【裁判规则】鸿达电力公司对案涉工程进行施工后，科源电力集团未及时与其进行结算，鸿达电力公司自行委托鉴定机构就案涉工程造价进行鉴定。鉴定机构依据鸿达电力公司提供的案涉工程图纸、《劳务分包合同》、现场签证审批单、工程审极现场查勘底稿、工程联系单等材料做出了鉴定意见。鸿达电力公司将提供给鉴定机构的材料(除施工图纸外)，已全部向一审法院提交，一审法院组织双方当事人进行了质证。二审法院传唤鉴定人到庭接受双方当事人质询，并就有关鉴定事项进行了说明。经法院释明，科源电力集团不同意重新鉴定，亦无相反证据推翻鉴定意见，鉴定机构据实鉴定，鉴定意见能够客观反映工程造价，故原审法院按照鉴定意见认定本案工程各部分造价，符合法律规定。

【同类案例】

最高人民法院(2019)最高法民终695号判决

天津市第三中级人民法院(2021)津03民终415号判决

典型案例 甘肃省高级人民法院(2020)甘民终287号裁定

【裁判规则】一审中,金程建筑公司就已完工程造价单方委托鉴定机构形成工程造价编制报告,一审法院多次向古浪交通局释明其应就金程建筑公司已完工程量造价申请鉴定,古浪交通局拒不申请鉴定,一审法院进行判决符合证据规则和相关法律规定,判决适当。二审中,古浪交通局提出鉴定申请,理由是金程建筑公司就已完工程造价单方委托作出的工程造价编制报告,是按照合同约定价直接减去未完成的边沟、排水沟、护坡、防护栏、交通标志牌、路面标线工程价款得出,对金程建筑公司已完的项目路基、路面及涵洞工程并未按照实际完成工程量进行鉴定。依据《民事证据规定》第41条,需发回重审对金程建筑公司实际完成工程量进行鉴定。同时,因古浪交通局在一审法院依据法律规定多次释明的情形下,其仍拒不申请鉴定,在二审中又提出鉴定申请,导致本案发回重审,造成司法资源浪费,应对其予以处罚。

综上所述,裁定如下:一、撤销甘肃省武威市中级人民法院(2018)甘06民初162号民事判决;二、本案发回甘肃省武威市中级人民法院重审。

典型案例 安徽省淮南市中级人民法院(2020)皖04民终1558号裁定

【裁判规则】案涉工程造价系新城建筑公司单方委托第三方作出,相关鉴定材料未经当事人质证,协进工贸公司一审中明确表示不认可,该鉴定意见依法不能作为认定案件事实的依据。依照上述规定,一审法院应当向协进工贸公司释明是否申请对工程造价进行鉴定,但一审法院并未释明,而是直接采纳了新城建筑公司单方委托第三方作出的鉴定意见,导致认定基本事实不清,依据不足。依照《民事诉讼法》第170条第1款第3项的规定,裁定如下:一、撤销安徽省淮南市田家庵区人民法院(2019)皖0403民初4823号民事判决;二、本案发回安徽省淮南市田家庵区人民法院重审。

案例解读

最高法民申4491号裁定,对方当事人不认可诉前鉴定意见,但是不同意重新鉴定,亦无相反证据推翻鉴定意见,故一审、二审法院均采纳该鉴定意见。更为重要的是,本案二审法院并未局限于审查一方当事人举证、对方当事人反驳,而是对每一项鉴定意见进行重新分析,确认该鉴定意见客观真实,符合合同约定,符合施工现场,形成内心确认进而作出判决。

甘民终287号裁定、皖04民终1558号裁定,两案未采信诉前单方鉴定意见,一是实体上鉴定意见不符合客观事实,二是程序性上一审法院未释明对方当事人有权申请造价鉴定。

整体而言,诉前单方鉴定意见被采纳的概率较低,故笔者建议,发生施工合同纠纷后及时起诉并提出鉴定申请,由人民法院委托造价鉴定。

二、固定总价合同,固定总价范围内施工任务完成

施工合同计价方式分为定额计价和清单计价。定额计价的依据是当地建设行政主管部门发布的计价方法或者计价标准,特点是适用国家统一定价,缺乏竞争性,无法体现市场机制的调节功能;清单计价的依据是承包人根据工程量清单自主报价,特点是反映了市场供求关系,符合造价改革趋势。招标投标阶段,投标人为谋求中标,相互之间展开竞争,采用定额计价,下浮最低者中标,采用清单计价,价格最低者中标。

施工合同价格形式分为单价合同、总价合同和成本加酬金合同。单价合同是以工程量清单及其综合单价进行计价的合同,总价合同是以施工图及其预算和有关条件进行计价的合同,成本加酬金合同是以施工工程成本再加合同约定酬金进行计价的合同。实行工程量清单计价的工程应采用单价合同,建设规模较小,技术难度较低,工期较短且施工图设计已审查批准的建设工程可采用总价合同,紧急抢险、救灾以及施工技术特别复杂的建设工程可采用成本加酬金合同。①

《施工合同司法解释(一)》第28条规定:"当事人约定按照固定价结算工程价款,一方当事人请求对建设工程造价进行鉴定的,不予支持。"此处的"固定价"

① 参照《建设工程工程量清单计价规范》(GB 50500—2013)的相关规定。

指固定总价。当事人约定按照固定总价结算工程款，表明对施工图、已标价工程量清单或预算书有充分认识，已经充分预判合同风险，并考虑了合同履行中引起价格变动的诸多因素，该约定对双方均具有法律约束力。固定总价范围内的工程完成，固定总价是承包人应当获取的工程价款，一方申请造价鉴定的，不予准许。

按照固定总价结算，并非意味着工程价款绝对不能调整，根据合同履行情况完全可以在固定总价的基础上进行调整。

1. 采用工程量清单方式招标形成的总价合同，在合同履行期间，出现工程量清单项目特征不符、工程量清单缺项、工程量偏差等情况，超出合同约定的风险范围，价款应当调整。采用经审定批准的施工图纸及其预算方式发包形成的总价合同，报价基础是经过审批的施工图纸，而对于"边设计、边修改、边施工"的"三边"工程，应当据实结算。

2. 工程变更，变更与新增部分超出合同约定的风险范围，应当调整价款。根据"谁主张，谁举证"原则，主张调整价款的一方应当就原合同内容、变更原因、变更内容及数量进行举证。变更部分价款适用合同中相同或相似项目的单价，没有对应单价，当事人又不能协商一致，根据《施工合同司法解释（一）》第 19 条之规定，参照签订施工合同时当地建设行政主管部门发布的计价方法或者计价标准。

3. 固定总价合同解除，已完工部分在施工合同中找不到对应单价，通行做法是采取"按比例折算法"计价，例如，《北京高院解答》第 13 条中规定的"由鉴定机构在相应同一取费标准下分别计算出已完工程部分的价款和整个合同约定工程的总价款，两者对比计算出相应系数，再用合同约定的固定价乘以该系数确定发包人应付的工程款"。也有观点认为，可以采取多种计价方法，按照不利于过错方原则确定，例如，发包人原因导致合同解除，已完工程应当采用定额计价，承包人原因导致合同解除，采用定额计算出未完工部分价款，合同固定总价减去未完工部分定额价款等于已完工程价款。笔者认为，按比例折算法符合合同履行情况、符合当事人真实意思，应予肯定，多种计价方法可用于计算损失。例如，承包人原因导致合同解除，发包人另行发包时价格增加，可以按定额和按比例折算法分别计算出未完工部分的价款，二者相减即为发包人损失。

4. 固定总价背景下材料涨价损失的分担。《北京高院解答》第 12 条规定："建设工程施工合同约定工程价款实行固定价结算，在实际履行过程中，钢材、木材、水泥、混凝土等对工程造价影响较大的主要建筑材料价格发生重大变化，超出了正常市场风险的范围，合同对建材价格变动风险负担有约定的，原则上依照其约定处理；没有约定或约定不明，该当事人要求调整工程价款的，可在市场风险范围和幅度之外酌情予以支持；具体数额可以委托鉴定机构参照施工地建设行政主管部门关于处理建材差价问题的意见予以确定。因一方当事人原因导致工期延误或建筑材料供应时间延误的，在此期间的建材差价部分工程款，由过错方予以承担。"据此，承包人因为主材涨价要求调整价款，合同有约定的，遵守约定，当然，争议原因往往是合同没有约定调价方法或约定"一概不予调整"，承包人要求调整价款，缺乏合同根据。作为一个有经验的承包商，应当预料到合同履行期内主材价格可能受到市场波动的影响，市场波动属于商业风险，不构成情势变更，合同未约定价款调整方法，可视为承包人自愿接受该商业风险，承包人要求调整合同价款，难以获得支持。当然，发包人原因导致工期延长，延长期间适逢主材价格上涨，承包人要求调整价款，应予支持，具体数额可以参考造价鉴定机构出具的鉴定意见，由人民法院酌情支持。

类案检索

典型案例　最高人民法院(2018)最高法民终 244 号判决

【裁判规则】虽然京汉置业公司与中建二局四公司签订的《合同协议书》无效，但双方在合同中约定采用固定价结算的方式，约定总工程价款为 2906 万元。案涉工程虽未验收，但工程已交付使用，且中建二局四公司取得了京汉·新城一期住宅竣工验收备案表。原审法院参照合同约定的工程价款，并依据当事人的司法鉴定申请，委托鉴定机构对于对设计变更工程量进行造价鉴定，并无不当。中建二局四公司主张依据施工图对全部工程进行鉴定，缺乏事实依据和法律依据，本院不予支持。

典型案例　**最高人民法院(2019)最高法民申5195号裁定**

【裁判规则】原审法院根据桐木建筑公司的申请委托汇德咨询公司对案涉整体工程进行工程造价司法鉴定,符合本案实际情况,处理结果并无不当。

第一,虽然《补充协议书》第7条、第8条约定,合同价款高层实行预算包干价下浮7%,决算时只调整钢材、水泥(包括混凝土)、暂定价格部分材料的材差(只取税金)以及增减变更,并具体约定了第2~6号楼、第9号楼、第10号楼的暂定价金额,但是,《补充协议书》第8条合同价款的末尾,双方进一步明确约定,高层部分合同价款最终以双方核算认可的价格为准。因此,《补充协议书》中关于高层第2~6号楼、9号楼、10号楼的合同价款虽名为暂定价,实行预算包干价,但因最终的工程价款须待双方核算认可后才能作为结算依据,即高层部分工程价款并非固定不变,故《补充协议书》中关于高层部分工程的合同价款的约定并非《建设工程施工合同解释》第22条规定的固定价。

第二,虽然恩利置业公司与桐木建筑公司双方已就案涉工程签订单位工程(预)决算表,对前述部分工程的工程量及工程价格进行核对。但是,恩利置业公司认可桐木建筑公司于2015年7月28日送交恩利置业公司工程结算书的真实性及合法性,并认为该结算书中采用的工程款计算方式及结果错误。该结算书中载明的工程结算款为21,369,083.11元,而恩利置业公司根据单位工程(预)决算表汇总的工程结算款为11,977,454.15元。由此可知,恩利置业公司与桐木建筑公司双方之间实际上对结算款存有争议。故原审法院根据《建设工程施工合同解释》第23条规定进行司法鉴定,并无不当。

典型案例　**最高人民法院(2020)最高法民申2229号裁定**

【裁判规则】案涉《建设工程施工合同》约定采用固定价格,合同价款为1360万元。该约定是双方自愿作出的真实意思表示,再审申请人卢某义在签订合同时应当对合同约定的工程价款有充分认识,其事后认为合同约定价款明显不公,并主张案涉工程价款应当通过司法鉴定确定,没有事实和法律依据,二审法院不予支持并无不当。鉴于卢某义在未完工情况下中途退出施工,二审法院对于其实际完成的部分工程的价款采取按比例折算的方式计算,即先计算出已完工的部分工程的价款占全部工程总价款(该已完工的部分工程的价款和全部工程总价款可按照定额标准鉴定得出)的比例,然后按照该比例乘以合同约定的固定价款,计算得出实际完成的部分工程的价款为9,869,054.75元,并无不当。

案例解读

以上三个案例代表了固定总价合同纠纷的三种类型。最高法民终244号判决,按照"慎重启动、范围最小"原则,合同内工程执行合同约定的固定总价,合同外变更部分工程通过造价鉴定方法确定价款,中建二局四公司提出案涉工程有两套图纸,申请对全部工程进行鉴定,但未能提供相关证据,故鉴定范围限于变更部分。最高法民申5195号裁定,涉及合同解释问题,合同约定了暂定价金额,依文义解释来解释合同条款,该价格形式并非固定总价,且后续结算中当事人并未达成一致意见,故二审法院启动造价鉴定。最高法民申2229号裁定,固定价合同解除,二审法院根据按比例折算法计算已完工程价款,符合法律规定。

典型案例 广东省东莞市中级人民法院(2021)粤19民终1433号判决

【裁判规则】《广东省住房和城乡建设厅关于加强建筑工程材料价格风险管控的指导意见》及鉴定意见书可以证实因南城街道办原因所造成的工期延误带来的工程材料价格上涨、成本增加的情况,案涉工程因窝工造成建筑材料价格上涨差价为659,926.35元。另外,虽然《施工合同》明确案涉工程合同价款不因物价而调整,但该约定系对正常施工工期内材料价格波动风险的承担作出的约定,该约定并不适用于因发包方原因导致的工期延误期间的材料款调差,以双方当事人可以预期的合理风险负担约定调整单方违约造成的损失扩大,显然有违公平原则。综上,南城街道办应对延误工期造成金建达公司施工材料价格上涨损失659,926.35元承担相应的赔偿责任。

【同类案例】

北京市第三中级人民法院(2019)京03民初643号判决

河南省濮阳市中级人民法院(2020)豫09民终633号判决

四川省南充市中级人民法院(2019)川13民终3794号判决

典型案例 **广东省中山市中级人民法院(2021)粤20民终5583号判决**

【裁判规则】据双方合同约定,案涉合同为固定总价合同,实行总价包干,对此,招标公告、投标人须知、招标答疑文件以及《广东省建设工程标准施工合同》的相关条款对合同价款的调整等事项均作出了清晰明确的约定,明确约定合同价款不因物价涨落调整,对建筑材料价格变动、安全文明施工、绿色施工等事项也进行了约定,说明双方在签订案涉合同时已经考虑到合同履行过程中可能存在的风险,并不属于双方在订立合同时无法预见的,也非不可抗力造成,而属于正常的商业风险,故中山一建以本案应适用情势变更原则诉请东区经联社在案涉合同价款之外支付相关费用于法无据,也与双方合同约定不符,一审不予支持符合法律规定,本院予以维持。

【同类案例】

广东省中山市中级人民法院(2020)粤20民终7246号判决

河南省三门峡市中级人民法院(2020)豫12民终616号判决

重庆市高级人民法院(2019)渝民终492号判决

案例解读

依法成立的合同对当事人具有法律约束力,一方不得随意变更、解除。投标报价是承包人的真实意思表示,投标报价不仅包括工程价款本身,还包括一定范围内的商业风险,该商业风险是承包人投标报价时所能遇见的。市场波动导致主材价格上涨,属于正常商业风险,施工合同未约定调价方法,承包人主张调整工程价款,难以获得支持。

三、固定单价合同，工程量确定

固定单价合同是以工程量清单及其综合单价进行合同价款计算、调整和确认的施工合同。固定单价合同，如果工程量确定，工程量×固定单价等于工程价款，无须启动造价鉴定。

关于工程量认定，《施工合同司法解释(一)》第20条规定："当事人对工程量有争议的，按照施工过程中形成的签证等书面文件确认。承包人能够证明发包人同意其施工，但未能提供签证文件证明工程量发生的，可以按照当事人提供的其他证据确认实际发生的工程量。"证明工程量的证据之一是签证文件，二是证明工程量实际发生的其他证据。因承包人原因造成的超出合同工程范围的工程量或返工工程量，发包人不予计量，不支付价款。

工程量清单是固定单价合同产生的基础，出现工程量清单存在项目特征不符、工程量清单缺项、工程量偏差等情况导致工程量变更的，工程价款应当调整。

关于计价标准，《施工合同司法解释(一)》第19条第1款规定："当事人对建设工程的计价标准或者计价方法有约定的，按照约定结算工程价款。"第2款规定："因设计变更导致建设工程的工程量或者质量标准发生变化，当事人对该部分工程价款不能协商一致的，可以参照签订建设工程施工合同时当地建设行政主管部门发布的计价方法或者计价标准结算工程价款。"有相同项目的，按照相同项目单价认定；有类似项目的，参照类似项目的单价认定；无相同或相似项目，参照签订建设工程施工合同时当地建设行政主管部门发布的计价方法或者计价标准。

固定单价合同解除，一种观点是已完成部分价款也应当采取按比例折算法确定，另一种观点是采取定额计价。笔者赞同第一种观点。

类案检索

典型案例　**黑龙江省高级人民法院(2018)黑民终395号判决**

【裁判规则】关于案涉工程建筑面积的问题。《建设工程施工合同协议书》第10条约定:“房屋结算按照房管局测绘面积为准,多退少补。”祥瑞测绘公司对案涉工程进行建筑面积测算虽非受柳某龙或昱光房地产公司委托,但该公司出具的房屋面积测量报告已经由黑龙江省农垦总局房地产管理处备案,且经测量的建筑面积与《建设工程竣工验收备案证书》记载的建筑面积一致,故一审判决认定案涉工程建筑面积为12,373.68平方米,并无不当。依据双方约定,案涉工程造价采用平方米包干,每平方米1250元,故确认案涉工程总价款为15,467,100元。

关于外墙保温、真石漆工程是否属于合同外增项工程的问题。柳某龙主张外墙保温、真石漆工程属于合同外增项工程,应另行计算工程价款;昱光房地产公司则主张外墙保温、真石漆工程属于土建工程,包含在约定的承包范围内,不应另行计算工程价款。据此,双方当事人系对《建设工程施工合同协议书》第1条约定的承包范围,特别是土建工程的承包范围存在争议。《建设工程施工合同协议书》第1条约定“承包范围为土建、水暖、电气”,但并未对具体的施工内容和项目作出明确约定,双方当事人亦未能举证证明承包范围所对应的具体施工内容和项目。因《建设工程施工合同协议书》第16条约定了承包费用划分和材料及设备供应,在承包范围不明确的情况下,以上两项约定应视为对承包范围的解释和细化,施工合同约定需统一采购的材料所对应的施工项目和内容属于承包范围。因双方约定需统一采购的材料包括外墙涂料、外墙保温等,故柳某龙主张外墙保温、真石漆工程等属于合同外增项工程,依据不足;柳某龙主张应另行给付外墙保温、真石漆工程的工程价款,无事实依据,一审判决未予支持并无不当。

案例解读

当事人双方对原告柳某龙实施外墙保温、真石漆工程的事实没有争议,争议问题是这两项是合同内工程还是新增工程。这也是固定价合同的最常见争议。

《建设工程施工合同协议书》第1条约定“承包范围为土建、水暖、电气”,《建设工程量清单计价规范》《建筑工程施工质量验收统一标准》等规范中并没有“土建”概念,找不到“土建”对应的工程范围,应当回到合同中寻找答案。

合同解释方法之一是体系解释,体系解释又称整体解释,是把合同全部条款和构成部分看作一个统一的整体,从各个合同条款即构成部分的相互关联、所处的地位和总体联系上阐明当事人系争的合同用语的含义,或者拟出欠缺的合同条款。① 案涉合同第16条约定“需统一采购的材料:……外墙涂料、外墙保温、电线、电缆、水暖材料,以上材料经乙方送样板给甲方,经甲方同意后方可进行采购。”建筑施工是通过人工将建筑材料物化为建筑工程的过程,案涉合同约定的建筑材料包括外墙保温、外墙涂料,可以印证承包范围包括外墙保温、真石漆。另外,如果外墙保温、真石漆工程属于合同外增项工程,应当有变更指示和调价申请,但是原告并未提供相关证据。综合分析,外墙保温、真石漆工程属于合同内工程,而非新增工程。

典型案例　最高人民法院(2015)民一终字第309号判决

【裁判规则】采用固定单价如何计算工程款。《补充协议书》约定的固定单价,指的是每平方米的均价,针对的是已经完工的工程。根据已查明事实,赤峰建设公司退场时,案涉工程尚未完工。此种情形下工程款如何计算,现行法律、法规、司法解释没有作出规定。一审判决先以固定单价乘以双方约定的面积计算出约定的工程总价款,再通过造价鉴定计算出赤峰建设公司完成的部分占整个工程的比例,再用计算出的比例乘以约定的工程总价款确定赤峰建设公司应得的工程价款,此种计算方法,能够兼顾合同约定与工程实际完成情况,并无不当。

① 崔建远主编:《合同法》(第六版),法律出版社2016年版,第285页。

案例解读

固定总价合同解除,已完工程采用按比例折算法鉴定没有争议。固定单价合同解除,如果找不到相同或相似项目,同样面临已完工程如何计价的问题。已完工程采用定额计价,违反合同约定的计价方式,违约一方或将获得额外利益,基于公平原则,仍应当采用按比例折算法确定工程价款。

四、逾期答复构成有效结算

《施工合同司法解释(一)》第 21 条规定:"当事人约定,发包人收到竣工结算文件后,在约定期限内不予答复,视为认可竣工结算文件的,按照约定处理。承包人请求按照竣工结算文件结算工程价款的,应予支持。"本条的法律后果是发包人期满不予答复,按照承包人提交的竣工结算文件确定工程价款,这种结算方式业界称之为"按送审价结算"。适用本条应当符合三个条件:一是合同不仅约定了答复期限,还应当约定逾期答复视为认可,二是承包人向发包人提交了完整的竣工结算文件,三是发包人在约定期限内不予答复。

本条旨在制裁发包人不结算或拖延结算的不诚信行为,如果发包人进行了答复,表明不认可结算文件,没有可归咎之处,人民法院应当引导当事人重新结算,而且工程价款涉及当事人基本权利义务,承包人报送的结算价格往往偏高,甚至虚高,适用本条的代价是掩盖事实真相,损害发包人合法利益,故当事人对《施工合同司法解释(一)》第 21 条的适用条件产生争议时应当严格掌握,作出有利于发包人的解释,效率让位于公平。

实践中,存在大量承包人败诉的案例,主要类型包括:

1. 施工合同仅约定了答复期限,未约定逾期答复视为认可,不符合《施工合同司法解释(一)》第 21 条的适用条件。

2. 承包人根据 1999 版《建设工程施工合同(示范文本)》第 33.3 条主张权利。该条规定:"发包人收到竣工结算报告及结算资料后 28 日内无正当理由不支付工程竣工结算价款,从第 29 日起按承包人同期向银行贷款利率支付拖欠工程价款的利息,并承担违约责任”,发包人从第29日起支付利息,不等于认可了竣工结算文件,最高人民法院〔2005〕民一他字第23号复函[①]及各地高级人民法院审判指导意见均有规定。

3. 承包人根据《建设工程价款结算暂行办法》(财建〔2004〕369号)、《建筑工程施工发包与承包计价管理办法》(住房和城乡建设部令第16号)主张权利[②]。两个文件属于部委规章,人民法院审理民事案件适用法律、行政法规,不适用部委规章,承包人依据两个规章主张权利,不予支持。

4. 发包人收到竣工结算文件后予以答复,或承包人提交竣工结算文件后不断补充、修改,并与发包人多次核对,也可推定发包人已经答复。

5. 承包人送交的竣工结算文件不完整。《施工合同司法解释(一)》第21条旨在制裁发包人不结算或拖延结算,承包人提交的竣工结算文件不完整,导致发包人不能审核,由此导致的不利后果应当承包人承担。

6. 施工合同无效,逾期答复视为认可条款无效。笔者认为,《施工合同司法解释(一)》第21条属于结算条款,施工合同无效不影响第21条的适用。

7. 承包人不能证明向发包人提交了竣工结算文件,或者未有效送达竣工结算文件。

---

① 《最高人民法院关于如何理解和适用〈最高人民法院关于审理建设工程施工合同纠纷案件适用法律问题的解释〉第二十条的复函》(〔2005〕民一他字第23号)中规定:“适用该司法解释第二十条的前提条件是当事人之间约定了发包人收到竣工结算文件后,在约定期限内不予答复,则视为认可竣工结算文件。承包人提交的竣工结算文件可以作为工程款结算的依据。建设部制定的建设工程施工合同格式文本中的通用条款第33条第3款的规定,不能简单地推论出,双方当事人具有发包人收到竣工结算文件一定期限内不予答复,则视为认可承包人提交的竣工结算文件的一致意思表示,承包人提交的竣工结算文件不能作为工程款结算的依据。”

② 《建设工程价款结算暂行办法》第16条第1款规定:“发包人收到竣工结算报告及完整的结算资料后,在本办法规定或合同约定期限内,对结算报告及资料没有提出意见,则视同认可。”《建筑工程施工发包与承包计价管理办法》第18条规定:“工程完工后,应当按照下列规定进行竣工结算:(一)承包方应当在工程完工后的约定期限内提交竣工结算文件。(二)国有资金投资建筑工程的发包方,应当委托具有相应资质的工程造价咨询企业对竣工结算文件进行审核,并在收到竣工结算文件后的约定期限内向承包方提出由工程造价咨询企业出具的竣工结算文件审核意见;逾期未答复的,按照合同约定处理,合同没有约定的,竣工结算文件视为已被认可……”这两个规章均有期满不予答复视为认可的规定。

类案检索

典型案例 **最高人民法院(2019)最高法民终523号判决**

【裁判规则】《建设工程施工补充协议》第5条第2项约定:“杭州建工集团在工程竣工后1个月内向巨川房地产公司提交工程结算,巨川房地产公司应在收到杭州建工集团提交的竣工结算后2个月内提交给第三方审核并完成竣工结算的核对工作。逾期则视作巨川房地产公司即批准了杭州建工集团提交的竣工结算并以此为依据按协议约定向杭州建工集团支付工程款及结算款,逾期支付,巨川房地产公司承担违约责任及延付责任”,案涉工程于2017年8月9日竣工验收合格,杭州建工集团于2017年9月6日向巨川房地产公司报送工程结算书,当日巨川房地产公司授权的案涉工程项目负责人韦某林予以签收。

依据现有证据,可以认定巨川房地产公司收到杭州建工集团报送的工程结算书后2个月内既未提出异议,亦未将工程结算书提交给第三方审核,更未在2个月内完成竣工结算的核对工作。因此,依照《施工合同司法解释》,应视为巨川房地产公司认可杭州建工集团报送的工程结算书,案涉工程造价应为139,723,301.81元。

典型案例 **最高人民法院(2018)最高法民终902号判决**

【裁判规则】案涉《终止协议》第3条约定,昕安房地产公司在收到结算报告80天之内完成审核,若昕安房地产公司在此期限内没有完成审核,视为认可元力建设公司结算报告的所有内容。元力建设公司于2015年8月19日向昕安房地产公司提交工程决算移交单。昕安房地产公司于2015年8月20日在该移交单的接收人处签字并盖章,并于2015年11月9日向元力建设公司回函。昕安房地产公司回函元力建设公司的日期已超过双方约定的80天期限。原审法院以昕安房地产公司未在约定期限内予以答复为由,将元力建设公司提交的工程决算书作为案涉工程价款的结算依据并无不当。

典型案例 **遵义市中级人民法院(2019)黔03民终5968号判决**

【裁判规则】《补充协议》第10条第2款约定:“工程结算完成时间约定:综合验收合格之日(注:如因甲方手续不齐等原因不能进行综合验收,则从工程完工之日视为工程综合验收合格之日)其90日内甲方必须给乙方办清结算,否则结算时间从综合验收之日起超过90日的,如因甲方单方原因未能给乙方结算的,乙方向甲方所报的工程结算总价款视为甲方已认可”,乙方仁怀三建公司于同日向溥阳房地产公司提交了金额为21,758,691.76元的竣工结算书,溥阳房地产公司未在约定的90日内与仁怀三建公司办理案涉工程的结算,亦未进行答复或对其提交的结算文件提出异议。根据《施工合同司法解释(一)》第20条之规定,仁怀三建公司提交的结算报告应作为确定本案工程款结算的依据。

案例解读

最高法民终523号判决,案涉合同约定了审核期限及不予审核视为认可,承包人有效送达,发包人在约定期限未答复、未提出异议、未提交第三方审核,人民法院按照送审价确定工程价款。

发包人答复内容只是形式上答复“不予认可”,还是要求发包人对结算文件提出具体异议?最高法民终902号判决、黔03民终5968号判决,两案表明发包人答复内容并非一句“不予认可”,而是在合同约定期限内完成合同约定的审核义务,也包括完成结算审定、完成结算或者委托第三方完成审核,发包人未履行这些义务,视为《施工合同司法解释(一)》第21条的适用条件成就。

五、合同约定以审计结论作为结算依据

《审计法》第1条规定:“为了加强国家的审计监督,维护国家财政经济秩序,提高财政资金使用效益,促进廉政建设,保障国民经济和社会健康发展,根据宪法,制定本法。”第23条规定:“审计机关对政府投资和以政府投资为主的建设项目的预算执行情况和决算……进行审计监督。”据此,行政审计是一种行政监督,审计对象是政府投资和以政府投资为主的项目,审计内容是项目执行情况与政府

资金使用情况,审计目的是维护国家财政经济秩序,提高财政资金使用效益,促进廉政建设。

施工合同是民事合同,工程结算是当事人意思自治范围内可以自由处分的事项,案涉工程是政府投资工程项目,将面临行政审计问题。此时产生工程结算与行政审计之间的冲突与选择问题。就此,最高人民法院发布了相关批复和意见:

《最高人民法院关于建设工程承包合同案件中双方当事人已确认的工程结算价款与审计部门审计的工程决算价款不一致时如何适用法律问题的电话答复意见》(〔2001〕民一他字第2号):……审计是国家对建设单位的一种行政监督,不影响建设单位与承建单位的合同效力。建设工程承包合同案件应以当事人的约定作为法院判决的依据。只有在合同明确约定以审计结论作为结算依据或者合同约定不明确、合同约定无效的情况下,才能将审计结论作为判决的依据。

《最高人民法院关于人民法院在审理建设工程施工合同纠纷案件中如何认定财政评审中心出具的审核结论问题的答复》(〔2008〕民一他字第4号):财政部门对财政投资的评定审核是国家对建设单位基本建设资金的监督管理,不影响建设单位与承建单位的合同效力及履行。但是,建设合同中明确约定以财政投资的审核结论作为结算依据的,审核结论应当作为结算的依据。

《2011年全国民事审判工作会议纪要》第25条规定:当事人以审计机关作出的审计报告、财政评审机构作出的评审结论,主张变更有效的建设工程施工合同约定的工程价款数额的,不予支持。

综合分析可知,审计结论不影响民事合同的履行,不影响工程结算结果,但施工合同约定以审计结论为结算依据,遵守约定,一方申请造价鉴定,不予支持。也可以理解为行政权与司法权追求的终极目标一致,但各自有不同边界,彼此不能逾越,施工合同约定以审计结论为结算依据的,司法权应当尊重行政权,不应通过司法鉴定改变审计结论。

任何观点都在发展变化当中。如果很多情况下,行政审计转变为发包人不结算、拖延结算、降低价款的"合法"理由,任由发包人摆出"合法"理由而导致承包人长期不能获取工程价款,将失去公平正义。为此,各地法院、建筑业协会、全国人大与地方人大都在寻求途径,改变这一状况。

《四川省高级人民法院关于审理建设工程施工合同纠纷案件若干疑难问题的解答》第17条第2款:当事人在合同中明确约定工程价款以政府审计部门审计结果作为结算依据,并约定了审计时间,在合同约定的审计时间内非因承包人原因未作出审计结论,或虽未约定审计时间,经承包人催告,发包人未在合理期限内送交政府审计部门审计的,承包人主张按照双方签章确认的送审结算价结算工程价款的,可予支持。第3款:政府审计部门审计结论明确部分项目已经超出政府投资项目,但合同明确约定属于施工内容的,承包人主张支付工程价款的,应予支持。

《江苏高院解答》第10条:当事人约定以行政审计、财政评审作为工程款结算依据的,按照约定处理。但行政审计、财政评审部门明确表示无法进行审计或者无正当理由长期未出具审计结论,当事人申请进行司法鉴定的,可以准许。①

《广东高院解答》第11条:当事人约定以财政、审计等部门的审核、审计结果作为工程款结算依据的,按照约定处理。如果财政、审计等部门明确表示无法进行审核、审计或者无正当理由长期未出具审核、审计结论,经当事人申请,且符合具备进行司法鉴定条件的,人民法院可以通过司法鉴定方式确定工程价款。②

三个高级人民法院的审判指导意见在最高人民法院规定的基础上进行了探索与扩张:(1)在约定期限或合理期限内,发包人未送交审计、审计部门无正当理

① 《江苏省高级人民法院关于审理建设工程施工合同纠纷案件若干问题的解答》于2018年6月26日印发,2020年12月31日根据《江苏省高级人民法院关于废止部分办案指导文件的通知》(苏高法〔2020〕291号),该解答废止。解答的内容具有合理性,具有研究价值。

② 《广东省高级人民法院关于审理建设工程合同纠纷案件疑难问题的解答》于2017年7月19日印发,2020年12月31日根据《广东省高级人民法院关于废止部分审判业务文件的决定》(粤高法〔2020〕132号),该解答废止。该解答的内容具有合理性,具有研究价值。

由未出具审计结论或审计部门明确表示无法审计，一方申请造价鉴定，应予准许，如果已经达成结算协议，可以根据结算协议确定工程价款；(2)审计结论认为某施工项目超出投资范围，但该施工项目属于合同约定施工范围且实际施工，承包人请求支付工程价款，应予支持。

关于审计期限，可以细分为送审期限、启动期限、审结期限。施工合同对审计期限没有约定或约定不明的，可以参照《政府投资项目审计规定》以及各地地方性规定确定。例如：

《政府投资项目审计规定》第9条：审计机关对列入年度审计计划的竣工决算审计项目，一般应当在审计通知书确定的审计实施日起3个月内出具审计报告。确需延长审计期限时，应当报经审计计划下达机关批准。

《河北省国家建设项目审计条例》第23条：本条例第十一条第一款规定的国家建设项目已经竣工的，建设单位应当及时向审计机关提出竣工决算审计申请。审计机关应当自接到申请之日起10日内实施审计。

审计机关应当根据国家建设项目的规模确定审计期限，审计期限不得超过3个月。因特殊情况，经审计机关负责人批准，可以适当延长，延长期限最长不得超过3个月。

"以审计结果作为工程竣工结算依据"来源于地方性法规，政府工程项目发包人必须执行当地的地方性法规。为改变这一制度困局，中国建筑业协会也做了一系列工作：

2013年，中国建筑业协会联合26家地方建筑业协会和有关行业建设协会两次向全国人大常委会申请对规定"以审计结果作为工程竣工结算依据"的地方性法规进行立法审查，并建议予以撤销。

2015年5月中国建筑业协会再次向全国人大常委会提交申请。

2017年2月22日，全国人大法工委印发《对地方性法规中以审计结果作为政府投资建设项目竣工结算依据有关规定的研究意见》,要求各省、自治区、直辖市人大常委会对所制定或者批准的与审计相关的地方性法规开展自查,对有关条款进行清理纠正。

2017 年 6 月 5 日,全国人大法工委对中国建筑业协会复函《关于对地方性法规中以审计结果作为政府投资建设项目竣工结算依据有关规定提出的审查建议的复函》(法工备函〔2017〕22 号),复函称"我们研究认为,地方性法规中直接以审计结果作为竣工结算依据和应当在招标文件中载明或者在合同中约定以审计结果作为竣工结算依据的规定,限制了民事权利,超越了地方立法权限,应当予以纠正"。

全国人大法工委发布上述意见后,北京、上海、河北、安徽等省市对相关条例或办法进行了修改。以河北省为例,2017 年 9 月 28 日河北省人大常委会修改《河北省国家建设项目审计条例》,第 22 条原条文内容是"建设单位在订立与国家建设项目有关的各项施工合同时,应当约定保留一定比例的待结价款,竣工决算审计结果作为工程价款结清的依据"。修改后的第 22 条变为"建设单位在订立与国家建设项目有关的各项施工合同或者组织招标投标时,可以在合同中约定或者在招标文件中载明以审计结果作为竣工结算的依据"。从"应当"修改为"可以",意味着强制性规定变为倡导性规定,从制度层面改变了政府工程必须以审计结论作为结算依据的局面。

民事诉讼中存在以下类型纠纷:(1)合同使用了"审计"一词,这是社会审计还是行政审计?(2)合同约定了行政审计,审计部门未在合理期限内出具审计结论,人民法院如何把握造价鉴定的启动条件?(3)审计结论作出后,其结果不真实、不客观,能否启动司法鉴定?以下根据案例予以解读。

类案检索

典型案例　**北京市高级人民法院(2019)京民终131号判决**

【裁判规则】案涉工程属于政府投资项目，燕房新城开发公司提交房山区审计局审查，但是合同中并没有明确约定政府审计作为结算依据，且双方对于房山区审计局作出的审计结论存在争议，不能就工程款结算达成最终一致意见。本案中大中建筑公司并未在房山区审计局的《审计报告》上签字盖章，现有证据亦不能证明大中建筑公司完全认可该审计结论，故该《审计报告》不能作为双方当事人之间最终结算的依据。

案例解读

该判决再次重申，合同未约定以审计结论作为结算依据的，审计结论不能作为工程结算依据。行政审计与工程结算是两种性质不同的法律关系，当事人业已达成结算协议，嗣后产生的审计结论不改变结算协议。

典型案例　**最高人民法院(2020)最高法民终630号判决**

【裁判规则】关于采用政府审核价格还是鉴定价格的问题。一般而言，当事人约定以审计部门的审计结果作为工程款结算依据的，应当按照约定处理。但审计部门无正当理由长期未出具审计结论，经当事人申请，且符合具备进行司法鉴定条件的，人民法院可以通过司法鉴定方式确定工程价款。本案中，郴投集团公司于2014年1月7日向郴州市审计局出具关于郴州市苏仙湖、王仙湖项目竣工结算报送审计的函，至黄某忠2017年提起本案诉讼，郴州市审计局始终未作出审计结论，原审法院根据黄某忠的申请，委托进行造价鉴定，并无不当。郴投集团公司主张合同已经约定以审计报告为结算依据，原审法院贸然启动司法鉴定违法，没有事实、法律依据，本院不予支持。

关于审计期限的问题。根据本院查明，《湖南省建设工程造价管理办法》(湖南省人民政府令第192号)第18条第2款规定,1亿元以上的工程项目,工程造价咨询机构应当于收到发包人交付的全部竣工结算文件之日起90日内完成审核。根据原审查明,2014年7月,联合体公司向郴投集团公司递交工程结算书。2014年1月7日,郴投集团公司向郴州市审计局出具关于郴州市苏仙湖、王仙湖项目竣工结算报送审计的函,请求郴州市审计局进行审计。2018年2月2日,郴州市审计局出具郴审报〔2018〕26号审计报告。从上述已查明的事实来看,案涉工程的审计工作自联合体公司于2014年7月向郴投集团公司递交工程结算书起,超三年多未作出审计结论,至本案黄某忠起诉时仍未作出,有违上述湖南省人民政府令第192号的相关规定。

综合上述分析,无论是审计依据还是审计期限,郴审报〔2018〕26号审计报告均非按照合同约定及相关规定作出,原审未将审计报告作为本案结算依据,并无不当。

案例解读

实践中,发包人不及时审核承包人提交的结算文件、不及时提交审计机构、审计机构长期不出具审计结论,承包人请求支付工程款,发包人则以“正在审计”为由拖延,严重损害承包人的合法利益。《民法典》第159条规定:“附条件的民事法律行为,当事人为自己的利益不正当地阻止条件成就的,视为条件已经成就;不正当地促成条件成就的,视为条件不成就”,合同约定的审计结论是结算与付款条件,郴州市审计局三年内未出具审计结论,远超出《湖南省建设工程造价管理办法》规定的审计期限,超出日常生活经验,视为发包人恶意阻止条件成就,一审法院启动造价鉴定,具有正当性。

典型案例 最高人民法院(2015)民一终字第94号判决

【裁判规则】首先,关于《建设工程施工合同》约定的“审计结算”是共赢咨询公司的社会审计还是哈尔滨市审计局的行政审计问题。审计机关介入当事人之间的民事法律关系,尤其是将行政审计结论作为工程款结算的依据,必须有当事人明确的合意。本案中，当事人并未在合同中约定审计部门即为哈尔滨市审计局，至于哈五院所称四海园建筑公司多次到哈尔滨市审计局接受审计，仅说明该公司对行政审计持配合态度，但无法得出其愿意将该局的审计结果作为工程款结算依据的结论。由于审计机关依法独立开展审计，并不受民事主体的合意约束，如果建设工程施工合同将行政审计结果作为工程款结算的依据，则应当具备合同签订时审计机关已经将相关工程列入了审计范围这一前提条件。哈五院在本院庭审时声称，案涉工程当然属于行政审计的范围，却一直未提供证据。相反，从一审法院向哈尔滨市审计局查证的情况看，案涉工程在合同签订时并未列入该局的审计对象，直到该工程投入使用后的2013年7月3日，该局才依据相关行政首长的批示列入审计计划，当事人不可能在签订合同时，就已经预料到前述批示的事实会确定发生。

其次，在《建设工程施工合同》签订之前，哈五院已与共赢咨询公司签订了《审计合同》，对共赢咨询公司承揽案涉工程造价审计业务的内容、费用直至出具工程结算审计报告进行了一系列的约定，结合《建设工程施工合同》《审计合同》其他条款内容及实际履行情况，哈五院与四海园建筑公司约定的审计应当是共赢咨询公司的社会审计，而非哈尔滨市审计局的行政审计。

哈五院称《建设工程施工合同》所约定的审计单位系指哈尔滨市审计局，所约定的审计结算指该局的行政审计依据不足，理由不能成立。

案例解读

施工合同约定"工程价款以审计为准""审计后按审计价款付至90%"，此处的审计是社会审计还是行政审计？前者由当事人共同委托造价咨询公司审核工程价款，意味着当事人一致同意将相关争议提交专业机构解决，后者由审计局或财政评审中心审核工程价款，性质是行政监督，具有强制性。《民法典》第142条第1款规定："有相对人的意思表示的解释，应当按照所使用的词句，结合相关条款、行为的性质和目的、习惯以及诚信原则，确定意思表示的含义。"通过文义解释、整体解释，"审计"一词仍有两种含义，根据交易习惯，施工合同是民事合同，

“审计”应当理解为社会审计。

最高人民法院(2019)最高法民终922号判决认为“况且旅游学院作为事业单位法人,经费来源于财政拨款,其对案涉工程项目的建设须经过国家审计机关审计的政策,住总集团作为专门从事建筑施工的大型企业应当是明知的。因此,一审法院有关双方约定了以审计为工程价款结算依据的认定,具有事实依据。”本案根据项目性质、资金来源,推定承包人知道合同约定的审计是行政审计,这一观点值得斟酌。

典型案例　最高人民法院(2021)最高法民申1739号裁定

【裁判规则】根据原审法院查明的事实,海南二建公司与新城开发公司合同约定以海南省三亚市财政局投资评审中心审核结果46,452,649.33元作为预算造价,该价格亦为中标合同价。三亚审计局出具审计报告核定案涉工程造价为32,060,988.03元,远低于预算造价和中标合同价,仅为69%。而海南二建公司于原审中表示在施工过程中有增加签证工程量并提供相应签证作为证据予以证明。新城开发公司虽表示签证只是证明工程量有变更,同时主张工程量有减少,却未对其主张提供证据予以证明。

事实上,案涉工程经竣工验收交付使用多年,三亚审计局未能在合理期限内作出审计报告。一般而言,人民法院审理工程价款结算纠纷案件中,如果当事人明确约定“竣工结算以审计部门评审结果为准”,则应尊重当事人的意思自由,按照约定处理;这并不影响人民法院对审计机构出具报告的合法性、合理性负有审查义务及权力,实践中不宜不经审查就直接予以采纳。如经审查,确有证据证明审计意见(或结论)存在明显不真实、不客观、不合理之处,该审计意见则不应作为认定案涉工程价款结算的依据。

新城开发公司于二审庭审中称,审计报告中的工程款数额只是“预估价、并非固定总价”。另外又于申请再审期间请求本院,按照三亚审计局出具的审计报告确定案涉工程结算价款,显然,新城开发公司于本案所述内容,逻辑难以自洽。因此,原审法院根据公平原则以及前述案件情况,并综合考虑双方对工程结算款存在分歧、审计报告与施工事实不符等因素，准许海南二建公司申请对工程造价进行鉴定，并认为鉴定机构对另行组价、子目套用定额错误等问题的回复均已作出合理合法的解释，遂以鉴定意见书作为认定案涉工程价款的依据，符合本案实际情况，并非"以鉴代审"，处理意见亦较为公允，本院予以认可。

案例解读

本案一审、二审法院并非机械套用审计结论，而是充分运用审判权对审计结论进行审核，发现该审计结论不真实、不客观，遂启动造价鉴定，通过司法鉴定纠正审计结论，一审、二审法院探究事实真相的精神值得提倡！

典型案例　最高人民法院(2017)最高法民申4475号裁定

【裁判规则】万象园林公司与金昌市体育局合同约定工程价款最终以财政审计决算价格为准。2009年11月25日，经金昌市基本建设工程预决算审核管理中心审核，审定工程造价为1,872,967元，另有489,266元未予计算。按双方合同约定，案涉工程应以财政审计作为造价结算的依据。虽然之后双方又达成补充协议，约定由金昌市审计局对该案涉工程重新审计决算，但金昌市审计局明确表示案涉工程已无法就当时施工现场实际情况实施审计并出具正式竣工决算审计报告，故双方关于补充协议约定的根据审计部门审计结论确定工程价款的约定在事实上已无法履行。

金昌市财政局基本建设工程预决算审核管理中心在审核案涉工程项目时，已经根据双方的施工合同、工程预决算报告、工程签证单，对完成的工程进行实测后作出投资评审结论。万象园林公司原审提交的证据不能确认具体工程价款，万象园林公司在庭审中亦未提出对案涉工程进行鉴定，二审判决参照金昌市基本建设工程预决算审核管理中心做出的建设项目投资评审结论，进而认定结算工程款。万象园林公司无充分证据推翻该认定。故万象园林公司该项再审申请理由不能成立。

案例解读

无论是行政审计，还是造价鉴定，都是人民法院查明工程款的方法。《民事证据规定》第30条第1款规定："人民法院在审理案件过程中认为待证事实需要通过鉴定意见证明的，应当向当事人释明，并指定提出鉴定申请的期间。"第31条第2款规定："对需要鉴定的待证事实负有举证责任的当事人，在人民法院指定期间内无正当理由不提出鉴定申请或者不预交鉴定费用，或者拒不提供相关材料，致使待证事实无法查明的，应当承担举证不能的法律后果。"万象园林公司再审理由之一是"本案建设工程施工资料完备，具备工程结算条件，委托鉴定缺乏法律和事实的必要性"，通过日常生活经验即可确定工程价款，事实或许如此，但法官不具备造价知识，更依赖造价鉴定意见，希望通过造价鉴定，查明事实真相。

本案中，当事人双方约定由金昌市审计局重新审计决算，但是金昌市审计局认为不符合审计条件，此时，万象园林公司不提出鉴定申请，经法院释明后仍不申请，故本案又回到此前金昌市基本建设工程预决算审核管理中心出具的审核结果上来。此案深刻说明，承包人不认可审计结论，应当同时提出造价鉴定申请。

第七章

工程造价鉴定

法律法规 / 司法解释

《民事诉讼法》

第七十九条　当事人可以就查明事实的专门性问题向人民法院申请鉴定。当事人申请鉴定的，由双方当事人协商确定具备资格的鉴定人；协商不成的，由人民法院指定。

当事人未申请鉴定，人民法院对专门性问题认为需要鉴定的，应当委托具备资格的鉴定人进行鉴定。

第八十条　鉴定人有权了解进行鉴定所需要的案件材料，必要时可以询问当事人、证人。

鉴定人应当提出书面鉴定意见，在鉴定书上签名或者盖章。

第八十一条　当事人对鉴定意见有异议或者人民法院认为鉴定人有必要出庭的，鉴定人应当出庭作证。经人民法院通知，鉴定人拒不出庭作证的，鉴定意见不得作为认定事实的根据；支付鉴定费用的当事人可以要求返还鉴定费用。

第八十二条　当事人可以申请人民法院通知有专门知识的人出庭，就鉴定人作出的鉴定意见或者专业问题提出意见。

《民事诉讼法司法解释》

第一百二十一条　当事人申请鉴定，可以在举证期限届满前提出。申请鉴定的事项与待证事实无关联，或者对证明待证事实无意义的，人民法院不予准许。

人民法院准许当事人鉴定申请的，应当组织双方当事人协商确定具备相应资格的鉴定人。当事人协商不成的，由人民法院指定。

符合依职权调查收集证据条件的，人民法院应当依职权委托鉴定，在询问当事人的意见后，指定具备相应资格的鉴定人。

第一百二十二条　当事人可以依照民事诉讼法第八十二条的规定，在举证期限届满前申请一至二名具有专门知识的人出庭，代表当事人对鉴定意见进行质证，或者对案件事实所涉及的专业问题提出意见。

具有专门知识的人在法庭上就专业问题提出的意见，视为当事人的陈述。

人民法院准许当事人申请的，相关费用由提出申请的当事人负担。

《施工合同司法解释(一)》

第二十八条　当事人约定按照固定价结算工程价款，一方当事人请求对建设工程造价进行鉴定的，人民法院不予支持。

第二十九条　当事人在诉讼前已经对建设工程价款结算达成协议，诉讼中一方当事人申请对工程造价进行鉴定的，人民法院不予准许。

第三十条　当事人在诉讼前共同委托有关机构、人员对建设工程造价出具咨询意见，诉讼中一方当事人不认可该咨询意见申请鉴定的，人民法院应予准许，但双方当事人明确表示受该咨询意见约束的除外。

第三十一条　当事人对部分案件事实有争议的，仅对有争议的事实进行鉴定，但争议事实范围不能确定，或者双方当事人请求对全部事实鉴定的除外。

第三十二条　当事人对工程造价、质量、修复费用等专门性问题有争议，人民法院认为需要鉴定的，应当向负有举证责任的当事人释明。当事人经释明未申请鉴定，虽申请鉴定但未支付鉴定费用或者拒不提供相关材料的，应当承担举证不能的法律后果。

一审诉讼中负有举证责任的当事人未申请鉴定，虽申请鉴定但未支付鉴定费用或者拒不提供相关材料，二审诉讼中申请鉴定，人民法院认为确有必要的，应当依照民事诉讼法第一百七十条第一款第三项的规定处理。

第三十三条　人民法院准许当事人的鉴定申请后，应当根据当事人申请及查明案件事实的需要，确定委托鉴定的事项、范围、鉴定期限等，并组织当事人对争议的鉴定材料进行质证。

第三十四条　人民法院应当组织当事人对鉴定意见进行质证。鉴定人将当事人有争议且未经质证的材料作为鉴定依据的，人民法院应当组织当事人就该部分材料进行质证。经质证认为不能作为鉴定依据的，根据该材料作出的鉴定意见不得作为认定案件事实的依据。

根据《施工合同司法解释（一）》第32条第1款的规定，当事人对工程造价、质量、修复费用等专门性问题产生争议，这些专门性问题超出了法官或仲裁员的法律知识，运用逻辑推理和日常生活经验分析仍不能解决，此时，需要启动司法鉴定，由鉴定机构运用科学技术、专业知识对专门性问题进行鉴别和判断，提供鉴定意见。

司法鉴定是人民法院查明待证事实的方式，鉴定意见是人民法院认定待证事实的证据，司法鉴定在建设工程施工合同纠纷案审理中具有重要地位。以江苏省高级人民法院自2011年至2015年审结的700件建设工程案件为例，涉及工程司法鉴定案件共364件，占全部案件的52%，其中工程造价鉴定比重最大，共328件，占全部鉴定案件的90%，工程质量鉴定36件，材料费或修复费用鉴定30件，工期鉴定9件。[①] 由此可见，施工合同纠纷案件，启动司法鉴定的比例较高，由此决定了此类案件的审理周期较长，具有较强的专业性。

一、工程类司法鉴定的分类与特征

工程类司法鉴定分为工程造价鉴定和工程质量鉴定。根据《建设工程造价鉴定规范》（GB/T 51262—2017），工程造价鉴定分为合同争议的鉴定、计量争议的

① 最高人民法院民事审判第一庭编著：《最高人民法院建设工程施工合同司法解释（二）理解与适用》，人民法院出版社2019年版，第324页。

鉴定、计价争议的鉴定、工期索赔争议的鉴定、费用索赔争议的鉴定、工程签证争议的鉴定、合同解除争议的鉴定等类别。参考《建设工程司法鉴定程序规范》(SF/Z JD0500001—2014),工程质量鉴定分为建设工程施工阶段质量鉴定、既有建设工程质量鉴定、建设工程灾损鉴定、建设工程其他专项质量鉴定。① 同一案件,可能既涉及工程造价鉴定,又涉及工程质量鉴定。

司法鉴定活动遵循以下原则:

1. 慎重启动原则。现有证据能够证明的事实,或者通过逻辑分析、日常生活经验能够判断的事实,不应当启动司法鉴定。例如,当事人已经达成结算协议,或者可以通过其他方式确定工程价款,一方申请造价鉴定,不予准许。

2. 范围最小原则。《施工合同司法解释(一)》第 31 条规定:"当事人对部分案件事实有争议的,仅对有争议的事实进行鉴定,但争议事实范围不能确定,或者双方当事人请求对全部事实鉴定的除外。"鉴定范围限于有争议部分,对无争议部分可以先行判决。当事人对鉴定范围有疑问和分歧的,应当及时向鉴定机构或人民法院提出。

3. 证据支持原则。鉴定材料与鉴定意见均是《民事诉讼法》规定的证据,提供证据与证据质证都应当遵守法定程序。例如,负有举证责任一方当事人应当在人民法院指定期间内提出鉴定申请,鉴定启动后双方当事人应当提供鉴定材料,鉴定材料应当经过双方当事人质证,未经质证的鉴定材料,不得作为鉴定依据,当事人可以对鉴定意见提出异议,鉴定机构应当就当事人异议进行解释、说明或者补充,必要时可以进行补充鉴定或重新鉴定。当事人提供证据与发表质证意见是一个多轮、互动的过程,提出新意见、新观点的次数不受限制。

4. 遵守合同原则。司法鉴定应当遵守合同约定的计价方法或计价标准,施工合同无效,也应当参照合同约定折价补偿承包人。工程变更部分的价款参照相同或相似项目的合同单价,固定价合同解除,已完工程部分采取"按比例折算法"进

① 2018 年 11 月 8 日司法部办公厅发布《关于颁布和废止部分司法鉴定技术规范的通知》,废止《建设工程司法鉴定程序规范》(SF/Z JD0500001—2014)。《建设工程司法鉴定程序规范》是国家出台的第一部调整建设工程司法鉴定的规范,尽管已经废止,但部分内容具有合理性,不影响对其研究。

行鉴定。

5. 存疑单列原则。黑白合同争议，当事人对实际履行的合同产生争议；同一合同出现相互矛盾的计价方式；当事人对签证文件的真实性存在争议，或对签证文件有不同理解；合同解除时未固定工程量，当事人对实际完成的工程量存在争议。诸如此类争议，鉴定机构应当作出选择性意见，由人民法院决定采纳哪一种意见。

6. 司法审查原则。司法鉴定服务于民事审判，鉴定机构出具的鉴定意见是《民事诉讼法》规定的一种证据，故关于鉴定是否启动、鉴定范围、鉴定思路、鉴定材料的真实性等法律问题应由人民法院行使，鉴定机构是技术部门，解决的是技术问题，鉴定机构不能“以鉴代审”。

鉴定意见作出之后，将成为人民法院或仲裁机构认定案件事实的主要证据，除非鉴定意见存在明显缺陷，否则，鉴定意见被推翻的可能性较小，故当事人应当高度重视鉴定过程，由专业律师、工程负责人、技术负责人全程跟踪，必要时可以委托专家证人参与鉴定。

二、一审阶段造价鉴定启动

《施工合同司法解释(一)》第 32 条第 1 款规定：“当事人对工程造价、质量、修复费用等专门性问题有争议，人民法院认为需要鉴定的，应当向负有举证责任的当事人释明。当事人经释明未申请鉴定，虽申请鉴定但未支付鉴定费用或者拒不提供相关材料的，应当承担举证不能的法律后果。”该规定包含了人民法院的释明义务与当事人的申请义务。

人民法院的释明义务来源于《民事诉讼法》第 68 条中“当事人对自己提出的主张应当及时提供证据。人民法院根据当事人的主张和案件审理情况，确定当事人应当提供的证据及其期限”的规定。当事人应当提供证据，但究竟应当提供什么证据，人民法院应当释明。人民法院认为需要启动造价鉴定的，应当向负有举证责任的一方当事人释明，释明内容包括：向负有举证责任的当事人释明，该当事人通常是承包人，如果发包人认为超付工程款而诉请承包人返还的，发包人负有举证责任，此时应向发包人释明；释明内容是现有证据不能证明工程款，工程款应当通过鉴定方式查明;告知当事人如果不申请造价鉴定,致使工程款不能查明的,负有举证责任的当事人应当承担举证不能的法律后果。

人民法院释明后,负有举证责任的一方当事人应当提出鉴定申请,预交鉴定费用、提供鉴定材料。反之,该当事人不提出鉴定申请、不预交鉴定费用、不提供相关材料,致使待证事实无法查明的,应当承担举证不能的法律后果。

关于司法鉴定的申请期间,《民事诉讼法司法解释》第121条第1款中规定“当事人申请鉴定,可以在举证期限届满前提出”,《民事证据规定》第31条修改为“当事人申请鉴定,应当在人民法院指定期间内提出”。从诉讼进程上看,举证期限届满前,未组织证据交换,未组织开庭,争议焦点不固定,待证事实不确定,不能确定待证事实是否需要启动司法鉴定来查明,法官应当根据案件审理的需要决定是否启动司法鉴定并指定申请期限。相较而言,《民事证据规定》第31条的规定更合理、更科学。

类案检索

典型案例 最高人民法院(2020)最高法民再319号裁定

【裁判规则】湖南建工集团与精科置业公司于2015年7月1日签订《工程决算付款补充协议》,对施工图纸范围内已经完成的全部工程量、工程价款进行了结算,并约定该价款不含工程签证变更、停工损失、违约赔偿及其他争议部分,双方当事人对该事实均无异议。

湖南建工集团多次向一审法院提交鉴定申请,申请对案涉工程施工项目已完工程、工程变更及现场签证等工程量及其计价进行鉴定,对施工现场移交材料费用及案涉工程停工损失金额进行鉴定。因精科置业公司与湖南建工集团于2015年7月1日签订《工程决算付款补充协议》,对湖南建工集团在施工图纸范围内已经完成的工程量、工程价款进行了结算,一审法院不同意对全部工程量进行鉴定,于2017年12月8日向湖南建工集团释明其应在3日内重新提交鉴定申请。

湖南建工集团称其在一审法院指定的期限内重新提交了申请，且在一审卷宗中有落款日期为2017年12月11日的鉴定申请，该申请内容仍然罗列三项。湖南建工集团虽然没有按照一审法院的释明要求提交鉴定申请，但是不能认定为未提交鉴定申请。因此，一、二审法院认定湖南建工集团未在一审法院释明后的指定期限内提交鉴定申请，应视为湖南建工集团未申请鉴定，该认定与事实不符，应予纠正。

本案湖南建工集团主张的工程变更及现场签证等工程量、停工损失费用等事实涉及专门性、技术性问题，需要通过司法鉴定予以确定，因此，本案应发回重审，通过鉴定认定相关事实。

典型案例　最高人民法院(2019)最高法民终754号判决

【裁判规则】本案应对双方当事人有争议部分的事实进行鉴定。金桂纸业公司认为两份统计表中的工程款无异议部分和有异议部分有关联，很难区分。但根据一审法院查明的事实，部分鉴定方法系将两份统计表中无异议部分和有异议部分工程量中的关联部分，按照鉴定规范和职业准则进行计算及筛选后，重新进行计算，并与无异议部分进行对比得出结论，"有异议"与"无异议"两部分工程量在鉴定结论中不存在交叉，金桂纸业公司该上诉理由不能成立。一审法院采信信永公司就案涉有争议部分工程造价的鉴定结论，并无不当，本院予以确认。

典型案例　最高人民法院(2019)最高法民终165号判决

【裁判规则】案涉工程施工完毕后，因双方当事人对四海园建筑公司实际完成的工程量存在争议，且无法核对合同内新增的工程量及合同外增加的工程量，一审法院根据四海园公司的申请，委托鉴定机构对案涉工程的全部工程造价进行鉴定，符合上述司法解释的规定。

典型案例　最高人民法院(2020)最高法民申353号裁定

【裁判规则】一审法院根据联发建筑公司申请对案涉工程工程量及造价进行鉴定，但在一审法院向联发建筑公司送达催缴鉴定费通知后其拒绝缴纳鉴定费。联发建筑公司应当对其诉讼请求依据的事实承担证明责任，但联发建筑公司拒绝缴纳鉴定费导致鉴定程序无法进行,工程量及工程款无法确定,联发建筑公司应当自行承担举证不能的不利后果。针对联发建筑公司提出一、二审法院关于案涉《建设工程施工合同》效力认定错误的问题。案涉《建设工程施工合同》效力并不影响联发建筑公司证明责任的承担,亦不影响其应承担举证不能的法律后果。因此,一、二审判决驳回联发建筑公司的诉讼请求,并无不当。

典型案例　最高人民法院(2021)最高法民申3600号裁定

【裁判规则】四冶建设公司主张因鉴定机构不同意先出具发票后再付款导致其未能在规定期限内支付鉴定费用,先付款后开具发票是常理,可见,完全是由于四冶建设公司自身的原因导致一审期间未能对案涉工程造价进行鉴定。四冶建设公司认为,本案确有必要依据双方合同约定以共同委托的第三方机构审核认定的数额确定已完成工程量的造价,且鉴定材料齐全,不存在无法鉴定的客观障碍,但其却仅因开具发票的先后问题直接导致不能进行鉴定。四冶建设公司在二审期间又申请鉴定,其恣意行为导致司法资源巨大浪费,二审法院未予准许并无不妥。在四冶建设公司举证不能的情况下,一、二审法院按照凯威公司认可的数额计算凯威公司欠付的工程款为5,317,486.4元,并无不当。

案例解读

《民事诉讼法》第177条第1款第3项规定:"第二审人民法院对上诉案件,经过审理,按照下列情形,分别处理:……(三)原判决认定基本事实不清的,裁定撤销原判决,发回原审人民法院重审,或者查清事实后改判";第207条第2项规定:"当事人的申请符合下列情形之一的,人民法院应当再审:……(二)原判决、裁定认定的基本事实缺乏证据证明的",可以看出,导致二审改判或启动再审的重要原因是一审判决认定基本事实不清。工程价款是施工合同纠纷案的基本事实,查明工程价款的重要方法是启动司法鉴定。(2020)最高法民再319号裁定,一审期间湖南建工集团申请对图纸内工程、工程变更洽商、停工损失金额三项进行鉴定,一审法院认为图纸内工程争议意见解决,湖南建工集团不应当申请全部鉴定,遂认定湖南建工集团未提出鉴定申请。最高人民法院再审审查后认为，湖南建工集团没有按照一审法院释明内容提交鉴定申请，但是不等于没有提出申请。基于此，裁定撤销一审、二审判决，发回一审法院重审。

《施工合同司法解释(一)》第31条规定："当事人对部分案件事实有争议的，仅对有争议的事实进行鉴定，但争议事实范围不能确定，或者双方当事人请求对全部事实鉴定的除外。"最高法民终754号判决、最高法民终165号判决两案诠释了什么是"有争议的事实"，什么是"争议事实范围不能确定"。

最高法民申353号裁定、最高法民申3600号裁定两案申请人均是承包人，承包人未在一审规定时间内交纳鉴定费，导致鉴定终止，二审期间申请鉴定，二审法院不予准许，再向最高人民法院申请再审，也被驳回再审申请。根据《施工合同司法解释(一)》第32条第2款之规定，鉴定事项涉及案件基本事实，二审法院认为确有必要，可以启动司法鉴定。遗憾的是，笔者未找到两案的二审判决，不能分析二审判决的裁判思路。

三、二审阶段造价鉴定启动

《施工合同司法解释(一)》第32条第2款规定，"一审诉讼中负有举证责任的当事人未申请鉴定，虽申请鉴定但未支付鉴定费用或者拒不提供相关材料，二审诉讼中申请鉴定，人民法院认为确有必要的，应当依照民事诉讼法第一百七十条第一款第三项的规定处理。"据此，负有举证责任的当事人在二审期间申请鉴定的，人民法院审查后认为确有必要的，可以准许。"人民法院认为确有必要"是指案件基本事实需要通过司法鉴定方式查明，而一审程序中未启动司法鉴定，导致基本事实无法查清，二审法院认定司法鉴定对查明基本事实确有必要，且询问负有举证责任的当事人，该当事人同意申请鉴定并表示愿意交纳鉴定费用、提供有关材料的，可以考虑启动司法鉴定。根据《民事诉讼法司法解释》第333条之规定，二审程序中的基本事实是指确定当事人主体资格、案件性质、民事权利义务等对原判决、裁定的结果有实质性影响的事实，具体到施工合同纠纷中是指工程价款、工程质量、修复费用、停工窝工损失、逾期交工损失等基本事实。

《施工合同司法解释(一)》第32条第2款来源于《民事诉讼法》第68条关于举证时限的规定。《民事诉讼法》第68条规定:"当事人对自己提出的主张应当及时提供证据。人民法院根据当事人的主张和案件审理情况,确定当事人应当提供的证据及其期限。当事人在该期限内提供证据确有困难的,可以向人民法院申请延长期限,人民法院根据当事人的申请适当延长。当事人逾期提供证据的,人民法院应当责令其说明理由;拒不说明理由或者理由不成立的,人民法院根据不同情形可以不予采纳该证据,或者采纳该证据但予以训诫、罚款。"该规定取消了证据逾期失权制度,当事人逾期提供证据,不再完全不予采纳,而是区分逾期提供证据的理由,根据《民事诉讼法司法解释》第101条、第102条之规定,理由正当的,视为未逾期,人民法院应当采纳,非因故意或重大过失逾期提供证据的,应当采纳,并对当事人予以训诫,因故意或重大过失逾期提供证据的,但该与案件基本事实有关的,应当采纳,并对当事人予以训诫、罚款。

事实上,负有举证责任的一方当事人因故意或重大过失而不申请鉴定的情形比较少见,之所以未申请司法鉴定,是因为该当事人认为其提供的证据足以证明工程价款,无须启动造价鉴定,而一审法官则认为现有证据不能证明工程价款,释明后该当事人仍固守己方观点,导致一审阶段未启动司法鉴定。笔者认为,二审法院应当以实质性解决矛盾为出发点,对二审中提出的鉴定申请保持宽容态度。

《民事诉讼法》第177条第1款第3项规定:"第二审人民法院对上诉案件,经过审理,按照下列情形,分别处理……(三)原判决认定基本事实不清的,裁定撤销原判决,发回原审人民法院重审,或者查清事实后改判",据此,二审法院准许司法鉴定的,应结合案情判断,并听取当事人的意见,以发回一审法院重审为原则。二审法院如果自行委托鉴定并依据鉴定意见作出裁判,涉及当事人的审级利益,相当于对于鉴定意见的质证未经过两审程序,故只有在双方当事人都愿意放弃审级利益并同意二审法院直接委托鉴定的情形下,二审法院方可直接委托鉴定。①

---

① 最高人民法院民事审判第一庭编著:《最高人民法院建设工程施工合同司法解释(一)理解与适用》,人民法院出版社2019年版,第324页。

典型案例　最高人民法院(2019)最高法民终384号判决

【裁判规则】四川一建公司向泰斗房地产公司主张工程款，应当就泰斗房地产公司的应付款金额提供证据证明。四川一建公司在一审时提交了其单方制作的4#、6#地块竣工结算书，并认为其已于2018年3月21日向泰斗房地产公司送达了上述竣工结算书，泰斗房地产公司在收到结算书之日起30个工作日内未予审核，按照双方合同约定，应以竣工结算书作为确定工程款的依据。但根据查明的事实，泰斗房地产公司在收到结算书后于2018年3月29日向四川一建公司发出工作联系函，认为四川一建公司施工工程未全部完工及竣工验收，未达到竣工结算条件。泰斗房地产公司同时在诉讼过程中对竣工结算书提出多项异议，认为竣工结算书存在多计、错计、重复计算工程量等情形。一审法院综合上述两方面因素，向四川一建公司释明是否就已完工程造价申请司法鉴定，在四川一建公司不申请鉴定的情况下，让其承担不利后果并无不当。

现四川一建公司在二审中提出鉴定申请，为进一步查清案件事实，确定工程价款，解决当事人纠纷，本案应发回重审进行工程造价鉴定。发回重审后，一审法院还应对已付工程款数额、进度款报送及支付情况等基本事实予以查明，以明确欠款数额，分清违约责任。依照《民事诉讼法》第170条第1款第3项之规定，裁定如下：一、撤销云南省高级人民法院(2018)云民初54号民事判决；二、本案发回云南省高级人民法院重审。

案例解读

四川一建公司是本案原告，不存在故意不提供证据或拖延诉讼之嫌，其之所以不于一审期间申请造价鉴定，是对法律适用问题产生争议。《施工合同司法解释(一)》第21条规定："当事人约定，发包人收到竣工结算文件后，在约定期限内不予答复，视为认可竣工结算文件的，按照约定处理。承包人请求按照竣工结算文件结算工程价款的，人民法院应予支持。"承包人四川一建公司认为发包人泰斗房地产公司收到竣工结算书之后未在约定时间内进行审核，竣工结算书应当作为确定工程款的依据，但一审法院不支持该主张，一审法院释明后四川一建公司仍固守观点,不申请造价鉴定。二审期间,四川一建公司申请造价鉴定,工程价款涉及案件基本事实,故二审法院裁定撤销一审判决、发回重审。

本案也提示一审法官应当加大释明力度,如一审判决所描述,泰斗房地产公司收到四川一建公司提交的竣工结算书之后进行了答复,竣工结算书存在多计、错计、重复计算工程量等情形,不符合《施工合同司法解释(一)》第21条的适用条件,一审法官释明这些关键内容之后,四川一建公司或许改变诉讼策略,主动申请造价鉴定,从而提高诉讼效率、减少累讼。

四、鉴定机构资格

《民事证据规定》第36条第2款规定:"鉴定书应当由鉴定人签名或者盖章,并附鉴定人的相应资格证明。委托机构鉴定的,鉴定书应当由鉴定机构盖章,并由从事鉴定的人员签名"。可以看出,鉴定人分为个人与机构,个人出具鉴定意见,由个人签名或盖章,附资格证明,机构出具鉴定意见,由机构盖章并由鉴定人员签名,附机构资格证书及鉴定人员资格证明。笔者在本书中将从事工程造价鉴定、工程质量鉴定的主体称为鉴定机构,将实际从事鉴定活动的个人称为鉴定人员。

《民事证据规定》第32条第1款规定:"人民法院准许鉴定申请的,应当组织双方当事人协商确定具备相应资格的鉴定人。当事人协商不成的,由人民法院指定。"第2款规定:"人民法院依职权委托鉴定的,可以在询问当事人的意见后,指定具备相应资格的鉴定人。"第40条第1款第1项规定:"当事人申请重新鉴定,存在下列情形之一的,人民法院应当准许:(一)鉴定人不具备相应资格的",据此,鉴定机构的产生方式首先是当事人协商,协商不成的,由人民法院从入围机构中随机指定。鉴定对象是专门问题,鉴定机构应当具备相应资格,不具备相应资格将导致重新鉴定。

鉴定机构管理,存在司法行政部门管理与人民法院管理两种体制。根据全国人民代表大会常务委员会于2005年2月28日发布的《全国人民代表大会常务委员会关于司法鉴定管理问题的决定》,国家对从事下列司法鉴定业务的鉴定人和鉴定机构实行登记管理制度:(一)法医类鉴定;(二)物证类鉴定;(三)声像资料鉴定。2015 年 12 月 21 日,最高人民法院、最高人民检察院、司法部发布《关于将环境损害司法鉴定纳入统一登记管理范围的通知》(司发通〔2015〕117 号),将环境损害司法鉴定纳入登记管理范围。至此,从事法医类鉴定、物证类鉴定、声像资料鉴定、环境损害鉴定(简称四类鉴定)的鉴定机构和鉴定人由省级司法行政部门登记,省级司法行政部门准予鉴定机构登记的,颁发《司法鉴定许可证》,准予鉴定人执业的,颁发《司法鉴定人执业证》。

工程质量鉴定和工程造价鉴定不属于四类鉴定,不属于省级司法行政部门统一登记管理的范围,鉴定机构不需要取得《司法鉴定许可证》,鉴定人员不需要取得《司法鉴定人执业证》。根据《人民法院对外委托司法鉴定管理规定》《最高人民法院关于人民法院委托评估、拍卖工作的若干规定》的规定,具备相应资质的机构均可申请进入人民法院鉴定机构名录,人民法院审查通过后定期公布入围机构名录。

以北京市为例,根据 2018 年 2 月 13 日北京市高级人民法院发布的《北京市高级人民法院关于司法鉴定、评估、拍卖等机构申请进入"北京法院对外委托专业机构名册"的公告》,申请进入名册的机构的资质要求是:建设工程造价鉴定机构应具备行业主管部门颁发的工程造价咨询企业甲级资质证书,建设工程设计机构应具备行业主管部门颁发的工程设计甲级资质证书,建设工程质量检测机构应具备行业主管部门颁发的建设工程质量检测资质证书(其中综合类需甲级资质),具备这些资质的机构均可申请进入名册。

目前,工程造价司法鉴定执行住房和城乡建设部发布的《建设工程造价鉴定规范》(GB/T 51262—2017)。该规范于 2017 年 8 月 31 日发布,自 2018 年 3 月 1 日起实施,包括总则、术语、基本规定、鉴定依据、鉴定、鉴定意见书、档案管理七个部分内容。第五部分"鉴定"一节分列有合同争议、证据欠缺、计量争议、计价争议、工期争议、索赔争议、签证争议及合同解除争议等类型的鉴定。

类案检索

典型案例 **最高人民法院（2019）最高法民申1253号裁定**

【裁判规则】鉴定机构普惠管理公司系一审法院依法定程序，通过法院技术室以摇号机轮候随机方式选定，选择过程符合法律规定，不存在程序违法事项。普惠管理公司具备山东省住建厅颁发的工程造价咨询企业乙级资质证书，工程造价鉴定资质与本案工程标的相符。同时，根据全国人大《关于司法鉴定管理问题的决定》和最高人民法院法办〔2011〕446号、法函〔2006〕68号文件，工程造价咨询机构不属于实行司法鉴定登记管理的范围，普惠管理公司是否取得司法鉴定机构许可证并不影响其参与本案工程造价鉴定的资质。

典型案例 **最高人民法院（2016）最高法民申3371号裁定**

【裁判规则】《工程造价咨询企业管理办法》是原建设部于2006年颁布的部门规章，属于一般性管理规范，违反该规章的行为，可由相关行政主管部门依法处理。本案中，法院通过摇珠方式确定鉴定机构为银宇咨询公司，林华某及昌发建筑公司、旺晟房地产公司在应当知道银宇咨询公司资质等级（乙级）的情况下，对银宇咨询公司被选为本案鉴定人均未提出异议。银宇咨询公司接受法院委托后，按照鉴定程序，召集双方当事人核对鉴定资料，鉴定报告亦经法院多次征求双方当事人意见，并经鉴定人员出庭接受质证。鉴定程序合法，鉴定人员适格。银宇咨询公司系工程造价咨询企业，具有鉴定工程造价的资质，且在法院建立的鉴定人名册之中。原判决认定案涉鉴定报告合法有效，并据此作为案涉工程款的结算依据并无不当。（注：乙级工程造价企业允许承揽的业务限额为5000万元，本案所涉工程进度款已达7000多万元）

典型案例 **江西省高级人民法院（2019）赣民终311号判决**

【裁判规则】一审法院根据广旭建设公司的申请，委托九江市建浔工程咨询有限公司就案涉工程造价进行了鉴定,鉴定机构出具了鉴定意见书。富和投资公司提出上诉主张,鉴定人应当为注册造价工程师,而本案鉴定人为造价员,违反了住建部和质监局发布的《建设工程工程量清单计价规范》《建设工程造价鉴定规范》,中国建设工程造价管理协会发布的《建设工程造价鉴定规程》。本院认为,富和投资公司依据的规范是部颁规章和行业协会规范,属于行业自律性管理性规范,不能作为评判鉴定效力的依据。

案例解读

《司法鉴定机构登记管理办法》规定,司法鉴定机构应当取得《司法鉴定许可证》;《司法鉴定程序通则》规定,司法鉴定意见书应当加盖司法鉴定机构的司法鉴定专用章。两个规定适用四类鉴定(法医类、物证类、声像资料和环境损害),建设工程类鉴定是四类之外的鉴定,不属于司法行政主管部门的登记范围,故最高法民申1253号裁定认定"普惠管理公司是否取得司法鉴定机构许可证并不影响其参与本案工程造价鉴定的资质"。

2016年《工程造价咨询企业管理办法》第19条规定:"……甲级工程造价咨询企业可以从事各类建设项目的工程造价咨询业务。乙级工程造价咨询企业可以从事工程造价5000万元人民币以下的各类建设项目的工程造价咨询业务。"最高法民申3371号裁定认为,该办法是管理性规章,不作为人民法院认定鉴定意见无效的根据,银宇咨询公司的等级是乙级,但其名列法院建立的鉴定机构名册,实际完成了司法鉴定,且鉴定过程中再审申请人林华某未提出异议,银宇咨询公司也出庭接受询问,故不能因为资质等级问题而否定整个鉴定意见。

2016年《工程造价咨询企业管理办法》第22条第2款规定:"工程造价成果文件应当由工程造价咨询企业加盖有企业名称、资质等级及证书编号的执业印章,并由执行咨询业务的注册造价工程师签字、加盖执业印章。"《建设工程造价鉴定规范》第2.0.6条对鉴定人作了规定:指受鉴定机构指派,负责鉴定项目工程造价鉴定的注册造价工程师。第3.1.4条规定:"鉴定人应在鉴定意见书上签名并加盖注册造价工程师执业专用章,对鉴定意见负责。"但(2019)赣民终311号判决认为，这属于部颁规章和行业协会规范，属于行业自律性管理性规范，不能作为评判鉴定效力的依据。具体负责鉴定的人员可能不是注册造价工程师，而是造价员，这并不导致该鉴定意见书无效。

上述三起案例反映了对鉴定机构资格问题质证的难点问题。上述鉴定机构入围法院的鉴定机构名录，经过摇号方式选中，当事人配合鉴定，鉴定意见书实际作出，鉴定人员也出庭接受询问，一方当事人以鉴定活动超越资质等级、签名鉴定人员未实际参加鉴定、鉴定过程违反行业规范等为由否定鉴定意见的，难以获得支持。简言之，鉴定意见一旦作出，被推翻的可能性很小，这也提醒当事人，对鉴定机构资质或鉴定人员资格的异议应当在鉴定机构确定后及时提出。

五、委托内容与期限

《施工合同司法解释(一)》第 33 条规定："人民法院准许当事人的鉴定申请后，应当根据当事人申请及查明案件事实的需要，确定委托鉴定的事项、范围、鉴定期限等，并组织双方当事人对争议的鉴定材料进行质证。"《民事证据规定》第 32 条第 3 款规定："人民法院在确定鉴定人后应当出具委托书，委托书中应当载明鉴定事项、鉴定范围、鉴定目的和鉴定期限。"人民法院不仅应当把握司法鉴定的启动关，而且应当根据查明待证事实的需要，确定鉴定事项、鉴定范围、鉴定目的，指定鉴定期限，防止鉴定活动遥遥无期。

关于鉴定范围，《施工合同司法解释(一)》第 31 条规定："当事人对部分案件事实有争议的，仅对有争议的事实进行鉴定，但争议事实范围不能确定，或者双方当事人请求对全部事实鉴定的除外。"该规定体现"范围最小"原则，鉴定范围限于争议事项。固定总价合同没有超过约定的风险范围，价款不予调整，不予启动司法鉴定，工程变更或增加的，仅对变更或增加部分进行鉴定。

《民事证据规定》第 32 条第 3 款关于委托书的内容新增"鉴定目的"一项，是希望人民法院告知鉴定机构通过本次鉴定所要解决的争议问题。鉴定机构知悉鉴定目的，以解决问题为核心而展开鉴定，增加工作的主观能动性，其出具的鉴定意见应当具体明确，能够切实可行地解决问题，而非模棱两可、含糊不清。

《建设工程造价鉴定规范》第5.2.1条规定："鉴定过程中，鉴定人、当事人对鉴定范围、事项、要求等有疑问和分歧的，鉴定人应及时提请委托人处理，并将结果告知当事人。"当事人对鉴定事项、范围、目的有异议的，应当及时通过人民法院向鉴定机构提出，防止鉴定出现重大偏差；鉴定机构发现分歧的，也应当及时提请人民法院处理。

《施工合同司法解释（一）》《民事证据规定》均规定人民法院应当指定鉴定期限。《民事证据规定》第35条进一步规定："鉴定人应当在人民法院确定的期限内完成鉴定，并提交鉴定书。鉴定人无正当理由未按期提交鉴定书的，当事人可以申请人民法院另行委托鉴定人进行鉴定。人民法院准许的，原鉴定人已经收取的鉴定费用应当退还；拒不退还的，依照本规定第八十一条第二款的规定处理。"鉴定机构无正当理由逾期提供鉴定意见书的，当事人可以另行要求委托鉴定机构，原鉴定机构收取的鉴定费应当退还，该规定是对鉴定机构是一个极大约束，有利于提高鉴定效率和审判效率。

《建设工程造价鉴定规范》（GB/T 51262—2017）对鉴定期限的规定

3.7　鉴定期限

3.7.1　鉴定期限由鉴定机构与委托人根据鉴定项目争议标的涉及的工程造价金额、复杂程度等因素在表3.7.1规定的期限内确定。

表3.7.1　鉴定期限表

争议标的涉及工程造价	期限（工作日）
1000万元以下（含1000万元）	40
1000万元以上3000万元以下（含3000万元）	60
3000万元以上10,000万元以下（含10,000万元）	80
10,000万元以上（不含10,000万元）	100

鉴定机构与委托人对完成鉴定的期限另有约定的，从其约定。

3.7.2　鉴定期限从鉴定人接收委托人按本规范第4.2.1条的规定移交证据材料之日起的次日起计算。

3.7.3 鉴定事项涉及复杂、疑难、特殊的技术问题需要较长时间的，经与委托人协商，完成鉴定的时间可以延长，每次延长时间一般不得超过30个工作日。每个鉴定项目延长次数一般不得超过3次。

3.7.4 在鉴定过程中，经委托人认可，等待当事人提交、补充或者重新提交证据、勘验现场等所需的时间，不计入鉴定期限。

从以上规定可以看出，鉴定材料不完善、需要勘验现场、案情复杂疑难均是鉴定机构逾期出具鉴定意见书的“正当理由”。客观而言，这三种情况不可归咎于鉴定机构，当事人申请另行委托鉴定的，不予支持。

六、鉴定思路

依法成立的合同，对当事人具有法律约束力。《施工合同司法解释(一)》第19条第1款规定：“当事人对建设工程的计价标准或者计价方法有约定的，按照约定结算工程价款”，《建设工程造价鉴定规范》第5.1.2条第1句规定：“鉴定人应根据合同约定的计价原则和方法进行鉴定”，鉴定机构应当根据施工合同约定的计价标准或计价方法开展鉴定。

施工合同的价格形式分为单价合同、总价合同、其他价格形式。三种合同形式的基础都是单价，单价来源分为：

1. 定额单价。定额是指在正常施工条件下完成规定计量单位的合格建筑安装工程所消耗的人工、材料、施工机具台班、工期天数及相关费率等的数量基准，定额体现了完成一项工程的社会平均价格。

2. 综合单价。综合单价是与工程量清单配套的计价方法，2003年建设部出台第一部《建设工程工程量清单计价规范》，此后更新为2008版、2013版。根据2013版《建设工程工程量清单计价规范》，工程造价由分部分项工程费、措施项目费、其他项目费(暂列金额、暂估价、计日工、总承包服务费)、规费和税金五项组成。分部分项工程和措施项目应采用综合单价计价。

3. 平米单价。平米单价是指完成每平方米工程所发生的全部价款。与综合单价相比,平米单价是真正意义上的全费用单价,计价方法是工程量乘以平米单价,综合单价只包括分部分项工程和措施项目的综合单价,不包括其他项目费、规费和税金。

无效施工合同,《2004 年施工合同司法解释》第 2 条规定:"建设工程施工合同无效,但建设工程经竣工验收合格,承包人请求参照合同约定支付工程价款的,应予支持。"确立了工程质量大于合同效力原则,工程质量合格的,参照合同约定支付工程款。《民法典》第 793 条第 1 款将其修改为"建设工程施工合同无效,但是建设工程经验收合格的,可以参照合同关于工程价款的约定折价补偿承包人"。将"参照合同约定支付"修改为"参照合同关于工程款的约定折价补偿",没有实质性变化。

工程变更(含增加),变更部分参照相同或相似项目的单价进行计价。没有相同或相似项目,根据《施工合同司法解释(一)》第 19 条第 2 款的规定,可以参照签订建设工程施工合同时当地建设行政主管部门发布的计价方法或者计价标准结算工程价款。

固定总价合同解除,已完部分工程造价通常采取"按比例折算法"进行鉴定,例如,《北京高院解答》第 13 条第 1 款规定:"建设工程施工合同约定工程价款实行固定总价结算,承包人未完成工程施工,其要求发包人支付工程款,经审查承包人已施工的工程质量合格的,可以采用'按比例折算'的方式,即由鉴定机构在相应同一取费标准下分别计算出已完工程部分的价款和整个合同约定工程的总价款,两者对比计算出相应系数,再用合同约定的固定价乘以该系数确定发包人应付的工程款。"这一思路符合当事人约定的计价方式,符合工程履行情况,应予肯定。

近年来,"按比例折算法"有新突破和新思路。例如,《湖北省高级人民法院民事审判工作座谈会会议纪要》第 32 条规定:"……合同约定以总价包干方式计价的,若工程未完工系承包人原因导致,按合同约定的取费标准鉴定未完工部分,以总包干价减未完工部分造价计算工程款;若工程未完工系发包人原因导致,按照建设行政主管部门颁发的定额及取费标准据实结算。"该规定体现了过错原则,同一案件存在两种鉴定方法的，按照不利于过错方的方法进行鉴定。

七、鉴定材料的提交与质证

《施工合同司法解释(一)》第33条规定："人民法院准许当事人的鉴定申请后，应当根据当事人申请及查明案件事实的需要，确定委托鉴定的事项、范围、鉴定期限等，并组织双方当事人对争议的鉴定材料进行质证。"鉴定机构确定后，当事人应当及时向人民法院提交鉴定材料，经人民法院组织质证后转交鉴定机构，或者经人民法院允许后当事人直接向鉴定机构提交鉴定材料，由鉴定机构组织质证。施工合同纠纷案证据分为以下类型：

1. 招投标类证据，包括招标文件、投标文件、中标通知书、工程量清单、投标保证金收据、投标人资质文件等。

2. 合同类证据，包括施工合同及附件、工程量清单、材料供应一览表、补充合同、会议纪要、变更通知单、洽商记录等。

3. 图纸类证据，包括施工图、施工图审查文件、施工图交底资料、图纸会审记录、设计变更图纸、竣工图。

4. 工程质量类证据，包括地质勘察报告、材料构配件进场检验报告、分部分项工程验收报告、单位工程验收报告、竣工验收报告、质量问题整改通知单、质量修复过程资料。

5. 工期类证据：施工组织设计文件、开工通知、开工报告、施工许可证、竣工验收报告、竣工验收备案表、工期顺延申请书。

6. 工程结算类证据：工程量签证单、进度款申请单、进度款支付单、竣工结算文件、结算文件审核书、工程造价鉴定意见书。

7. 其他类证据：施工日志、监理日志、行政监管文书、城建档案资料、公证书、人员花名册。

证据的提交与质证应当遵守以下规则：

1. 提供什么证据由法律决定。举证责任分配具有法定性，实体法律规范本身包含了法律对举证责任分配的内容，原则上举证责任由法律分配而非由法官分配,只有在极为特殊的情况下,按照法律分配的举证责任会导致明显不公平的结果时,才允许法官根据诚实信用原则、公平原则等因素分配举证责任。[①] 即民事诉讼举证责任的分配原则是“法律要求分类说”,当事人提供什么证据根据实体法律规范决定,并非上述证据一概提供。

2. 鉴定材料应当经过质证。一方当事人提交的鉴定材料,都应当向对方当事人送达副本,由对方当事人进行质证。鉴定材料质证是对当事人围绕其真实性、合法性以及与待证事实的关联性发表意见,并针对该鉴定材料有无证明力和证明力大小进行说明和辩论。鉴定材料经过质证,才能作为鉴定依据。鉴定材料应当经过质证,并不等于每一份材料必须经过对方当事人认可,基于对立立场,对方当事人可能持一概否定之态度,此时应由人民法院决定某鉴定材料能否作为鉴定依据。当事人对鉴定材料持有不同意见的,鉴定机构可以出具选择性意见,由法官审核认定。

3. 对鉴定材料质证是一个持续过程。《民事证据规定》第 51 条第 3 款规定:“举证期限届满后,当事人提供反驳证据或者对已经提供的证据的来源、形式等方面的瑕疵进行补正的,人民法院可以酌情再次确定举证期限,该期限不受前款规定的期间限制。”按照证据与举证责任的关系,证据分为本证与反证,按照主次关系,证据分为主证据与补强证据,当事人可以在鉴定期间不断提供本证、反证及补强证据,并发表新的质证意见。

八、工程量争议

工程量是计价的基础,承包人对其完成的工程量负有举证责任。《施工合同司法解释(一)》第 20 条规定:“当事人对工程量有争议的,按照施工过程中形成的签证等书面文件确认。承包人能够证明发包人同意其施工,但未能提供签证文件证明工程量发生的,可以按照当事人提供的其他证据确认实际发生的工程量。”

① 郑学林等:《关于新〈民事证据规定〉理解和适用的若干问题》,载《人民法院报》2020 年 3 月 26 日版。

承包人证明工程量的证据一是签证文件，二是证明实际工程量的其他证据。实践中，工程量争议分为四种类型：签证文件真实性的争议、承包范围争议（某工程是合同内工程还是合同外工程）、变更（增加）部分数量的争议、解除时已完工程量的争议。

关于签证文件的真实性问题，首先，签证是认定工程量的证据，也是当事人结算的依据，签证文件作为一份书证，以其产生过程、记载内容、签字人身份、印章真实性等因素并结合施工图纸、施工日志、监理日志、往来函件等证据综合认定其真实性、关联性、合法性；其次，从签证内容来判断当事人是否通过签证变更了合同内容，构成合同变更的，应当根据变更后的签证解决当事人之间的争议。监理人签字或监理日志对确认工程量具有重大价值，监理人是发包人委托的对工程质量、进度、安全进行管理的专业人员，发包人对监理人支付监理服务费，故从趋利避害角度出发，监理人员签字确认了签证文件，可以进一步证明工程量实际发生。《北京高院解答》第10条规定："工程监理人员在监理过程中签字确认的签证文件，涉及工程量、工期及工程质量等事实的，原则上对发包人具有约束力，涉及工程价款洽商变更等经济决策的，原则上对发包人不具有约束力，但施工合同对监理人员的授权另有约定的除外。"充分肯定了监理人签字的法律效力。

关于承包范围争议，可以从以下几个方面进行判断。首先，施工合同约定的承包范围是承包人应当完成的合同义务，文义解释承包范围，承包范围之外的工程为合同外工程。其次，根据2013版《建设工程工程量清单计价规范》第4.1.2条"招标工程量清单必须作为招标文件的组成部分，其准确性和完整性应由招标人负责"的规定，投标人根据工程量清单编制投标文件，工程量清单之外的工程为合同外工程。最后，采用经过审定批准的施工图纸及其预算方式招标形成的总价合同，根据施工图纸判断承包范围，施工图纸之外工程为合同外工程。

关于工程变更，2017版《建设工程施工合同（示范文本）》规定的变更流程是：发包人（或通过监理人）发出变更指示，说明变更范围和要求，涉及设计变更的，应当提供变更后的设计图纸；承包人实施变更内容，形成施工资料；承包人申请调整价款，申请工期顺延。结合这一流程，一项工程变更将形成变更通知、洽商变更单、设计图纸、施工记录、调价申请、顺延工期申请、补充协议、会议纪要等证据。根据施工进度,工程变更分为施工前变更与施工后变更,施工前变更计取工程款差价,施工后变更还应当计取拆除费用。对工程变更产生争议的,《民事诉讼法司法解释》第91条规定:“人民法院应当依照下列原则确定举证证明责任的承担,但法律另有规定的除外:(一)主张法律关系存在的当事人,应当对产生该法律关系的基本事实承担举证证明责任;(二)主张法律关系变更、消灭或者权利受到妨害的当事人,应当对该法律关系变更、消灭或者权利受到妨害的基本事实承担举证证明责任。”《北京高院解答》第11条第2款规定:“主张工程价款调整的当事人应当对合同约定施工的具体范围、实际工程量增减的原因、数量等事实承担举证责任。”通过分配举证责任方式解决,由主张价款调整的一方对变更的范围、原因、数量承担举证责任。

合同解除时,当事人双方应当共同清点核实已完工程量,拍照录像,签署交接文件,一方当事人不配合的,另一方当事人可以寻求公证机关办理证据保全或根据《民事诉讼法》第84条之规定向人民法院申请证据保全。《河北高院指南》第13条规定:“未施工完毕的工程项目,当事人就已完工程的工程量存有争议的,应当根据双方在撤场交接时签订的会议纪要、交接记录以及监理材料、后续施工资料等文件予以确定;不能确定的应根据工程撤场时未能办理交接及工程未能完工的原因等因素合理分配举证责任。发包人有恶意驱逐施工方、强制施工方撤场等情形的,发包人不认可承包方主张的工程量的,由发包人承担举证责任。发包人不提供相应证据,应承担举证不能的不利后果。”据此规定,首先根据双方签署的书面文件确定已完工程量,其次通过分配举证责任解决,将解决工程量争议的举证责任分配于未能办理交接的过错方,该方当事人不能提供证据,可以按照鉴定机构现场勘验或者对方当事人提供的初步证据认定工程量。发包人有施暴行为的,发包人不能否定承包人提供的证据,按照承包人的证据认定实际工程量。

类案检索

典型案例 最高人民法院(2019)最高法民终1401号判决

【裁判规则】土石方运距费3,210,656.13元的问题。如上述,签证单有监理等签字且经监理本人出庭认可,潭衡高速公路公司主张签证单系伪造,没有事实依据,本院不予采信。原审法院未将该部分费用扣除,并无不当,本院予以维持。

签证程序不完善的65,760.3元部分。该部分虽然只有监理代表和施工单位签字,没有建设方签字确认,但是根据建设工程监理工作规范,监理单位代表工程建设方对建设工程的质量、造价、进度等进行控制管理。建设单位与承包单位之间就工程建设有关的联系活动,一般通过监理单位进行。签署工程计量凭证、审查处理工程洽商变更,亦在监理单位职责范围之内。因此在签证有监理代表签字认可的情况下,潭衡高速公路公司关于签证未经其签字确认即工程尚未施工的主张,依法不予采信。

东湖、白果服务区中,签证不完善的1,726,047.17元部分。该部分签证单的签证程序虽然不完善,但是会议纪要有建设方、监理方和施工方的签字,可以证实该施工工程量确实发生,原审法院对此予以认定并无不当,本院予以维持。潭衡高速公路公司关于签证单未经潭衡高速公路公司签字确认,该部分费用不应计入工程款的主张,本院不予支持。

斜坡堰新增土方开挖1,377,065.27万元部分。建造房屋前必有土方开挖,房屋确实存在,证明存在实际工程量。虽然图纸与现场不同,但竣工图经过了监理签字确认,原审法院对该工程量予以认可,并无明显不当,本院予以维持。潭衡高速公路公司以图纸与现场不一致即否定实际存在的工程量,没有事实依据,本院不予支持。

潭衡高速公路公司主张部分签证单及会议纪要上监理向某林、潭衡高速公路公司刘某森的签名系伪造,申请笔迹鉴定。对此,向某林已在原审庭审时出庭接受询问,认可签证单的签字是其笔迹。原审法院据此对潭衡高速公路公司的笔迹鉴定申请未予准许,并无不当。在监理人认可签字笔迹、监理单位也未明确否认的情况下,潭衡高速公路公司再次向本院申请笔迹鉴定已无实际意义,本院亦不予准许。

中关村建设公司提出建业公司的鉴定存在100多项漏项,但鉴定人在原审时经过现场答疑、书面回复,做出了充分说明。从建业公司的说明来看,主要是中关村建设公司不能提供工程量实际发生的施工资料或准确计量计价的签证资料,该说明符合双方举证的实际情况。二审审理中中关村建设公司亦未提交新的证据对该主张进一步证明,中关村建设公司关于建业公司的鉴定未能准确地反映案涉工程的真实情况的主张,本院不予采信。

案例解读

对于土石方运距费等项目,中关村建设公司提供的签证单有监理人员签字,初步证明诉争工程实际发生,发包人潭衡高速公路公司对监理人员签字提出质疑,监理人员出庭进一步证明了签证文件的真实性,据此,人民法院认定这些签证项目实际发生。

中关村建设公司主张存在其他100多个漏项,但是未提供相关证据,其主张无法获得支持。

何为"现场签证"?顾名思义,施工现场形成的签证,工程完工后发包人相关人员或离职或调动,根本无法形成有效签证文件。本案提醒建筑企业,增强证据意识,在施工过程中落实签证文件,并通过会议纪要、监理签字、来往函、拍照录像等形式补强签证文件。

典型案例 最高人民法院(2020)最高法民再336号判决

【裁判规则】双方在《建设工程施工合同》中约定,对于包括设计图纸变更、价款变更、工程量增减、工期等直接导致工程价款增加或减少、工期顺延或者提前的签证,除经发包方派驻的工程师签证外必须经发包人加盖印章,方发生效力。

对于鉴定意见"不确定部分"中冶金建设集团未按合同要求盖章的签证单,

经过佳信房地产公司派驻的工程师金某明的签字确认,在佳信房地产公司未提交充分证据证明该部分工程系由其他施工人施工或上述签证系虚假签证的情况下,虽然佳信房地产公司未加盖印章,但无法否定该部分建设工程系由冶金建设集团施工完成的事实,故从公平角度考虑,应对该部分工程及相应工程价款予以认定。

对于鉴定意见“不确定部分”中未经佳信房地产公司盖章的材料价差部分,根据合同的约定,对大宗材料,承包方必须在材料采购前的七个工作日内呈报材料报价清单,由发包方认可后组织承包方、监理单位进行市场调查后七个工作日内确定,其他为确定的零星材料按贵州省造价信息(遵义地区)材料价格单价或双方协商单价结算,因材料的市场价格随行情不断变化,故对该部分价差的认定应按照双方合同约定从严把握,因该部分签证未经发包方佳信房地产公司的盖章确认,故本院对于鉴定意见“不确定部分”关于材料价差的两项费用不予支持。

关于鉴定意见中“不确定部分”中“竣工图反映有但佳信房地产公司认为冶金建设集团未施工部分”的工程款是否应予扣减的问题。虽然佳信房地产公司提出冶金建设集团未按照合同约定的质量及施工图要求完成该部分工程,应逐项予以扣减,但因冶金建设集团提交了竣工验收报告、工程结算书、签证单等证据,佳信房地产公司未提交充分证据证明该部分案涉工程系由其他公司施工,故佳信房地产公司提出的该项再审请求缺乏事实依据,本院不予支持。

案例解读

签证文件是施工合同履行过程中,当事人双方就工程变更、工期延误、赔偿损失等事件经协商一致后签订的书面文件。签证文件可以理解为一份合同。根据《民法典》第490条关于盖章法律效力的规定,盖章与签字是并列关系,二者之中其一成立,合同成立;盖章之前,双方已经成立事实合同的,未盖章不影响合同成立。

本案涉及工程量部分的签证文件,虽然该签证文件未加盖发包人印章,但发包人项目经理签字属实,发包人不能证明将争议部分工程另行发包于第三人,权衡各方利益关系,人民法院确认了该部分的工程量及相应价款。

材料调价部分的签证文件涉及合同变更。《民法典》第543条规定:“当事人协商一致,可以变更合同。”第544条规定:“当事人对合同变更的内容约定不明确的,推定为未变更。”合同变更应当从严掌握,该部分签证未经发包人盖章确认,推定为材料价格未变更,人民法院对承包人提出的材料价差主张不予支持。

九、鉴定阶段对鉴定意见的质证

《民事证据规定》第36条规定:“人民法院对鉴定人出具的鉴定书,应当审查是否具有下列内容:(一)委托法院的名称;(二)委托鉴定的内容、要求;(三)鉴定材料;(四)鉴定所依据的原理、方法;(五)对鉴定过程的说明;(六)鉴定意见;(七)承诺书。鉴定书应当由鉴定人签名或者盖章,并附鉴定人的相应资格证明。委托机构鉴定的,鉴定书应当由鉴定机构盖章,并由从事鉴定的人员签名。”《施工合同司法解释(一)》第34条规定:“人民法院应当组织当事人对鉴定意见进行质证。鉴定人将当事人有争议且未经质证的材料作为鉴定依据的,人民法院应当组织当事人就该部分材料进行质证。经质证认为不能作为鉴定依据的,根据该材料作出的鉴定意见不得作为认定案件事实的依据。”结合这两个司法解释,对鉴定意见的质证分包括以下内容:

1.鉴定内容是否与委托内容一致,是否存在扩大鉴定或缩小鉴定的情况;鉴定意见是否具体明确,是否具备经济性与可行性,能否有效解决诉讼中面临的专门性问题。

2.鉴定方法(鉴定思路)是否符合法律规定及鉴定规范,计价依据是否符合合同约定。以笔者代理的某施工合同纠纷案为例,案涉合同是固定总价合同,合同履行中当事人发生纠纷,发包人提起诉讼,请求解除施工合同,同时申请对未完工部分进行造价鉴定,某鉴定机构按照定额计算出已完工程价款,固定总价减已完部分价款,得出未完工程价款。笔者受托担任承包人代理人,指出固定总价与已完工程价款没有可比性,不能相减,应当按照“按比例折算法”进行鉴定,一审法院采纳笔者观点,委托重新鉴定,本案获得了满意结果。

3.鉴定材料是否经过质证,鉴定意见是否回应了质证意见。根据《施工合同司法解释(一)》第16条之规定,未经质证的鉴定材料不得作为鉴定依据,已经作为鉴定依据的,应当允许对方当事人发表质证意见。鉴定机构是否采纳质证意见以及不予采纳的理由,应当在鉴定意见中充分表述。

4. 某施工项目是合同内项目还是变更洽商项目,该项目数量是否正确。律师提出此类质证意见时,需要当事人的工程人员、造价人员予以配合。

5. 鉴定机构是否具备相应资格、鉴定人员是否取得相应资质证书。

6. 鉴定机构是否行使了法院的职权,是否存在以鉴代审现象。例如,《北京高院解答》第34条规定:"当事人对施工合同效力、结算依据、签证文件的真实性及效力等问题存在争议的,应由法院进行审查并做出认定。法院在委托鉴定时可要求鉴定机构根据当事人所主张的不同结算依据分别作出鉴定结论,或者对存疑部分的工程量及价款鉴定后单独列项,供审判时审核认定使用,也可就争议问题先做出明确结论后再启动鉴定程序。"鉴定机构是技术部门,职责是解决技术问题,法律问题应由人民法院解决。

7. 鉴定意见的内容是否完善,文字描述有无歧义、数据计算是否准确,签章签名是否完整。

当事人对鉴定意见的质证意见应向人民法院提出,人民法院收到后转交鉴定机构,鉴定机构应当书面解释、说明或者补充。《民事证据规定》第38条第1款规定:"当事人在收到鉴定人的书面答复后仍有异议的,人民法院应当根据《诉讼费用交纳办法》第十一条的规定,通知有异议的当事人预交鉴定人出庭费用,并通知鉴定人出庭。有异议的当事人不预交鉴定人出庭费用的,视为放弃异议。"书面沟通是鉴定人员出庭的前置程序,通过书面沟通可以逐步发现问题、解决问题、缩小问题,书面沟通仍然无法解决的问题留到法庭上解决。通过书面沟通,法官可以在开庭前固定争议焦点,提高庭审效率,一方当事人也可以事先知悉对方当事人的观点,进行针对性反驳。庭审时间非常有限,没有庭前书面沟通,鉴定人员出庭可能流于形式。

十、庭审阶段对鉴定意见的质证

开庭阶段,法官宣布鉴定意见,当事人各方发表质证意见并提供证据。鉴于当事人参与了鉴定过程，多次发表了质证意见，故庭审阶段应当发表新意见、提供新证据。

当事人申请鉴定人员出庭的，应该书面提出申请，人民法院应当提前三日将开庭的时间、地点及要求通知鉴定人员。《民事证据规定》第80条规定："鉴定人应当就鉴定事项如实答复当事人的异议和审判人员的询问。当庭答复确有困难的，经人民法院准许，可以在庭审结束后书面答复。人民法院应当及时将书面答复送交当事人，并听取当事人的意见。必要时，可以再次组织质证。"一般而言，对出庭鉴定人员主要询问以下问题：(1)鉴定机构是否就所作的鉴定项目具有鉴定资格，相应的鉴定人员的职称与执业经历；(2)鉴定机构与本案有无利害关系或者其他影响鉴定活动公正性的问题；(3)鉴定意见所依据的鉴定材料是否真实、充分；(4)作出鉴定意见的程序安排是否符合法律法规、规章及技术规范的要求；(5)审查鉴定意见的作出是否符合相应的科学原理。① 根据《民事诉讼法》第81条之规定，经人民法院通知，鉴定人员拒不出庭作证的，鉴定意见不得作为认定事实的根据，支付鉴定费用的当事人可以要求鉴定机构返还鉴定费用。

为增加对鉴定意见质证的有效性，弥补当事人专业知识不足的缺陷，当事人一方均可申请具有专门知识的人出庭，对鉴定意见或对案件事实所涉及的专业性问题发表专家意见。《民事证据规定》第84条第1款规定："审判人员可以对有专门知识的人进行询问。经法庭准许，当事人可以对有专门知识的人进行询问，当事人各自申请的有专门知识的人可以就案件中的有关问题进行对质。"2001年《民事证据规定》第61条第4款曾规定："具有专门知识的人员可以对鉴定人进行询问。"2019年《民事证据规定》虽未吸收该规定，但具有专门知识的人员提出的意见视为当事人陈述，当事人可以对鉴定人员进行询问，具有专门知识的人员当然也可以对鉴定人员进行询问。

经过质证程序，鉴定意见面临被全部采纳、需要补充鉴定、需要重新鉴定三个

---

① 最高人民法院民事审判第一庭编著：《最高人民法院新民事诉讼证据规定理解与适用》，人民法院出版社2020年版，第708～709页。

后果。《民事证据规定》第40条规定:“当事人申请重新鉴定,存在下列情形之一的,人民法院应当准许:(一)鉴定人不具备相应资格的;(二)鉴定程序严重违法的;(三)鉴定意见明显依据不足的;(四)鉴定意见不能作为证据使用的其他情形。存在前款第一项至第三项情形的,鉴定人已经收取的鉴定费用应当退还。拒不退还的,依照本规定第八十一条第二款的规定处理。对鉴定意见的瑕疵,可以通过补正、补充鉴定或者补充质证、重新质证等方法解决的,人民法院不予准许重新鉴定的申请。重新鉴定的,原鉴定意见不得作为认定案件事实的根据。”据此,一般性瑕疵可以通过补正、补充鉴定或者补充质证、重新质证等方法解决,不予重新鉴定,只有达到严重错误程度才考虑重新鉴定。启动重新鉴定,原鉴定意见废止,防止一起案件出现相互矛盾的不同鉴定意见。

2001年《民事证据规定》第71条曾规定:“人民法院委托鉴定部门作出的鉴定结论,当事人没有足以反驳的相反证据和理由的,可以认定其证明力。”2019年《民事证据规定》未吸收该规定,理由是司法鉴定是人民法院查明案件事实的方法,司法鉴定服务于民事审判,人民法院根据全案证据对鉴定意见进行审查后决定是否采信,并非全盘采信。

类案检索

典型案例　最高人民法院(2017)最高法民终25号判决

【争议焦点】一审判决认定昆仑建设集团已完工程造价是否正确的问题。

【裁判规则】一、签证单存疑部分686,517.8元应否计入工程造价。1.按照双方《建设工程施工合同》第23.3条“双方约定合同价款的其他调整因素有:(1)发包人、监理方共同认可的变更通知单;(2)发包人和监理方共同认可的签证单;(3)发包人和监理方共同认可的施工方案”的约定,只有经过发包人和监理方共同认可的签证单才可以作为调整合同价款的依据,该存疑部分签证单只有监理单位盖章,没有发包人新贝发公司的盖章,不符合双方合同的约定,而案涉其他的签证单均有发包方的盖章。2.该部分存疑的签证单部分有日期,部分没有日期。显示有日期的是2012年4月或5月,这个时期距离新贝发公司2012年11月27日发出解除合同通知较远,昆仑建设集团亦未对为何没有新贝发公司的盖章以及日期疑问作出合理的解释。因此该部分存疑的签证单不符合双方合同的约定,不能作为调整合同价款的依据,一审将该部分存疑签证单造价686,517.80元计入工程造价不当,本院予以纠正。

二、高支模造价3,923,781.40元应否计入工程造价。1.对超高模板支撑架搭拆,鉴定人员在一审庭审中称确实存在高支模,新贝发公司在二审庭审中也认可昆仑建设集团做了高支模工程,只是认为施工方案没有经过专家论证,不应该计取费用。2.昆仑建设集团提供了完整的安徽新贝发制笔城有限公司工业厂房工程超高模板支撑架搭拆专项安全施工方案和监理工程师通知单,其中2012年7月16日的监理工程师通知单中明确要求"高支模支撑立杆、横杆、扫地杆均应按专家认证的高支模专项施工方案设置",该通知单显示高支模专项施工方案经过了专家认证。3.昆仑建设集团高支模施工过程中,新贝发公司或者监理单位并没有以施工方案未经专家论证为由要求昆仑建设集团停止施工。4.高支模由昆仑建设集团搭建并由自己施工,如质量不合格,其安全风险主要在昆仑建设集团一方。故一审认定高支模造价应计入工程造价正确,本院予以维持。

三、围墙造价285,795.65元应否计入工程造价。1.双方《施工补充协议》和《建设工程施工合同》约定的工程承包范围均显示有围墙。2.鉴定人员在一审出庭接受双方质询时表示现场确实有围墙。3.新贝发公司自行编制的工程造价报告中也计算了围墙款。4.新贝发公司没有证据证明现场的围墙系其他施工队施工并支付了工程款。故新贝发公司主张不应将围墙款计入工程造价证据不足,一审将围墙款计入工程造价正确,本院予以维持。

四、一审判决对已完工程量中的钢筋量计算是否错误,昆仑建设集团主张少计算600余吨钢筋是否成立。1.一审时昆仑建设集团主张应按第一版图纸计算钢筋量,而鉴定机构按第二版图纸计算钢筋量导致少计了钢筋数量,二审中昆仑建设集团又以鉴定结论计算的钢筋量比新贝发公司单方委托审计的钢筋量少为由主张鉴定结论中钢筋数量计算错误。2.根据二审庭审时双方的陈述,昆仑建设集团提出的该理由仍然是两版图纸的差异问题,因一审时鉴定机构依据的图纸是昆仑建设集团提供的第二版图纸,且经双方质证认可。在鉴定机构出具鉴定意见之后昆仑建设集团又主张按第一版图纸计算楼板钢筋量,没有合法依据。故昆仑建设集团的该项上诉请求不能成立。

五、昆仑建设集团主张一审判决少计取商品混凝土价差管理费164万余元是否成立。1.昆仑建设集团一审对鉴定结论质证时提出商品混凝土价差应计取管理费,鉴定人员明确答复按照常规的计价方法和规定,商品混凝土价差不计管理费。2.新贝发公司提交的滁州市关于建筑工程使用商品混凝土计价的调整意见规定,商品混凝土价差不计取管理费,对商品混凝土价差不计取管理费符合施工当地的交易习惯。3.《施工补充协议》第十章第一条第二款虽然约定“材料价差均给予取费”,但按照当地管理部门相关规定的一般计价规则,商品混凝土价差不计取管理费,该条款并没有明确约定商品混凝土价差要计取管理费,一审判决采纳鉴定人员的意见按照一般计价原则处理该项费用并无不当,本院予以维持。

综上,昆仑建设集团已完工程造价数额为79,086,999.07元(一审认定的工程造价数额79,773,516.87元减去存疑签证单造价686,517.80元)。

案例解读

从本案判决结果可以看出,人民法院审核争议项目主要从以下方面考虑:

一是签证文件是否符合约定,对于不符合约定签证程序,存在重大矛盾且承包人无法合理解释的签证不予认定。

二是履约基本事实,如本案的高支模工程、围墙工程,虽然相关证据存在瑕疵,但综合分析证据之间联系,能够认定基本事实的,予以确认。

三是诚实信用原则,鉴定阶段昆仑建设集团主张按照第二版图纸计算钢筋量,出具鉴定意见之后又主张按第一版图纸计算,违反诚实信用原则,争议问题存在两种解释的,人民法院可以作出对其不利的解释。

四是鉴定人员对争议问题的意见,鉴定人员是具备专门知识或技能的专业人士,当事人一方提出的意见不足以反驳鉴定人员意见的,通常采纳鉴定人员的意见。

五是当地建设行政主管部门发布的造价管理意见，当事人对计价方法存在争议的，合同中没有相同或相似的单价项目，参照当地建设行政主管部门发布的计价方法或者计价标准。

典型案例 **最高人民法院（2019）最高法民终483号判决**

【争议焦点】关于案涉回填土方价款235,624元等七项是否应当从无为县政府应付工程款中扣除的问题。

【裁判规则】关于回填土方价款235,624元，案涉施工签证显示回填土方工作已完成。四川天成公司依据签证，确认回填土方工程量为78,541平方米。无为县政府主张，回填土方来源实际是工地现场取土，但其并未提供证据证明其主张，其关于一审法院不应将案涉回填土方价款235,624元计入工程造价的上诉理由不能成立，本院不予支持。

关于铺设钢板费用449,037元，案涉土方开挖方案明确载明："在各楼栋土方开挖范围内因地质软弱，无法进行土方外运和机械开挖。在施工过程中我项目部采用铺设钢板作为垫板，各楼栋均投入300平方米的钢板，钢板厚度T=12。"案涉工程监理单位和无为县政府均对该方案签字确认同意。无为县政府未提交证据证明中城投公司实际施工情况与该方案不一致，其关于案涉工程不应计算铺设钢板费用的上诉理由不能成立，本院不予支持。

关于重新更换安装的浪涌保护器费用376,800元，中城投公司按照施工图纸确认的品牌/型号购买电浪涌保护器，并完成安装，但因该品牌/型号未在安徽省气象部门报备，导致其不能入网使用。为确保工程竣工验收合格，中城投公司经无为县政府签字盖章同意后，重新采购气象部门指定品牌的电浪涌保护器，并更换安装，由此产生的费用应由无为县政府承担。对无为县政府该项主张，本院不予支持。

关于超出8千米以外的混凝土运程费用，案涉093号土建签证单显示，工程施工现场到混凝土搅拌站的距离为22千米，该签证经无为县政府及监理单位签字盖章确认。无为县政府主张中城投公司未去8千米以外的混凝土搅拌站，但未提供相应的证据证明。无为县政府关于不应将超出8千米以外的混凝土运程费用计入工程造价的上诉理由不能成立，本院不予支持。

关于按大开挖方式计算增加的价款2,487,467元，由中城投公司制作并经监理单位和无为县政府签字盖章确认同意的土方开挖方案载明，案涉工程单体工程采用大开挖方式。无为县政府主张除有专项基坑方案的综合楼、地下车库外，其他楼栋不应按大开挖方式计算，但其并未提供相应的证据证明其主张，对其该项上诉理由，本院不予支持。

关于按清除淤泥增加的价款963,742元，案涉001号、005号、006号、007号、010号、014号、017号、019号、020号、021号、022号、023号、030号、031号签证单载明为“淤泥”。四川天成公司鉴定人员二审出庭作证时亦认可，依据文字记载应按照淤泥计价。无为县政府主张依据签证单附图应按“含水量大于25%的土方”计价，但案涉签证单附图中并未载明“含水量大于25%的土方”。对无为县政府此项上诉理由，本院不予支持。

关于路基压密注浆中的路基部分7,697,267.84元，中城投公司提供了同济大学高新建筑技术设计研究所签发的道路及室内地坪处理意见以及施工蓝图和监理日志，证明其已按照图纸要求对该部分工程进行了施工。无为县政府主张该部分工程实际做法与图纸不符，但未提供证据证明。四川天成公司鉴定人员二审出庭作证时表示，2018年11月15日对无为县政府关于路基做法异议的回复意见遗漏了“平面”两字，应是“签证附图与道路施工图纸平面基本吻合”，对于工程量是否存在重合，应根据施工内容予以确定。案涉023号、032号签证单的施工内容为道路路基换填，施工时间分别为2010年12月5日、2011年8月15日。中城投公司提供的道路及室内地坪处理意见和施工蓝图的施工内容为毛石注浆加固路基，施工时间为2013年4月15日。签证单和图纸记载的施工时间和施工内容均不相同。无为县政府关于上述签证单与施工图纸的路基部分存在重合的上诉理由不能成立，本院不予支持。

案例解读

《民事诉讼法司法解释》第 91 条规定:“人民法院应当依照下列原则确定举证证明责任的承担,但法律另有规定的除外:(一)主张法律关系存在的当事人,应当对产生该法律关系的基本事实承担举证证明责任;(二)主张法律关系变更、消灭或者权利受到妨害的当事人,应当对该法律关系变更、消灭或者权利受到妨害的基本事实承担举证证明责任。”《施工合同司法解释(一)》第 20 条规定:“当事人对工程量有争议的,按照施工过程中形成的签证等书面文件确认。承包人能够证明发包人同意其施工,但未能提供签证文件证明工程量发生的,可以按照当事人提供的其他证据确认实际发生的工程量。”《北京高院解答》第 11 条第 2 款规定:“主张工程价款调整的当事人应当对合同约定施工的具体范围、实际工程量增减的原因、数量等事实承担举证责任。”综合这三个规定,承包人主张调整工程价款的,应当提供签证文件,本案承包人提供的签证文件经过发包人与监理人签字确认,明确记载了施工项目、施工方法、数量等内容,形式完备、内容完善,诉争八项工程款中的七项获得支持。承包人提供签证文件后,发包人认为某项目未实施、实施内容与签证单不符,举证责任转移至发包人,发包人不能提供反证,人民法院支持承包人的主张。

《民法典》第 801 条规定:“因施工人的原因致使建设工程质量不符合约定的,发包人有权请求施工人在合理期限内无偿修理或者返工、改建。经过修理或者返工、改建后,造成逾期交付的,施工人应当承担违约责任。”承包人对工程质量负责,对质量缺陷承担修理、更换、改建、赔偿损失等法律责任。本案承包人根据施工图纸的要求安装了涌保护器,但由于该品牌/型号未在安徽省气象部门报备,导致不能入网使用,故承包人重新购买并安装指定品牌的涌保护器,这并非承包人原因导致返工,发包人应当承担该部分工程款。

典型案例　最高人民法院(2019)最高法民终 488 号判决

【争议焦点】关于一审判决认定案涉工程造价数额是否正确的问题。

【裁判规则】一、关于宝业建设集团上诉部分

1. 自购钢材问题。宝业建设集团主张其自购钢材费用958,071.6元没有计入造价,经查,宝业建设集团与东怡酒店公司签订的《建设工程施工合同》补充协议只约定了甲供钢材,并未约定由宝业建设集团自购钢材,宝业建设集团现主张存在自购钢材,却未提供证据加以证明,本院对宝业建设集团该项主张不予支持。

2. 钢筋损耗费率问题。宝业建设集团主张依据2015年12月2日会议纪要,损耗率应由2.5%调整到5%,应调增该部分费用878,360.22元。经查,2015年12月2日会议纪要第9条约定:"钢筋损耗率问题……达成意见:……报告中要求将损耗率调增至5%的事项,施工单位先将柱钢筋总量汇总后再定。"根据该条内容,宝业建设集团与东怡酒店公司并未就钢筋损耗率由2.5%调整到5%达成一致的确定性意见,宝业建设集团亦未提交其他证据证明双方就钢筋损耗率由2.5%调整至5%达成一致意见,因此宝业建设集团要求将钢筋损耗率调整至5%缺乏事实依据,本院不予支持。

3. 超高费、脚手架费费率系数问题。宝业建设集团主张超高增加费110米至150米调增系数按1.3668较合适,鉴定机构按1.248进行调增不当,脚手架110米至150米调增系数按1.2659较合适,鉴定机构按1.186进行调整不当。经查,宝业建设集团主张的调增系数,系其单方主张,缺乏相关依据,不足以推翻华诚造价公司从专业角度确认的调增系数,故本院对宝业建设集团该主张不予支持。

4. 关于电价套价标准问题。宝业建设集团主张华诚造价公司按照市场调查价0.84元/千瓦时与其和建设单位及德龙公司测算的平均价格1.26元/千瓦时不符,该部分差价2,548,123.66元。经查,因信息价中无施工用电单价,宝业建设集团与东怡酒店公司亦未约定施工用电单价,此种情形下华诚造价公司按其调查的市场价0.84元/千瓦时计价,符合实际情况。宝业建设集团主张应按其和建设单位及德龙公司测算的平均价格1.26元/千瓦时计算,系其单方主张,东怡酒店公司对此不予认可,宝业建设集团亦未提供证据证明采取该计价的依据,故宝业建设集团该主张不能成立。

5. 关于建材差价问题。宝业建设集团主张建材差价应按2015年5月21日

工程会议纪要第7条意见调增1,307,033.63元。经查,2015年5月21日工程会议纪要第7条意见为:“7.建筑辅材是否调价差,达成意见:按照政策规定执行。”该条意见仅从原则上明确按照政策规定执行,但并未明确建筑辅材如何调差价,华诚造价公司从专业角度根据现有资料和相关规定认定不应调整材料价差,宝业建设集团未提供充分证据推翻华诚造价公司的专业鉴定意见,故一审判决采信华诚造价公司的鉴定意见,并无不妥。

6.钢梁套价标准问题。宝业建设集团主张型钢制作工程量252.8吨钢梁应按12,000元/吨计价,该部分应增加造价939,391元。经查,华诚造价公司已就宝业建设集团该项异议明确答复根据鉴定资料钢梁不应执行12,000元/吨单价,宝业建设集团亦未提供证据推翻华诚造价公司该鉴定意见,对宝业建设集团该主张不予支持。

二、关于东怡酒店公司方上诉部分

1.甲供钢材款税金问题。东怡酒店公司主张宝业建设集团未出具甲供材款项等额发票,应扣除未开发票的税金补偿款2,569,406.57元。从华诚造价公司出具的鉴定意见书中的相关说明来看,华诚造价公司虽将该2,569,406.57元列入案涉工程确定性造价中,但也明确说明在宝业建设集团不能出具全额发票的情形下,应当将2,569,406.57元从工程造价内予以扣除。根据本院查明事实及宝业建设集团的答辩意见,宝业建设集团并未履行2015年1月9日工程约谈记录第1条约定的开具全额发票义务,且明确表示该项义务已无法履行。在此情况下,宝业建设集团取得该2,569,406.57元税金补偿款缺乏事实依据和法律依据,故应当从案涉工程确定性造价中扣除2,569,406.57元。

2.逾期完工的罚款问题。东怡酒店公司主张宝业建设集团逾期完工应支付罚款3845万元,应从应付工程款中予以扣除。从性质上看,逾期完工罚款属于违约金,与宝业建设集团主张案涉工程价款属不同的诉讼请求,不属于抗辩事由,东怡酒店公司应通过反诉方式主张,因东怡酒店公司一审未提出反诉,现主张将逾期罚款直接从应付工程款中扣除,缺乏依据,本院不予支持。

3.推断性部分人工费问题。东怡酒店公司主张宝业建设集团该部分缺乏签证,且系宝业建设集团延误工期造成人工费增加,不应对人工费进行调增,因此该部分20,808,335.39元不应计入工程总造价。根据华诚造价公司回复意见,将该部分款项列入工程造价推断性结果,系因2015年5月21日的工程会议纪要仅有参会人员其中的一人签字,效力不能确定。经查,2015年5月21日会议纪要有宝业建设集团和东怡酒店公司公章及温某鹏的签字,应认定为双方真实意思表示,属于就相关事项达成有效约定。且该20,808,335.39元系德龙公司在审计本案工程造价过程中形成,双方均盖章认可,故一审判决将该部分款项计入工程总造价,并无不妥,东怡酒店公司的该项主张不能成立。

4.工程罚款通知单载明罚款问题。东怡酒店公司主张73万元的工程罚款通知单应在推断性造价中扣除。经查,罚款通知属于单方面通知,且双方合同中无相应条款对此进行约定,宝业建设集团对此亦不予认可,故东怡酒店公司主张该73万元应从工程价款中予以扣除的理由,缺乏合同依据,本院不予认可。

综上,一审判决对甲供钢材税金部分款项认定不当,导致对案涉工程总价款认定不当,本院予以纠正。案涉工程造价应为245,354,258.85元(一审认定工程总造价247,923,665.42元-甲供钢材税金2,569,406.57元)。

案例解读

解决争议项目,首先应当从合同条款中寻找依据,这涉及合同解释问题。合同解释目的是通过阐明合同条款的含义,以探寻当事人的真意,从而明确当事人的权利义务关系,正确认定案件事实。《民法典》第142条规定:“有相对人的意思表示的解释,应当按照所使用的词句,结合相关条款、行为的性质和目的、习惯以及诚信原则,确定意思表示的含义。无相对人的意思表示的解释,不能完全拘泥于所使用的词句,而应当结合相关条款、行为的性质和目的、习惯以及诚信原则,确定行为人的真实意思。”有相对人的意思表示的合同解释方法首先是文义解释,即通过对合同所使用的文字词句的含义的解释,以探求合同所表达当事人的真实意思。

本案中的自购钢材问题,补充协议约定了甲供钢材,即东怡酒店公司供应钢材,并未约定宝业建设集团自购钢材;甲供钢材款税金问题,工程约谈记录约定了宝业建设集团的开票义务。两个约定的内容具体明确,故二审法院对宝业建设集团提出的自购钢材费用958,071.6元计入造价的主张不予支持,对东怡酒店公司提出的扣除2,569,406.57元税金的主张予以支持。

钢筋损耗率问题,会议纪要约定“施工单位先将柱钢筋总量汇总后再定”;建材差价问题,会议纪要约定“按照政策规定执行”。两个内容的均不确定,表明当事人双方未就争议问题达成一致性意见,鉴定机构从专业角度对争议问题作出了解释和认定,当事人未提供充分证据推翻鉴定意见,故人民法院采信鉴定意见。

《民法典》第543条规定:“当事人协商一致,可以变更合同。”第544条规定:“当事人对合同变更的内容约定不明确的,推定为未变更。”合同变更内容应当具体明确,否则,推定为未变更。合同变更的效力是被变更部分不再有效,代由变更后部分发生效力。会议纪要关于钢筋损耗率调整、建材差价的记载不明确,视为未变更,宝业建设集团要求调整价款,不予支持。

关于脚手架费费率系数、电价套价标准,涉及计价标准问题,一审、二审法院充分考虑鉴定机构的意见。关于人工费调差,虽然鉴定机构将其列为选择性意见,但一审法院认定涉及人工费的会议纪要构成有效签证,遂支持人工费调差。

对于罚款,通行观点认为其性质属于违约金。例如,《北京高院解答》第37条规定:“建设工程施工合同约定承包人存在工期迟延、质量缺陷、转包或违法分包等违约行为,发包人可对承包人处以罚款的,该约定可以视为当事人在合同中约定的违约金条款,应依据《中华人民共和国合同法》第一百一十四条的规定予以处理。”按照违约金路径理解,首先,罚款事项应当约定在合同中,否则,发包人实施“罚款”行为缺乏合同根据;其次,罚款单应当送达承包人,有效签收,而本案双方合同中无相应条款对此进行约定,宝业建设集团对此亦不予认可,故东怡酒店公司提出的罚款主张,未能获得支持。

《施工合同司法解释(一)》第16条规定:“发包人在承包人提起的建设工程施工合同纠纷案件中,以建设工程质量不符合合同约定或者法律规定为由,就承包人支付违约金或者赔偿修理、返工、改建的合理费用等损失提出反诉的，人民法院可以合并审理”。发包人要求承包人承担修复责任、承担违约金、要求扣减款项，应当提出反诉，本案发包人未就逾期完工罚款的问题提出反诉，一审法院不予审理。

第八章

利息与垫资利息

法律法规 / 司法解释

《施工合同司法解释(一)》

第二十五条　当事人对垫资和垫资利息有约定,承包人请求按照约定返还垫资及其利息的,人民法院应予支持,但是约定的利息计算标准高于垫资时的同类贷款利率或者同期贷款市场报价利率的部分除外。

当事人对垫资没有约定的,按照工程欠款处理。

当事人对垫资利息没有约定,承包人请求支付利息的,人民法院不予支持。

第二十六条　当事人对欠付工程价款利息计付标准有约定的,按照约定处理。没有约定的,按照同期同类贷款利率或者同期贷款市场报价利率计息。

第二十七条　利息从应付工程价款之日开始计付。当事人对付款时间没有约定或者约定不明的,下列时间视为应付款时间:

(一)建设工程已实际交付的,为交付之日;

(二)建设工程没有交付的,为提交竣工结算文件之日;

(三)建设工程未交付,工程价款也未结算的,为当事人起诉之日。

《中国人民银行公告》(〔2019〕第15号)

一、自2019年8月20日起,中国人民银行授权全国银行间同业拆借中心于每月20日(遇节假日顺延)9时30分公布贷款市场报价利率,公众可在全国银行间同业拆借中心和中国人民银行网站查询。

五、自即日起，各银行应在新发放的贷款中主要参考贷款市场报价利率定价，并在浮动利率贷款合同中采用贷款市场报价利率作为定价基准。存量贷款的利率仍按原合同约定执行。各银行不得通过协同行为以任何形式设定贷款利率定价的隐性下限。

利息属于法定孳息，是根据法律规定由法律关系所产生的收益。《施工合同司法解释（一）》第26条、第27条规定了拖欠工程款的利息，第25条规定了垫资及垫资利息。利息涉及的法律问题包括利息支付条件、利息起算时间、利息标准、利息调整等内容。

一、利息支付条件

《民法典》第321条第2款规定："法定孳息，当事人有约定的，按照约定取得；没有约定或者约定不明确的，按照交易习惯取得"。借款合同，出借人自愿将借款本金交付于借款人，利息是借款本金的收益，不以借款人违约为条件，金融类借款的利息标准执行国家利率标准，民间借贷的利息标准由当事人约定，但不得超过同期贷款市场报价利率的四倍（注：自2019年8月20日起民间借贷利率标准上限是同期贷款市场报价利率的四倍）；借款合同对利息没有约定，或者自然人之间借款，借款合同对利息约定不明确，视为没有利息。建设工程施工合同，根据《施工合同司法解释（一）》第27条中"利息从应付工程价款之日开始计付"的规定，以及结合建筑行业交易习惯，发包人不按照合同约定支付工程款是支付利息的条件，利息标准由当事人约定，当事人没有约定的，适用国家发布的利率标准；利息的功能是赔偿损失，根据承包人实际损失为基础，由人民法院或仲裁机构根据合同履行情况对利率标准进行调整。对比可知，两类合同的利息支付条件、支付标准具有较大区别。

工程款按照时间顺序分为预付款、进度款、结算款、质量保证金，2013版《建设工程工程量清单计价规范》第10.3.12条规定："发包人未按照本规范第

10.3.9～10.3.11 条的规定支付进度款的，承包人可催告发包人支付，并有权获得延迟支付的利息……”第 11.4.5 条规定：“发包人未按照本规范第 11.4.3 条、第 11.4.4 条规定支付竣工结算款的，承包人可催告发包人支付，并有权获得延迟支付的利息……”第 11.6.5 条规定：“发包人未按期最终结清支付的，承包人可催告发包人支付，并有权获得延迟支付的利息。”参考这些规定，发包人拖欠预付款、进度款、结算款、质量保证金之中某一类工程款，都应当支付相应利息，进度款利息与结算款利息可以并存。

类案检索

典型案例　最高人民法院(2019)最高法民终 2019 号判决

【裁判规则】关于京顺诚公司应否支付工程价款利息问题。工程价款利息是法定孳息，发包人因占用工程价款实际受益，应向承包人支付利息。京顺诚公司主张工程款利息应作为天润公司的损失自行承担，缺乏依据。建设工程施工合同无效的，承包人仍有权主张欠付工程价款利息，原判决判令京顺诚公司支付相应的利息，并无不当。

关于案涉工程价款利息的起算时间问题。《建设工程施工合同》第 33.2 条约定，竣工结算完成后 7 日内付至工程竣工结算价款的 95%，无正当理由不支付工程竣工结算价款，从第 8 天起按承包人同期向银行贷款利率支付拖欠工程价款的利息。双方竣工结算完成是 2016 年 12 月底，按照该约定，京顺诚公司应自 2017 年 1 月起即应支付对应工程款的利息。剩余的 5% 工程价款作为工程质量保修金待两年质保期满后 14 日内支付，案涉工程于 2014 年 1 月即交付发包人使用，质量保修期已经届满，故京顺诚公司应对全部欠付工程款支付利息。

典型案例　最高人民法院(2020)最高法民终 1042 号判决

【裁判规则】关于工程款利息自何时起算问题。双方合同中并未对工程款的利息作出明确约定,城建公司于2013年10月18日向首开公司报送盛京国际演艺中心一期主场馆工程结算书,而案涉工程尚未交付给首开公司。一审法院认定案涉工程款利息应当从城建公司向首开公司提交结算文件之日起算,并无不当。

关于逾期支付进度款利息应否支持问题。城建公司提供的工程款支付申请(核准)表、沈阳盛京国际演艺中心项目拨款申请、盛京国际演艺中心工程一期主场馆工程收款记录及首开公司付款凭证等证据,能够证明首开公司存在逾期支付工程进度款的情形,城建公司关于逾期支付工程进度款利息的主张应予支持。一审法院未支持城建公司逾期支付工程进度款利息的主张不当,本院予以纠正。

典型案例 **最高人民法院(2020)最高法民申1670号裁定**

【再审理由】国基建设集团已经收到的工程款仍拖欠亚星置业公司8800万元发票,其也没有按照《会议纪要》的约定移交工程竣工资料,违反了2016年1月20日《会议纪要》约定。依据《合同法》第67条之规定,亚星置业公司可行使先履行抗辩权而不向国基建设集团支付所欠工程款,亚星置业公司不应当承担欠付工程款利息的民事责任。

【裁判规则】支付工程款是合同的主要义务,案涉工程已通过竣工验收,亚星置业公司不能以未开发票、未移交工程竣工资料为由拒付工程款。而且,二审法院已判决国基建设集团向亚星置业公司开具8800万元发票,并判决国基建设集团向亚星置业公司交付完整的竣工资料并配合办理竣工验收备案手续,亚星置业公司应承担拖欠工程款的利息。

案例解读

最高法民终1042号判决,利息属于工程款的法定孳息,施工合同关于利息的约定不受合同效力的影响。施工合同无效,合同约定的付款进度对当事人具有法律约束力,否则,无法判断发包人是否构成逾期付款,无法确定利息的起算时间。

最高法民终1042号判决,进度款与结算款的产生时间与产生方式不同,发包人拖欠进度款与拖欠结算款,承包人可以同时请求支付相应利息。

最高法民申1670号裁定，虽然合同约定了先开票、后付款，但是开具发票属于从义务，承包人完成并交付建设工程，履行了主合同义务，发包人应当支付相应对价即支付工程款，并同时支付利息。发包人以承包人未开具发票为由行使先履行抗辩权，不予支持。

二、利息起算时间

根据《施工合同司法解释(一)》第27条第1款中“利息从应付工程价款之日开始计付”的规定，利息与付款责任同时产生，合同约定的付款期限届满之日计付利息。

工程验收与结算阶段，存在完工之日、提请验收之日、验收合格之日、工程交付之日、提交结算文件之日、结算协议签订之日、起诉之日、造价鉴定确定之日等多个日期，当事人对付款时间没有约定或者约定不明，应从哪个日期开始计付利息？《施工合同司法解释(一)》第27条规定：“当事人对付款时间没有约定或者约定不明的，下列时间视为应付款时间：(一)建设工程已实际交付的，为交付之日；(二)建设工程没有交付的，为提交竣工结算文件之日；(三)建设工程未交付，工程价款也未结算的，为当事人起诉之日。”建设工程已经交付，虽然工程尚未结算，当事人对结算金额存在争议，但承包人已经完成施工，履行了主合同义务，发包人实际使用建设工程，实现了合同目的，为平衡双方利益，从工程交付之日计付利息。工程没有交付，承包人提交了结算文件，而发包人拖延审核，考虑到承包人已经完成施工，为督促发包人在约定期限内完成结算审核，承包人提交结算文件之日计付利息。工程既未交付又未结算，考虑到施工合同纠纷审理周期较长，诉讼期间不计付利息将扩大承包人损失，故从当事人起诉之日计付利息。分析可知，三个计付时点当事人仍然对工程结算、付款条件、工程质量等事实存在争议，工程款债权尚未产生，《施工合同司法解释(一)》第27条是基于合同的履行情况，为了平衡各方利益而作出的规定。

类案检索

典型案例 最高人民法院(2020)最高法民申55号裁定

【裁判规则】四冶建设公司虽主张欠付工程款利息应按实际完成工程量的时间节点计算,但未阐述理由,亦未提交证据证明。四冶建设公司在本案一、二审期间也曾提出该主张,鉴于其不能证实施工工程量何时达到付款节点、嘉隆公司逾期支付工程款的时间及逾期付款金额,二审判决未予支持。二审判决根据案涉工程未交付、工程款亦未结算的实际情况,确定欠付工程款利息自四冶建设公司起诉之日起算,并无不妥。

典型案例 最高人民法院(2020)最高法民申180号裁定

【裁判规则】合同约定工程竣工验收合格审计后90日付款,但案涉工程未按合同约定进行审计,而是通过诉讼确认工程造价,审计后付款的条件不可能成就,应视为付款时间约定不明,且本案存在祥宇公司怠于结算的情形,原审判决从川建公司起诉之日起计算工程款利息并无不当。

典型案例 最高人民法院(2019)最高法民终974号判决

【裁判规则】本院认为,双方产生矛盾后,中建二局公司中途退出了项目建设。鉴于案涉项目后续已经由澳美基业公司另找第三方继续施工、二期住宅部分已经部分投入使用,一审法院以中建二局公司全面退场时间作为双方之间实际交付已完成工程的时间点,符合实际,据此计算欠付工程款的利息,认定事实和适用法律并无不当。

案例解读

承包人根据《施工合同司法解释(一)》第27条主张利息,应当举证证明应付款之日、工程交付之日、提交竣工结算文件之日,如果不能证明,起诉之日是兜底规定，起诉之日是任何一类施工合同纠纷案最晚的利息计付时点，如最高法民申55号裁定、最高法民申180号裁定。施工合同解除，工程款债权加速到期，新的承包人进场施工，视为工程已经交付，从交付之日计付利息，如最高法民终974号判决。

三、利息标准与调整

《施工合同司法解释（一）》第26条规定："当事人对欠付工程价款利息计付标准有约定的，按照约定处理。没有约定的，按照同期同类贷款利率或者同期贷款市场报价利率计息。"利息标准首先遵守合同约定标准，合同没有约定，按照法定利率标准。

2019年8月20日之前中国人民银行不定期发布人民币现行利率表，根据该利率表确定同期同类贷款利率。根据中国人民银行公告〔2019〕第15号之规定，2019年8月20日之后中国人民银行授权全国银行间同业拆借中心于每月20日公布贷款市场报价利率，2019年8月20日之后拖欠工程款利息按照同期贷款市场报价利率计算。

利息可以理解为发包人就拖欠工程款违约行为而承担的法律责任，旨在赔偿损失。《民法典》第585条第1款规定："当事人可以约定一方违约时应当根据违约情况向对方支付一定数额的违约金，也可以约定因违约产生的损失赔偿额的计算方法。"第2款规定："约定的违约金低于造成的损失的，人民法院或者仲裁机构可以根据当事人的请求予以增加；约定的违约金过分高于造成的损失的，人民法院或者仲裁机构可以根据当事人的请求予以适当减少。"利息金额低于损失，承包人可以请求增加，利息金额过分高于损失，发包人可以请求适当减少。利息和违约金是两种性质不同的款项，可以并存，二者之和过分高于损失，发包人可以请求减少。

《最高人民法院关于适用〈中华人民共和国合同法〉若干问题的解释（二）》第29条曾经规定："当事人主张约定的违约金过高请求予以适当减少的，人民法院应当以实际损失为基础，兼顾合同的履行情况、当事人的过错程度以及预期利益等综合因素,根据公平原则和诚实信用原则予以衡量,并作出裁决。当事人约定的违约金超过造成损失的百分之三十的,一般可以认定为合同法第一百一十四条第二款规定的过分高于造成的损失。"《九民会议纪要》第50条规定:"……除借款合同外的双务合同,作为对价的价款或者报酬给付之债,并非借款合同项下的还款义务,不能以受法律保护的民间借贷利率上限作为判断违约金是否过高的标准,而应当兼顾合同履行情况、当事人过错程度以及预期利益等因素综合确定……"综合两个规定,一方当事人请求调整利息标准,人民法院应当充分考虑建筑行业是微利行业的特殊情况,根据合同履行情况、实际损失、过错程度、预期利益等综合因素进行调整,民间借贷合同中的四倍利率上限不是认定施工合同利息或违约金过高的标准。

类案检索

典型案例 最高人民法院(2020)最高法民终375号判决

【裁判规则】对于逾期利息及违约金的问题。双方当事人对金鸿宇房地产公司逾期支付工程价款既约定了逾期利息又约定了月利率3%的违约金,明显过高。而违约金主要体现在补偿性及有限度的惩罚性,除利息损失外,泸州七建公司未能举证证明其因金鸿宇房地产公司逾期付款的违约行为还造成其他损失,故依照上述法律及司法解释的规定,本院酌情以欠付工程款为基数按照中国人民银行同期贷款利率上浮30%计算利息及违约金。

典型案例 最高人民法院(2020)最高法民申1318号裁定

【裁判规则】双方在确认书第2条约定自2018年2月28日起至2018年5月27日止适用月利率2%的标准计算工程款利息,但对5月27日以后的利息计算标准未作约定。如上所述,确认书是双方在案涉工程验收合格后经协商对工程款结算和房屋交付问题达成的协议,虹都房地产公司承诺于2018年2月27日前付清欠付的工程款,但至今未付清。原审判决根据虹都房地产公司违约的事实综合考虑双方的真实意思表示和利益平衡因素,认定虹都房地产公司在2018年5月27日后仍未付清工程款的,欠付工程款按月利率2%计息,并无不当。虹都房地产公司主张按照中国人民银行发布的同期同类贷款利率计息,既不符合当事人的真实意思表示,也有违诚实信用原则,不予支持。

典型案例 **最高人民法院(2019)最高法民终1602号判决**

【裁判规则】关于逾期付款利息。华升建设集团与瀚星房地产公司虽然在复工补充协议书中约定未按时间节点支付工程价款,利息按月息二分计算,该补充协议签订于2013年9月8日。而各方在2016年8月3日签署的第三份会议纪要中对工程价款的支付重新进行了约定,实际上变更了复工补充协议书关于付款时间节点及付款利息的约定。沈某根主张应按上述复工补充协议书约定的时间节点计算瀚星房地产公司逾期付款额及逾期付款利息的主张,缺乏事实依据,本院不予支持。2016年8月3日会议纪要中并未约定逾期付款利息,一审法院认定瀚星房地产公司对其逾期付款按同期同类银行贷款利率向沈某根给付利息并无不当。

案例解读

"违约造成的损失"无疑是法律规定最为明确且最为重要的衡量违约金高低的标准。简单按照民间借贷利率标准确定违约造成的损失,尽管减轻了查明损失是困难,但往往不适当地扩大了违约方的违约责任。[①] 最高法民终375号判决,利息与违约金之和超出本金的40%,鉴于泸州七建公司未能证明其实际损失,一审法院按照同期贷款利率上浮30%标准进行了调整。需要注意的是,很多法院仍然简单化处理此类纠纷,将违约金上限调整为同期贷款利率标准的四倍。

最高法民申1318号裁定,争议焦点是逾期利率标准能否适用正常履行期间

① 最高人民法院民事审判第二庭编著:《〈全国法院民商事审判工作会议纪要〉理解与适用》,人民法院出版社2019年版,第327~338页。

的利率标准？按照“举轻明重”原则，正常履行期内按照2%标准支付利息，逾期付款属于违约行为，也应当按此标准支付利息，这符合当事人心理预期，符合诚实信用原则。《最高人民法院关于审理民间借贷案件适用法律若干问题的规定》第28条第2款第(2)项有相同规定：“……(二)约定了借期内利率但是未约定逾期利率，出借人主张借款人自逾期还款之日起按照借期内利率支付资金占用期间利息的，人民法院应予支持。”

最高法民终1602号判决，第三份会议纪要变更了《复工补充协议书》的付款进度，《复工补充协议书》约定的月息二分标准是否仍然有效？作为合同的组成部分，付款期限条款和逾期付款违约金条款等违约条款可以独立各自存在，各自的变更均属于合同部分条款的变更，不影响其他条款的效力。因此，付款期限变更并不导致违约责任以及违约责任计算方法等发生变更、消灭，只会导致逾期付款违约金责任的起算点相应发生变化。[①] 据此观点，月息二分标准仍然有效，但是根据判决书描述，原告沈某根按照《复工补充协议书》约定的时间节点主张逾期付款利息，明显不当。笔者认为，第三份会议纪要虽然没有约定逾期付款利息，但《复工补充协议书》约定月息二分标准仍然有效，一审法院不应当按同期贷款利率判决逾期付款利息。

四、垫资和垫资利息

垫资是建筑行业普遍现象。从广义上理解，发包人支付第一笔工程款之前，承包人以自有资金施工，所投入的资金都属于垫资。

工程垫资，经历了禁止、开放、部分禁止的过程。1996年6月4日建设部、国家计委、财政部发布《关于严格禁止在工程建设中带资承包的通知》(建建〔1996〕第347号)，禁止建设单位要求施工单位垫资，禁止建设单位将带资承包作为招标投标条件。1997年11月1日出台的《建筑法》第8条规定，申请领取施工许可证

---

① 最高人民法院民事审判第二庭编著：《最高人民法院关于买卖合同司法解释理解与适用》，人民法院出版社2012年版，第388页。

的条件之一是建设资金已经落实,既然建设资金已经落实,说明不需要施工单位垫资施工。2004 年 10 月 25 日最高人民法院出台的《2004 年施工合同司法解释》第 6 条规定:"当事人对垫资和垫资利息有约定,承包人请求按照约定返还垫资及其利息的,人民法院应予支持……"人民法院不再认定垫资无效,垫资合同不是无效合同。2006 年 1 月 4 日建设部、国家发展和改革委员会、财政部、中国人民银行发布《关于严禁政府投资项目使用带资承包方式进行建设的通知》,禁止政府投资项目以垫资承包的方式进行建设。2019 年 4 月 14 日国务院发布《政府投资条例》,规定政府投资项目不得由施工单位垫资建设。梳理这一过程可知,政府投资项目仍然禁止垫资施工,社会资本投资项目不禁止垫资施工,各级法院不将垫资行为认定为无效行为。

对于垫资,可以从两个角度进行理解。首先,建设工程合同属于承揽合同的一种,根据《民法典》第 774 条、第 775 条、第 782 条之规定,承揽合同中可以由承揽人提供材料,也可以由定作人提供材料,定作人应当按照约定的期限支付报酬,定作人支付报酬前,承揽人购买材料、雇用劳动力的支出就是垫资,承揽合同并不禁止垫资。承揽合同的规则可适用于建设工程施工合同,建设工程施工合同可以约定预付款,如果没有约定预付款,则承包人前期投入资金就是垫资。其次,发包人的合同义务是接受建设工程并支付工程价款,承包人通过收回工程款,进而收回前期投资、实现盈利,发包人拖欠工程款,应当支付利息,但是发包人对承包人购买材料、雇用建筑工人所投入的资金并不承担责任,更不承担垫资利息。基于此,《施工合同司法解释(一)》第 25 条第 2 款规定:"当事人对垫资没有约定的,按照工程欠款处理。"第 3 款规定:"当事人对垫资利息没有约定,承包人请求支付利息的,人民法院不予支持。"

《施工合同司法解释(一)》第 25 条第 1 款规定:"当事人对垫资和垫资利息有约定,承包人请求按照约定返还垫资及其利息的,人民法院应予支持,但是约定的利息计算标准高于垫资时的同类贷款利率或者同期贷款市场报价利率的部分除外。"此处规定的垫资与承包人前期投资具有一定区别。本条所称的垫资分为两种方式:(1)施工合同明确约定由承包人垫资一定数额资金,并约定垫资利息;

(2)付款期间届满,发包人仍不能支付工程款,为保证正常施工,双方特别约定由承包人出资购买材料、支付建筑工人工资,发包人自愿支付相应利息。实践中,当事人往往某一款项是否属于垫资产生争议,如果是垫资,其利息不得高于法定利率标准,如果是民间借贷,利息标准可以自由约定。

类案检索

典型案例 最高人民法院(2020)最高法民终738号判决

【裁判规则】2015年2月5日,万方公司向南通二建出具承诺书,内容载明:"我公司万方绿营广场项目2014年度的施工,按照贵公司东营万方绿营广场项目部所报送的工程产值8275万元。而今年关之际,因为种种原因,实在困难,深感抱歉。不能支付给贵方建设工程款。现恳请南通二建帮助我万方公司支付年底的农民工工资2000万元,我公司承诺承担2分的月息,即月息总额为40万元整。我单位的工程款于2015年5月1日支付。"

原判决认定万方公司请求南通二建代为支付的2000万元工人工资为垫资款,并无不当。万方公司虽承诺按月息二分支付利息,但根据《施工合同司法解释(一)》第6条规定:"当事人对垫资和垫资利息有约定,承包人请求按照约定返还垫资及其利息的,应予支持,但是约定的利息计算标准高于中国人民银行发布的同期同类贷款利率的除外。"因此,2000万元应自2015年2月5日起按中国人民银行发布的同期同类贷款利率支付利息。

典型案例 最高人民法院(2018)最高法民终1149号判决

【裁判规则】《决算协议》第3条约定:"按决算总额扣除甲方(安邦公司)付给乙方(金建公司)的工程款及决算里面的利润、税金,剩余部分都是垫资款,垫资款按年利率22%计算,计算时间从乙方进场之日起,垫资利息计算的时间为两年半。"从该约定内容来看,双方当事人约定的垫资款实质为欠付工程款,而对垫资款利息的约定也应视为对欠付工程款利息的约定。据此，原审判决将《决算协议》约定的年利率22%确定为计算案涉欠付工程款利息的利率标准，并无不当。

《决算协议》第4条约定："关于乙方借给甲方1500万元以乙方汇到甲方财务账上及甲方出具票据为准。其他垫资款以工程最后决算为准，按工程决算的总额，扣除甲方拨款、扣除利润、税金，余款为乙方垫资款。"安邦公司在该1500万元收款收据上注明"此款为3号楼、4号楼专用"。可见，双方明确1500万元性质为借款，该款系金建公司作为施工单位出借给安邦公司的款项，非自然人之间的借贷行为。一审法院依据《最高人民法院关于审理民间借贷案件适用法律若干问题的规定》第25条规定，并结合《决算协议》第3条、第4条约定，认定安邦公司与金建公司之间关于此笔借款约定的年利率22%，并判决从出借款项的2010年4月30日起开始计算利息，并无不当。安邦公司上诉主张1500万元借款利息按照中国人民银行同期同类贷款利率标准，从金建公司提起本案诉讼的2013年10月25日开始计算，理由不能成立，本院不予支持。

案例解读

上述两案分别约定了月息2分、年息22%的垫资利息标准，该约定是当事人的真实意思表示，但是所涉款项发生在施工合同履行之中，承包人以自有资金垫付建筑工人工资、垫付建筑材料，不具有民间借贷合同意义上的资金交付行为，承包人行为属于工程垫资，根据《施工合同司法解释(一)》第25条第1款之规定，人民法院将利息标准调整为同期贷款利率标准。相反，最高法民终1149号判决中《决算协议》第4条约定的1500万元是承包人实际交付于发包人的款项，当事人之间存在资金交付行为，符合民间借贷的特征，故按照年息22%标准判决利息。

第九章

建设工程价款优先受偿权

法律法规 / 司法解释

《民法典》

第八百零七条　发包人未按照约定支付价款的,承包人可以催告发包人在合理期限内支付价款。发包人逾期不支付的,除根据建设工程的性质不宜折价、拍卖外,承包人可以与发包人协议将该工程折价,也可以请求人民法院将该工程依法拍卖。建设工程的价款就该工程折价或者拍卖的价款优先受偿。

《施工合同司法解释(一)》

第三十五条　与发包人订立建设工程施工合同的承包人,依据民法典第八百零七条的规定请求其承建工程的价款就工程折价或者拍卖的价款优先受偿的,人民法院应予支持。

第三十六条　承包人根据民法典第八百零七条规定享有的建设工程价款优先受偿权优于抵押权和其他债权。

第三十七条　装饰装修工程具备折价或者拍卖条件,装饰装修工程的承包人请求工程价款就该装饰装修工程折价或者拍卖的价款优先受偿的,人民法院应予支持。

第三十八条　建设工程质量合格,承包人请求其承建工程的价款就工程折价或者拍卖的价款优先受偿的,人民法院应予支持。

第三十九条　未竣工的建设工程质量合格，承包人请求其承建工程的价款就其承建工程部分折价或者拍卖的价款优先受偿的，人民法院应予支持。

第四十条　承包人建设工程价款优先受偿的范围依照国务院有关行政主管部门关于建设工程价款范围的规定确定。

承包人就逾期支付建设工程价款的利息、违约金、损害赔偿金等主张优先受偿的，人民法院不予支持。

第四十一条　承包人应当在合理期限内行使建设工程价款优先受偿权，但最长不得超过十八个月，自发包人应当给付建设工程价款之日起算。

第四十二条　发包人与承包人约定放弃或者限制建设工程价款优先受偿权，损害建筑工人利益，发包人根据该约定主张承包人不享有建设工程价款优先受偿权的，人民法院不予支持。

《民法典》第 807 条规定："发包人未按照约定支付价款的，承包人可以催告发包人在合理期限内支付价款。发包人逾期不支付的，除根据建设工程的性质不宜折价、拍卖外，承包人可以与发包人协议将该工程折价，也可以请求人民法院将该工程依法拍卖。建设工程的价款就该工程折价或者拍卖的价款优先受偿。"这是《民法典》关于建设工程价款优先受偿权（以下简称优先受偿权）的规定。

优先受偿权制度最早规定在原《合同法》第 286 条，从该制度产生之日，其性质就有法定抵押权、留置权和法定优先权三种观点争议。法定抵押权说认为，优先受偿权是法律规定的一种特殊抵押权，无须办理抵押登记，无须签订抵押合同，其效力优先于一般抵押权。留置权说认为，承揽合同中的定作人未按照约定支付报酬，承揽人对完成的工作成果享有留置权，建设工程施工合同作为一种特殊承揽合同，承包人对其完成的建设工程享有留置权，优先受偿权的性质是留置权。法定优先权认为，这是基于法律规定的优先权，无须登记，无须事先约定，无须占有标的物，优先受偿权的性质是法定优先权。目前，通行观点认为优先受偿权的性质是法定优先权。赋予承包人优先受偿权，目的是对农民工等建筑工人的工资利益予以优先保护。

发包人名下的建设工程是清偿所有债务的责任财产,无论发包人负担什么类型的债务,包括承包人、抵押权人、普通债权人在内的各债权人均可以催告发包人履行,发包人逾期履行,各债权人均有权与发包人协议折价或请求拍卖建设工程,由此决定了《民法典》第807条第1款、第2款规定的“催告、协议折价、请求拍卖”并不是承包人的专属权利,也不是优先受偿权的核心内容。优先受偿权制度所要解决的是各债权人之间的权利冲突问题,《民法典》第807条第3款规定:“建设工程的价款就该工程折价或者拍卖的价款优先受偿。”《施工合同司法解释(一)》第36条规定:“承包人根据民法典第八百零七条规定享有的建设工程价款优先受偿权优于抵押权和其他债权”,与抵押权和普通债权相比,工程款债权就该工程折价或者拍卖的价款优先受偿,优先受偿权的本质是保障承包人优先取得工程款债权的顺位权。

人民法院确认承包人享有优先受偿权,意味着抵押权人、普通债权人的权利顺位劣后,甚至权利落空,故应当对优先受偿权的权利主体、权利范围、行使期限、权利放弃等问题进行限制。债权具有平等性,承包人怠于行使优先受偿权,而抵押权人、普通债权人与发包人的纠纷业已进入诉讼或执行阶段,建设工程正在被拍卖,拍卖价款正在被分配,承包人为实现优先受偿权,将提出执行异议,执行异议被驳回后将产生执行复议、执行监督、执行异议之诉、第三人撤销之诉等一系列纠纷。

以上是对优先受偿权制度的基本解读,具体涉及以下问题。

一、权利主体之一:与发包人订立施工合同的承包人

《施工合同司法解释(一)》第35条规定:“与发包人订立建设工程施工合同的承包人,依据民法典第八百零七条的规定请求其承建工程的价款就工程折价或者拍卖的价款优先受偿的,人民法院应予支持。”据此,优先受偿权的主体限于与发包人订立施工合同的承包人,不包括勘察人、设计人以及承包人下游的分承包人。基于转包、违法分包产生的实际施工人,该实际施工人与发包人没有订立施工合同,不享有优先受偿权。

挂靠人是否享有优先受偿权？存在较大争议。挂靠情形下，挂靠人使用被挂靠人资质对外承揽工程，由此产生双重施工合同关系，被挂靠人与发包人之间存在名义施工合同关系，施工合同实际由挂靠人履行，挂靠人与发包人之间存在事实施工合同关系。挂靠情形下形成的双重施工合同均无效，《民法典》第793条第1款规定："建设工程施工合同无效，但是建设工程经验收合格的，可以参照合同关于工程价款的约定折价补偿承包人。"挂靠人可以据此规定向发包人主张权利。人民法院判决发包人向挂靠人支付工程价款，是否也应当判决挂靠人享有优先受偿权？对此有两种裁判观点。

类案检索

典型案例　最高人民法院(2019)最高法民申2755号裁定

【裁判规则】案涉施工合同项下的建设工程由马某忠施工，马某忠系案涉工程实际施工人(马某忠系借用金鑫建筑公司名义挂靠承接本案工程)。马某忠并非与发包人新疆鑫达房产公司签订建设工程施工合同的承包人。根据上述法律及司法解释的规定，二审法院认为马某忠作为实际施工人不享有建设工程价款优先受偿权，适用法律正确。

【同类案例】

最高人民法院(2021)最高法民申2486号裁定

河南省高级人民法院(2021)豫民终639号判决

辽宁省高级人民法院(2020)辽民终1049号判决

陕西省高级人民法院(2020)陕民终465号判决

重庆市第一中级人民法院(2019)渝01民初83号判决

典型案例　安徽省高级人民法院(2020)皖民终1110号判决

【裁判规则】挂靠人既是实际施工人，也是实际承包人，而被挂靠人只是名义承包人,认定挂靠人享有主张工程价款请求权和优先受偿权,更符合法律保护工程价款请求权和设立优先受偿权的目的。本案中,李某记等人借用华汇建筑公司的资质与银河房地产公司签订《建设工程施工合同》,以挂靠方式对案涉工程进行了实际施工,银河房地产公司对此亦是明知或认可的。银河房地产公司与李某记等人已经履行了发包人与承包人之间的义务,双方在事实上形成了建设工程施工合同关系,李某记等人是案涉工程的实际承包人。因此,银河房地产公司以李某记等人是实际施工人为由,认为其不享有建设工程价款优先受偿权的上诉主张,不能成立,本院不予支持。

【同类案例】

山东省高级人民法院(2020)鲁民终2560号判决

安徽省高级人民法院(2020)皖民终1168号判决

湖南省高级人民法院(2020)湘民终1783号判决

荆门市中级人民法院(2019)鄂08民终72号判决

上述案例均判决发包人向挂靠人直接支付工程款,但是在优先受偿权问题上却出现两种裁判结果。不支持的理由是:挂靠或借用资质的施工人虽然可能承包全部工程,但与发包人之间并无直接的合同关系,只能以出借人或被挂靠人名义订立合同并履行合同,如果允许实际施工人向发包人主张工程价款优先受偿权,实属变相鼓励挂靠或出借资质行为,不利于建设主管部门对建筑企业的资质管理。[①] 支持的理由是:优先受偿权不应与工程款债权分离而单独存在,挂靠人在取得工程款债权的同时也应当享有优先受偿权;挂靠人投入了资金、人力、材料,其获得的工程价款也涉及建筑工人工资,从立法目的出发,应当肯定挂靠人享有优先受偿权。笔者同意后一种观点,从立法目的与价值判断的角度出发,人民法院支持了挂靠人工程款请求,对优先受偿权请求也应

---

① 最高人民法院民事审判第一庭编著:《最高人民法院施工合同司法解释(二)理解与适用》,人民法院出版社2019年版,第371页。

当支持。

建设工程转让,虽然项目主体变更,但建设工程之上仍然负担优先受偿权,不影响承包人继续行使优先受偿权。

二、权利主体之二:与发包人订立分包合同的承包人

《施工合同司法解释(一)》第37条规定:“装饰装修工程具备折价或者拍卖条件,装饰装修工程的承包人请求工程价款就该装饰装修工程折价或者拍卖的价款优先受偿的,人民法院应予支持。”与发包人订立装饰装修合同的装饰装修工程承包人也享有优先受偿权。基于装饰装修工程的特点,承包人行使优先受偿权受到以下三点限制:

1. 根据《建筑工程施工质量验收统一标准》(GB 50300—2013),单位工程分为地基基础、主体结构、建筑装饰装修等十个分部工程,建筑装饰装修分部工程又分为建筑地面、抹灰、外墙防水、门窗、吊顶、轻质隔墙、饰面板、饰面砖、幕墙、涂饰、裱糊与软包、细部等子分部工程。装饰装修工程本是施工合同项下的一个分部工程,应当由承包人与装饰装修分承包人订立专业分包合同,此时装饰装修分承包人不享有优先受偿权。《施工合同司法解释(一)》第37条所称的装修工程承包人是直接与发包人订立装饰装修合同的承包人,性质等于甲指分包。

2. 装饰装修工程限于建筑施工领域的装饰装修,不包括既有建筑装饰装修和家庭装饰装修。

3. 装饰装修工程的发包人不是该建筑物的所有权人的除外。《施工合同司法解释(一)》第37条删除了《2018年施工合同司法解释》第18条中“但装饰装修工程的发包人不是该建筑物的所有权人的除外”的规定,实践中很多装饰装修工程的发包人并不是建筑物的所有权人,而是以租赁、联营等方式实际占有和使用该建筑物的占有人,故对这些装饰装修工程承包人的优先受偿权应当进行合理限制,即该装饰装修工程在未征得建筑物所有权人同意担保的前提下,该装饰装修

工程的承包人不享有优先受偿权。①

笔者认为,应当对《施工合同司法解释(一)》第37条作扩大解释。凡是与发包人订立分包合同的承包人,工程内容不限于装饰装修,还可以包括屋面、消防、电梯等分部分项工程,该承包人都享有优先受偿权。

承包人、装饰装修工程承包人、其他甲指分承包人,这三类主体处于同一顺位。执行阶段,分别确定各自工程价款在全部工程价款中的所占比例,按比例分配拍卖价款。

三、工程质量大于工程效力

施工合同无效,承包人是否享有优先受偿权,一直存在争议。有观点认为,施工合同无效,承发包双方之间存在的不再是依据合同享有的约定之债,而是承包人依法享有的获得折价补偿的权利,基于担保物权从属性原则,担保该工程债权的优先受偿权亦应无效,因此,承包人依据无效合同主张优先受偿权不予支持。还有观点认为,法律淡化了施工合同的效力,强调维护工程质量的核心思想,无效合同承包人享有优先受偿权,有利于承包人工程债权以及建筑工人的工资利益,这也符合合同法创制该制度的立法意图。② 就这一争议问题,《施工合同司法解释(一)》仍然遵守"工程质量大于合同效力"原则,第38条规定:"建设工程质量合格,承包人请求其承建工程的价款就工程折价或者拍卖的价款优先受偿的,人民法院应予支持。"第39条规定:"未竣工的建设工程质量合格,承包人请求其承建工程的价款就其承建工程部分折价或者拍卖的价款优先受偿的,人民法院应予支持。"工程质量合格,承包人有权获取工程价款,也享有优先受偿权。

承包人原因导致施工合同解除,承包人是否享有优先受偿权?我们认为,承

① 详见2004年12月8日最高人民法院对福建省高级人民法院《关于装修装饰工程款是否享有合同法第二百八十六条规定的优先受偿权的函复》的理由部分。

② 陈旻:《建设工程案件审判实务与案例精析》,中国法制出版社2014年版,第392页。

包人对工程未竣工存在过错的,并不影响其享有建设工程价款优先受偿权。[①] 笔者赞成这一观点,优先受偿权属于价款范畴,承包人原因导致合同解除的,发包人可以要求承包人承担违约责任,这属于违约责任层面的问题,但不影响承包人享有优先受偿权。

四、受偿范围

文义解释《民法典》第807条,优先受偿的范围是工程价款,不包括利息、违约金、损害赔偿金。

《施工合同司法解释(一)》第40条规定:"承包人建设工程价款优先受偿的范围依照国务院有关行政主管部门关于建设工程价款范围的规定确定。承包人就逾期支付建设工程价款的利息、违约金、损害赔偿金等主张优先受偿的,人民法院不予支持。"明确规定优先受偿的范围限于工程价款。根据住房和城乡建设部、财政部《建筑安装工程费用项目组成》(建标〔2013〕44号),工程价款按费用构成要素划分为人工费、材料费、施工机具使用费、企业管理费、利润、规费和税金,按工程造价形成顺序划分为分部分项工程费、措施项目费、其他项目费、规费和税金。利息、违约金、损害赔偿金不属于工程价款,不属于优先受偿的范围,为普通债权。

关于优先受偿范围的争议,所引发的思考是优先受偿权为何优于抵押权和其他债权?优先受偿权的本意是保护建筑工人的合法权益,建筑工人的生存权利高于抵押权人、其他债权人的商业利益,基于此,法律规定了优先受偿权制度,故优先受偿的范围限于工程价款中的劳务部分,这是第一种观点。第二种观点认为,承包人实际投入的劳务、材料已经物化为建筑工程,优先受偿的范围限于承包人的实际投入,《优先受偿权批复》采纳了这一观点,第3条曾规定:"建筑工程价款包括承包人为建设工程应当支付的工作人员报酬、材料款等实际支出的费用,不

---

① 最高人民法院民事审判第一庭编著:《最高人民法院施工合同司法解释(二)理解与适用》,人民法院出版社2019年版,第423页。

包括承包人因发包人违约所造成的损失。”第三种观点认为,优先受偿的范围是全部工程价款,但是不包括利息、违约金、损害赔偿金。第一种观点符合立法宗旨,第二种观点是折中观点,但采纳这两种观点的最大问题是人民法院需要在全部工程价款中区分出人工费、材料费,增加审理难度,增加诉讼成本,缺乏可操作性,故《施工合同司法解释(一)》第40条采纳了第三种观点。

《民法典》第356条规定:“建设用地使用权转让、互换、出资或者赠与的,附着于该土地上的建筑物、构筑物及其附属设施一并处分。”第357条规定:“建筑物、构筑物及其附属设施转让、互换、出资或者赠与的,该建筑物、构筑物及其附属设施占用范围内的建设用地使用权一并处分。”分别规定了“房随地走、地随房走”的房地一体原则。建设工程价值由建筑物与建设用地使用权组成,执行阶段,建筑物与建设用地使用权一并拍卖,承包人在建筑物拍卖价款范围内行使优先受偿权,优先受偿权不及于建设用地使用权拍卖价款。

典型案例　最高人民法院(2019)最高法执监470号裁定

【裁判规则】建设工程的价款是施工人投入或者物化到建设工程中的价值体现,法律保护建设工程价款优先受偿权的主要目的是优先保护建设工程劳动者的工资及其他劳动报酬,维护劳动者的合法权益,而劳动者投入建设工程中的价值及材料成本并未转化到该工程占用范围内的土地使用权中。因此,上海市高级人民法院和上海市第二中级人民法院以案涉房地产应一并处置为由,认定宝业建设集团享有的工程款优先受偿权及于案涉土地使用权缺乏法律依据,在对案涉房地产进行整体拍卖后,拍卖款应当由建设工程款优先受偿权人以及土地使用权抵押权人分别优先受偿。本案案涉房地产经过拍卖后,宝业建设集团以8568万元价格竞买,对于拍卖款中属于土地使用权的部分,应当由杭州银行优先受偿。鉴于该部分款项数额不清,由上海市第二中级人民法院重新依法确定后,由宝业建设集团和杭州银行分别优先受偿。

案例解读

本案业经上海市第二中级人民法院、上海市高级人民法院审理,两级法院均认为优先受偿权及于建筑物占用范围内的建设用地使用权。杭州银行继续向最高人民法院申诉，最高法执监470号裁定指出“一并处分、分别受偿”的关系，撤销原执行裁定，指令上海市第二中级人民法院重新审查。

早在2012年，《浙江省高级人民法院执行局执行中处理建设工程价款优先受偿权有关问题的解答》（浙高法执〔2012〕2号）第4条曾就“一并处分、分别受偿”问题作出规定，即“建设工程承包人只能在其承建工程拍卖价款的范围内行使优先受偿权，对该工程占用范围内的土地使用权的拍卖价款不能主张优先受偿。实际操作中可对建设工程和土地使用权分开进行价值评估，确定各自在总价值中的比例，然后一并拍卖，拍卖成交后再确定建设工程承包人可以优先受偿的金额。”

五、行使期限

优先受偿权行使期限是优先受偿权制度中最有争议的问题，也是承包人最大的败诉点。《优先受偿权批复》第4条曾经规定：“建设工程承包人行使优先权的期限为六个月，自建设工程竣工之日或者建设工程合同约定的竣工之日起计算”，该规定的缺陷是不符合建筑行业现状，工程竣工或停工后六个月期限内通常完不成工程结算，工程款债权尚未产生，而优先受偿权行使期限业已届满，这不符合优先受偿权之立法目的。

在此背景下，最高人民法院裁判文书中出现不同类型的起算点：竣工验收之日[（2017）最高法民再97号判决]、业主提前使用之日[（2015）民一终字第379号判决]、移交工地之日[（2014）民一终字第108号判决]、发包人原因导致合同自解除合同解除之日[（2016）最高法民再295号判决]、工程价款支付期限届满次日[（2016）最高法民终106号判决]、起诉之日[（2014）民申字第1004号判决]。法官并未拘泥于六个月期限，而是根据具体案情不断“造法”。

《2018年施工合同司法解释》第22条规定：“承包人行使建设工程价款优先受偿权的期限为六个月，自发包人应当给付建设工程价款之日起算。”当发包人支付工程价款已届履行期，承包人关于支付工程款的请求才可能得到支持，相应地，届时主张优先受偿权才有意义。[①]《施工合同司法解释(一)》进一步延长行使期限,第41条规定:"承包人应当在合理期限内行使建设工程价款优先受偿权,但最长不得超过十八个月,自发包人应当给付建设工程价款之日起算。"充分考虑了建筑行业的实际情况,充分维护了承包人的合法权益。

"发包人应该给付建设工程价款之日"分为以下几种情况:一是工程业已结算,合同约定的支付时间是应付款之日;二是工程业已结算,未约定支付时间,催告之日是应付款之日(也有观点认为自价款确定之日起算行使期限);三是工程尚未结算,起诉或提起仲裁之日视为应付款之日。

《施工合同司法解释(一)》第27条规定:"利息从应付工程价款之日计付。当事人对付款时间没有约定或者约定不明的,下列时间视为应付款时间:(一)建设工程已实际交付的,为交付之日;(二)建设工程没有交付的,为提交竣工结算文件之日;(三)建设工程未交付,工程价款也未结算的,为当事人起诉之日。"该条是利息起算时间的规定,有观点认为,该规定对确定优先受偿权的行使期限具有借鉴意义。[②] 笔者对此有不同看法,工程交付之日与提交竣工结算文件之日,这两个时点工程尚未结算,工程款债权尚未产生,应付款时间不确定,如果将两个时点作为行使优先受偿权的起算点,又将回归到《优先受偿权批复》的老路子上,继续延续错误思路。

类案检索

典型案例 最高人民法院(2020)最高法民终455号判决

【裁判规则】案涉工程停工后,双方未对工程价款进行结算,案涉工程造价系

① 最高人民法院民事审判第一庭编著:《最高人民法院施工合同司法解释(二)理解与适用》,人民法院出版社2019年版,第443页。

② 最高人民法院民事审判第一庭编著:《最高人民法院施工合同司法解释(二)理解与适用》,人民法院出版社2019年版,第460页。

在诉讼中通过司法鉴定确定，宇洪建筑公司提起本案诉讼主张工程价款优先受偿权未超过司法解释规定的期限，宇洪建筑公司对其施工的工程折价或者拍卖的价款在尚欠工程价款范围内享有优先受偿权。

典型案例 最高人民法院(2020)最高法民申2592号裁定

【裁判规则】《最高人民法院关于审理建设工程施工合同纠纷案件适用法律问题的解释(二)》第22条规定："承包人行使建设工程价款优先受偿权的期限为六个月，自发包人应当给付建设工程价款之日起算。"承包人顺达工程公司主张上述规定为特别规定，其建设工程价款优先受偿权应自2019年4月3日工程价款得到确认之日开始计算。本院认为，《最高人民法院关于审理建设工程施工合同纠纷案件适用法律问题的解释(二)》关于建设工程价款优先受偿权的问题系关于行使建设工程价款优先受偿权的一般规定，而《企业破产法》关于"未到期的债权，在破产申请受理时视为到期"的规定属于关于债权到期的具体规定，二者并不冲突。根据上述规定，破产申请受理时，顺达工程公司对发包人华懋新材料公司享有的工程债权即视为到期，其有权依法主张工程价款优先受偿权。故一、二审法院认定顺达工程公司2019年4月12日向华懋新材料公司管理人主张工程价款优先受偿权已超出了法律规定的六个月期限，亦无不当。

案例解读

最高法民终455号判决，本案裁判规则是目前主流裁判观点，工程尚未结算，工程款债权未确定，承包人提起诉讼后通过鉴定方式确定了工程价款，自起诉之日起算优先受偿权的行使期限。诉前双方达成了结算协议或者可以通过其他方式确定价款的，主流裁判观点认为，价款确定之日为应付款之日。

优先受偿权"遇上"发包人破产，应当遵守《企业破产法》的相关规定。最高法民申2592号裁定的特别之处在于，2016年11月2日东营市中级人民法院裁定受理发包人的破产申请，2017年1月3日承包人申报案涉工程债权，但并未明确主张优先受偿权，2019年4月3日债权人会议确认发包人债权为297.0946万元，承包人认为债权确定时点起算优先受偿权的行使期限，而根据《企业破产法》第46条第1款“未到期的债权，在破产申请受理时视为到期”的规定，2016年11月2日时点所有债权视为到期，承包人申报债权之同时并未主张优先受偿权，故人民法院认为承包人行使优先受偿权超过了法定期限。

典型案例 **最高人民法院(2020)最高法民终1192号判决**

【裁判规则】《建设工程施工合同》第26.2款付款条件约定：……(4)结构封顶付款至工程累计结算额的80%；(5)工程完工双方验收合格后付款至工程结算额的90%；(6)备案手续完成后付款至工程结算额的95%，余下5%为质保金，质保期满付款。又查明，2015年11月20日，阳光颐水铭苑2某、3某、13某、14某楼取得城建工程档案验收合格证。故自此日起，已经符合《建设工程施工合同》第26.2款付款至95%的条件。即一审法院将2015年11月20日认定为诚信房地产公司应支付工程款的时间，符合本案实际。也即自此日开始，根据上述司法解释规定，可以起算首钢建设行使优先受偿权的期限。而自2015年11月20日开始至首钢建设于2017年1月25日提起本案诉讼，已经超过六个月，故针对诚信房地产公司应付95%的工程款，首钢建设请求行使工程价款优先受偿权的期限已经届满，故其关于对案涉工程享有工程价款优先受偿权的主张，不予支持。

【同类案例】

最高人民法院(2020)最高法民申447号裁定

案例解读

合同约定的应付款时限届满，但工程尚未结算，工程款债权尚未产生，优先受偿权的行使期限如何起算？例如，最高法民终1192号判决的施工合同约定“……(5)工程完工双方验收合格后付款至工程结算额的90%”，但是验收合格之日，双方尚未达成结算协议，工程款数额不确定，付款条件不成就，如何理解“自发包人应当给付建设工程价款之日起算”，存在较大争议。

本案的判决观点是“工程款金额是否最终确定与约定支付工程款的时间不具

有关联性”，从工程验收合格之日计算优先受偿权的行使期限，这一观点有一定道理，但是笔者认为应当从宽解释，应当自原告起诉之日起算优先受偿权的行使期限。

六、不宜折价、拍卖的建设工程

建设工程经过折价或拍卖，承包人才能行使优先受偿权。如果建设工程涉及公共利益或民生福祉，基于其性质特殊，人民法院不允许此类建设工程进入折价或拍卖程序，鉴于没有折价或拍卖的价款，承包人客观上无法行使优先受偿权，优先受偿权问题就此终止。不宜折价、拍卖的建设工程涉及以下类型：

1. 涉及社会公共利益的建设工程

学校校舍、体育场馆、医院、供电、农贸市场等工程，涉及民生与社会公共利益，性质属于不宜折价、拍卖的建设工程，没有争议。这些工程不再用于既定用途时，应当允许折价或拍卖，当其有偿转让或征收时，参照《民法典》第390条中“担保期间，担保财产毁损、灭失或者被征收等，担保物权人可以就获得的保险金、赔偿金或者补偿金等优先受偿”的规定，承包人对转让价款或征收补偿款享有优先受偿权。例如，上海市第一中级人民法院(2014)第3228号判决认为“虽然系争工程的用途为学校，但各方均确认工程的现状是空置，且中西进修学院的办学许可证已经过期，系争工程目前并未实际用于办学，故原审认定其属于不宜折价、拍卖的建设工程缺乏依据”。

2. 人防工程

根据《人民防空法》，人防工程分为专用型人防工程和平战结合型人防工程，前者是为保障战时人员与物资掩蔽、人民防空指挥、医疗救护等而单独修建的地下防护建筑，后者是城市新建民用建筑，结合地面建筑修建的地下室。平战结合型人防工程，平时用于经济建设和人民生活服务，战时用于防空，实行“谁投资、谁受益”原则，由投资者使用管理，收益归投资者所有。对于平战结合型人防工程，无论平时如何流转，都不影响其战时发挥防空功能，故不属于不宜折价、拍卖的建设工程。例如，最高人民法院(2014)民一终字第61号判决认为，“人防工程只是对相关建设工程在战时及紧急状态下确保能够发挥特定用途有特别要求，但其经济价值和可交易属性是应当受到法律保护的，广佳欣公司上诉认为博坤公司施工的地下室属于人防工程且该部分工程不宜折价拍卖，没有法律依据”。

3. 未取得规划审批手续的建设工程

根据《城乡规划法》第64条之规定，未取得建设工程规划许可证或者未按照建设工程规划许可证的规定进行建设的，法律后果是责令停止建设、限期改正、限期拆除、没收实物或者违法收入、并处罚款。建设工程未取得规划许可手续，承包人是否享有优先受偿权，有两类判决结果。

类案检索

典型案例 最高人民法院(2014)民一终字第181号判决

【裁判规则】2013年的多期《太原市人民政府办公会议纪要》均说明，太原市人民政府并未决定没收案涉建设工程的裙楼1～6层；相反，太原市人民政府在该纪要中均多次要求长实公司支付后续完善工程资金，补办案涉工程手续，故长实公司仅以太原市城乡规划局并规(杏)罚告字(2013)第20004号《行政处罚陈述、申辩、听证告知书》主张案涉建设工程系违法建筑已被政府依法没收、南通六建不享有该建设工程价款优先受偿权，缺乏事实依据。

典型案例 最高人民法院(2020)最高法民终905号判决

【裁判规则】一审法院未予支持中铁城建集团该项诉请的理由主要是，案涉工程因未取得建设用地规划许可证、建设工程规划许可证等行政审批手续，施工协议无效，且案涉工程属于违章建筑，无法实现折价、拍卖，不具备行使建设工程价款优先受偿权的基础。而中铁城建集团上诉主张其享有该项权利，核心理由认为违章建筑在尚有价值的情况下，承包方享有的该项权利不以工程是否为违章建筑、是否能够折价、拍卖为前提条件。但是，本案中双方均认可案涉建筑现无合法手续,仅有主体框架,未装修使用亦不具备出租、租赁等使用收益的合法、现实条件,中铁城建集团未能证明其该项主张符合法律及司法解释规定的该项权利行使的各项基础条件,其该项上诉理由,本院不予支持。

案例解读

违章建筑分为程序违章与实质违章,程序违章是指建筑物本身并未违反土地规划和城乡规划,只是没有办理审批手续;实质违章是指违反土地、城乡规划管理制度或违反公共利益。笔者认为,对于程序违章的建设工程,虽然诉讼期间未取得规划审批手续,并不等于此后绝对不能取得,规划行政部门可以通过罚款、补办手续等方式使其合法化,故应当尽量支持承包人的主张,对于实质违章的建设工程,因为标的物违法,不能自由处分,属于性质上不宜折价、拍卖的建设工程。

4. 工业厂房(生产线)建设工程

对于工业厂房(生产线)建设工程,发包人辩称此类对针对特定主体设计的,不同于商品房项目,属于不宜折价、拍卖的建设工程,多份生效判决则认为工业厂房(生产线)具有普遍使用价值,完全可以进行评估估价,不属于不宜折价、拍卖的建设工程。笔者认为,工业厂房、生产线、厂区道路属于发包人工厂的一部分,虽然价值上独立,但自然属性与使用功能上并不独立,需要与土地使用权、其他设备设施一并拍卖,增加了折价、拍卖的难度。当然,生效判决确认承包人享有优先受偿权,体现了对承包人利益的全面保护,如果整体工厂顺利拍卖或者发包人破产,优先受偿权或将成为现实。

七、放弃或限制优先受偿权

承包人放弃优先受偿权是否有效,一直属于争议较大的问题。一种观点认为,建设工程价款作为私权,允许当事人依法自由处分,优先受偿权作为承包人优先分配拍卖价款的顺位权,承包人自愿放弃或接受限制的,应予尊重;另一种观点认为,优先受偿权立法目的是保护建筑工人工资,涉及公共利益,不允许承包人自由处分。《施工合同司法解释(一)》第42条规定:“发包人与承包人约定放弃或者限制建设工程价款优先受偿权,损害建筑工人利益,发包人根据该约定主张承包人不享有建设工程价款优先受偿权的,人民法院不予支持。”兼顾了两种观点,承包人与发包人关于放弃或限制优先受偿权的约定有效,但是损害建筑工人利益的,该约定无效。

承包人放弃优先受偿权分为几种情形:(1)招标阶段,招标文件中包含放弃优先受偿权承诺书,该承诺书对所有投标人适用,不违反公平公正与诚实信用原则,为有效。(2)中标人确定后,招标人要求中标人出具放弃优先受偿权承诺书,否则,不发中标通知书或不签订中标合同,笔者认为,优先受偿权是价款的范畴,出具承诺书背离了招标投标文件的实质性内容,该承诺书无效。(3)施工合同在履行过程中,发包人为获取银行贷款而要求承包人出具放弃优先受偿权的承诺书,该承诺书的接受方是银行,表达了承包人同意将优先受偿权让位于抵押权的意思表示。实践中,第三种情形比较常见。

限制优先受偿权,包括限制优先受偿权行使的时间、条件,或限定优先受偿权所针对的工程范围。承包人承诺限制优先受偿权分为以下情形:(1)承包人承诺“放弃优先受偿权、由抵押权人优先分配”,可以理解为抵押权是第一顺位,工程款债权是第二顺位,但是工程款债权仍比普通债权优先;(2)承包人承诺“放弃优先受偿权”,可以理解为承包人放弃了比抵押权人优先的顺位,工程款债权与抵押权处于同一顺位,二者均比普通债权优先;(3)承包人承诺“就某抵押权人某笔贷款放弃优先受偿权”或者承诺“就某一期工程拍卖的价款放弃优先受偿权”,可以理解为承包人就特定抵押权人或者在特定范围内放弃优先受偿权。

“损害建筑工人利益”如何认定?具体到个案中,建筑工人不参与施工合同诉讼,是否拖欠建筑工人工资以及拖欠数额在施工合同纠纷案件中无法查清,即使承包人放弃优先受偿权,但承包人支付建筑工人工资的物质基础是其全部责任财产,承包人放弃优先受偿权未必导致建筑工人利益受到损害。由此看出,承包人放弃或限制优先受偿权与损害建筑工人利益之间没有必然因果关系。在判断承包人放弃或者限制建设工程价款优先受偿权是否损害建筑工人的利益时,要看承包人这一行为是否影响其整体的清偿能力，要将承包人整体的资产负债情况以及现金流情况是否因此恶化到影响建筑工人工资支付的程度作为主要的考虑因素。[①] 这一观点再次引发了优先受偿权立法目的之思考。优先受偿权是基于保护建筑工人工资而设计的一项制度，问题是建筑工人与发包人没有施工合同关系，建筑工人不是优先受偿权的权利主体，建筑工人无法根据优先受偿权制度直接实现利益。迟来的正义不是真正的正义，国家已经建立了劳动监察制度、劳动仲裁制度、农民工资专用支付账户制度、分账分户制度，这些都是解决欠薪问题的有效途径，通过解决施工合同纠纷进而解决建筑工人工资不是最恰当、最便捷的制度安排。如果保护建筑工人工资之立法目的动摇，工程价款作为一种未经登记的债权，比普通债权优先，比经过登记公示的抵押权也优先，其理论根据何在？工程价款也是一种商业利益，与其他债权并无区别，对其优先保护的制度设计无法找到理论根据。

类案检索

典型案例　广东省高级人民法院（2019）粤民终1956号判决

【裁判规则】中铁城建集团出具放弃优先受偿权声明书为其真实的意思表示，属于自由处分自己权利的体现。而之后中铁城建集团也确实因建行肇庆分行发放的贷款收取了进度款，故原审法院认定中铁城建集团在处分了自己的权利后又主张行使优先受偿权有违诚信，并无不当。中铁城建集团上诉称放弃优先受偿权声明书严重损害了建筑工人利益，属于无效声明，请求依法改判认定该声明书无效，根据本案查明的事实，中铁城建集团不符合该规定的条件。中铁城建集团举证提交的其欠付分包单位工人工资、劳务费及材料款的催款函，不能证明催款

① 最高人民法院民事审判第一庭编著：《最高人民法院施工合同司法解释（二）理解与适用》，人民法院出版社2019年版，第475页。

函上载明的欠款即为其欠付的建筑工人的工资,故对于其放弃工程价款优先受偿权即直接损害工人利益尚举证不足;在中铁城建集团向建行肇庆分行出具放弃优先受偿权声明书之后,建行肇庆分行如约发放了贷款2.59亿元,而肇庆大隆公司也将该笔贷款用于支付中铁城建集团的工程进度款211,431,526.48元,可见中铁城建集团出具的放弃优先受偿权声明书并无损害到建筑工人利益,而是有益于建筑工人工资的发放。综上,本院认为中铁城建集团向建行肇庆分行出具的放弃优先受偿权声明书合法有效,原审法院对此认定正确,本院予以维持,中铁城建集团要求确认该声明书无效、其享有工程价款优先受偿权依据不足,本院不予支持。

案例解读

承包人中铁城建集团与发包人之间未约定放弃或限制优先受偿权,而是向建行肇庆分行出具了放弃优先受偿权声明书,从目的解释角度出发,该声明书表达了中铁城建集团处分自身权利的意思表示,仍然合法有效。中铁城建集团提供的证据尚不足以证明建筑工人的合法权益受到损害,再结合发包人将建行肇庆分行发放贷款中的80%款项支付于中铁城建集团的事实,故对中铁城建集团请求确认放弃优先受偿权声明书无效的主张不予支持。

典型案例 湖北省荆州市中级人民法院(2019)鄂10民初9号判决

【裁判规则】在第三人洪湖农商银行及被告三民置业公司未告知原告中诺建设集团双方对于贷款展期,原告中诺建设集团也未对展期后的贷款重新作出新的意思表示时,如认为放弃优先受偿权承诺书仍系对原告行使优先受偿权的限制,则被告与第三人通过展期方式将长期阻碍原告行使权利,该行为对原告明显不公,不能以原告在承诺书中所作出的限制优先受偿权的表示认定其对于展期后的贷款也限制优先受偿权,故原告中诺建设集团对工程款6107.7万元享有优先受偿权。

案例解读

承包人在承诺书中作出限制优先受偿权的意思表示,只是基于特定期限内的贷款,发包人与抵押权人未经承包人同意而将贷款展期,优先受偿权不应继续受到限制。

八、与商品房买受人权利的冲突问题

《优先受偿权批复》第2条规定:“消费者交付购买商品房的全部或者大部分款项后,承包人就该商品房享有的工程价款优先受偿权不得对抗买受人。”确立了商品房消费者的权利优先于优先受偿权的规则。《施工合同司法解释(一)》未吸收《优先受偿权批复》第2条规定,理由是全国人大法工委办公室认为“法律对此没有作出规定,宜作个案处理”,考虑到这一意见,本解释未就工程价款优先受偿权和消费者作为商品房买受人的权利关系作出规定,该问题留待执行异议的司法解释处理。

审判阶段,商品房买受人并不参与施工合同纠纷诉讼,人民法院无法查明案涉建设工程负担多少商品房买受人的权利,也无法查明买受人购房目的,更无法查明买受人支付价款情况,故不能在审判阶段解决承包人与买受人之间的权利冲突问题,鉴于此,审判阶段先确认承包人享有优先受偿权,权利冲突问题到执行阶段再行解决。

执行阶段,商品房买受人名下的商品房被列入拍卖范围,买受人的救济途径是以案外人身份提出执行异议和执行异议之诉。《民事诉讼法》第234条规定:“执行过程中,案外人对执行标的提出书面异议的,人民法院应当自收到书面异议之日起十五日内审查,理由成立的,裁定中止对该标的的执行;理由不成立的,裁定驳回。案外人、当事人对裁定不服,认为原判决、裁定错误的,依照审判监督程序办理;与原判决、裁定无关的,可以自裁定送达之日起十五日内向人民法院提起诉讼。”《民事诉讼法司法解释》第463条规定:“案外人对执行标的提出的异议,经审查,按照下列情形分别处理:(一)案外人对执行标的不享有足以排除强制执行的权益的,裁定驳回其异议;(二)案外人对执行标的享有足以排除强制执行的权益的,裁定中止执行……”第309条规定:“案外人或者申请执行人提起执行异议之诉的,案外人应当就其对执行标的享有足以排除强制执行的民事权益承担举证证明责任。”第310条规定:“对案外人提起的执行异议之诉,人民法院经审理,按照下列情形分别处理:(一)案外人就执行标的享有足以排除强制执行的民事权益的,判决不得执行该执行标的;(二)案外人就执行标的不享有足以排除强制执行的民事权益的,判决驳回诉讼请求。案外人同时提出确认其权利的诉讼请求的,人民法院可以在判决中一并作出裁判。”案外人提出执行异议,经过审查,案外人对执行标的不享有足以排除强制执行的权益,裁定驳回其异议,案外人可以在收到裁定后十五日内提起案外人执行异议之诉。

执行异议阶段,所要解决的是中止执行问题,侧重于形式审查,执行异议之诉阶段,解决的是民事权益冲突问题,案外人同时可以提出确权之诉,侧重于实质审查。案外人提起执行异议之诉,并不否定原判决、裁定,只是案外人名下的财产权益被列入原判决、裁定的执行范围,案外人请求中止对该财产权益的执行,相反,如果案外人认为原判决、裁定错误,应当提起第三人撤销之诉或启动审判监督程序。

商品房买受人分为三类:住宅买受人、商业用房买受人、基于以物抵债产生的商品房买受人,三类购房人的权利顺位具有较大区别。

《执行异议复议规定》第27条规定:“申请执行人对执行标的依法享有对抗案外人的担保物权等优先受偿权,人民法院对案外人提出的排除执行异议不予支持,但法律、司法解释另有规定的除外。”人民法院确认承包人享有优先受偿权,优先受偿权优先于抵押权和其他债权,商品房买受人享有的权利为普通债权,但是以居住为目的购房者(购房消费者),其购买的商品房被强制执行,将影响基本生存权,为保障购房消费者的生存利益,《优先受偿权批复》第2条规定:“消费者交付购买商品房的全部或者大部分款项后,承包人就该商品房享有的工程价款优先受偿权不得对抗买受人。”购房消费者的权利优先于优先受偿权,具体审查标准为《执行异议复议规定》第29条。第29条规定:“金钱债权执行中,买受人对登记在被执行的房地产开发企业名下的商品房提出异议,符合下列情形且其权利能够排除执行的,人民法院应予支持:(一)在人民法院查封之前已签订合法有效的书面买卖合同;(二)所购商品房系用于居住且买受人名下无其他用于居住的房屋;

(三)已支付的价款超过合同约定总价款的百分之五十。”购房消费者主张排除强制执行的,应当提供证据证明买卖合同签订时间、名下住房数量、购房款支付情况。根据《九民会议纪要》第125条之规定,“买受人名下无其他用于居住的房屋”可以理解为在案涉房屋同一设区的市或者县级市范围内商品房消费者名下没有用于居住的房屋,“已支付的价款超过合同约定总价款的百分之五十”可以理解为如果商品房消费者支付的价款接近百分之五十,且已按照合同约定将剩余价款支付给申请执行人或者按照人民法院的要求交付执行。

实证研究发现,购房消费者提起案外人执行异议之诉存在以下败诉点:(1)执行标的查封之后签订的商品房买卖合同;(2)不能证明与商品房出卖人之间签订了商品房买卖合同;(3)签订了认购书,认购书不具备买卖合同的主要条款,不能被认定为商品房买卖合同;(4)购房消费者名下已有多套住房,购买案涉商品房不符合消费目的;(5)购房消费者不能证明付款情况,也不能证明已付款超过50%;(6)违反当地限购政策,导致商品房无法办理过户手续;(7)公司购买住宅,鉴于公司为营利法人,不能将其认定为购房消费者。

商业用房买受人,其购房出于商业目的,不属于购房消费者,根据《执行异议复议规定》第29条主张排除强制执行的,不予支持。《执行异议复议规定》第28条规定:“金钱债权执行中,买受人对登记在被执行人名下的不动产提出异议,符合下列情形且其权利能够排除执行的,人民法院应予支持:(一)在人民法院查封之前已签订合法有效的书面买卖合同;(二)在人民法院查封之前已合法占有该不动产;(三)已支付全部价款,或者已按照合同约定支付部分价款且将剩余价款按照人民法院的要求交付执行;(四)非因买受人自身原因未办理过户登记。”买受人根据第28条主张排除强制执行,能否获得支持?《九民会议纪要》第126条规定:“……但应当特别注意的是,此情况是针对实践中存在的商品房预售不规范现象为保护消费者生存权而作出的例外规定,必须严格把握条件,避免扩大范围,以免动摇抵押权具有优先性的基本原则。因此,这里的商品房消费者应当仅限于符合本纪要第125条规定的商品房消费者。买受人不是本纪要第125条规定的商品房消费者,而是一般的房屋买卖合同的买受人,不适用上述处理规则。”根据这一导向,《执行异议复议规定》第27条规定的除外情形仅限于第29条,不包括第28条,只有购房消费者才能受到第29条的特殊保护,第28条用于解决被执行人的普通债权人与商品房买受人之间的权利冲突问题,商业用房买受人的权利不能对抗优先受偿权,买受人主张排除强制执行,不予支持。

基于以物抵债而签订《商品房买卖合同》的买受人,根据《执行异议复议规定》第29条主张排除强制执行,能否获得支持?一种观点认为,以物抵债旨在消灭当事人之间的金钱债务,签订《商品房买卖合同》是以物抵债的履行方式,所消灭的债权属于普通债权,抵押权人、工程承包人对执行标的享有优先受偿权,基于以物抵债的买受人不属于《执行异议复议规定》第29条规定的特殊保护的当事人,普通债权不具有排除强制执行的法律效力,买受人提出执行异议之诉,不予支持。另一种观点认为,签订《商品房买卖合同》之后,买受人与出卖人之间的法律关系转换为商品房买卖关系,之前的金钱债权转移为购房款,开发商为买受人开具了房款收据,买受人向开发商交付了契税、物业费、公共维修基金,商品房买卖合同办理了备案和网签手续,买受人对商品房享有物权期待权,买受人提出执行异议之诉,人民法院应当根据《执行异议复议规定》第29条进行审查,符合第29条规定的构成要件,对买受人主张予以支持。

类案检索

典型案例　最高人民法院(2019)最高法民申2761号裁定

【裁判规则】至于大港置业公司向本院提交证据,意在证明因存在房屋销售事实以及购房人已经支付绝大部分购房款,故鹏程建设集团不享有建设工程价款优先受偿权的问题。一方面,大港置业公司提交该证据所要反映的法律关系与本案所涉法律关系并非同一法律关系,且无论在该建筑物上是否还存在房屋买受人的权利,大港置业公司作为房地产开发企业或房屋出卖人对此均没有诉的利益,因而该问题不属于本案的审理范围;另一方面,基于前述,人民法院在本案中依法确认鹏程建设集团享有建设工程价款优先受偿权，并不涉及对在该物上是否存在其他权利的认定以及对权利性质、与建设工程价款优先受偿权之间顺位的评判，因此，如存在相关的房屋买受人，则其可另行主张相应权利，这属于另一法律问题，并不影响在本案中对鹏程建设集团享有建设工程价款优先受偿权的认定。

典型案例 浙江省高级人民法院(2018)浙民终179号判决

【裁判规则】可以确认宁波建工在25,172,578元工程欠款范围内对世贸151公馆7～9号楼工程折价或拍卖的价款享有优先受偿权，宁波建工部分上诉理由成立。根据一审查明事实，世贸151公馆7～9号楼所有商品房已出售且经备案登记，因此宁波建工享有的优先受偿权涉及能否对抗相关权利人问题，因该问题涉及案外相关权利人利益，不宜在本案中作出审查，应由宁波建工与相关权利人之间另行解决。

案例解读

优先受偿权问题，是施工合同纠纷的争议焦点，人民法院从权利主体、行使期限等方面进行审查，即使建设工程负担着购房消费者的权利，也不影响人民法院确认承包人享有优先受偿权，承包人与买受人之间的权利冲突问题，执行阶段再行解决。

典型案例 最高人民法院(2020)最高法民终312号判决

【裁判规则】根据本案现有证据，张某秀的执行异议符合该条规定情形。张某秀与盛世公司签订的《商品房买卖合同》，系在万城公司申请查封案涉房屋之前，本案审理中未发现影响合同效力的因素。案涉房屋系张某秀的唯一住房，且已实际占有和入住，张某秀名下亦没有其他住房。《商品房买卖合同》约定的总价款为417,661元，张某秀与邮储银行皋兰支行签订贷款合同，邮储银行皋兰支行亦将张某秀的贷款290,000元，发放给盛世公司指定的收款人，盛世公司对收到邮储银行皋兰支行款项并无异议，万城公司于2018年6月27日二审判决生效后向原审法院提出执行申请时,张某秀已经支付了大部分购房款,其付款情况符合《执行异议与复议规定》第 29 条的规定。

典型案例　最高人民法院(2021)最高法民申 7061 号裁定

【裁判规则】就实体权利优先顺位而言,商品房消费者的权利优于建设工程价款优先受偿权。而《执行异议复议规定》第 28 条系对一般的房屋买卖合同的买受人权利的规定,《执行异议复议规定》第 29 条系对商品房消费者权利的规定。因此,《执行异议复议规定》第 27 条规定的除外之情形包括第 29 条,但不包括第 28 条。本案中,周某所购案涉房屋的性质为商业用房,不符合《执行异议复议规定》第 29 条规定的情形,周某所享有的权利不能对抗北京华夏公司的建设工程价款优先受偿权。

典型案例　最高人民法院(2021)最高法民申 2409 号裁定

【裁判规则】一审法院(2019)鄂民终 1135 号生效民事判决确认,新七建设公司在万意公司欠付工程款的范围内对其承建施工的锦绣茗苑项目 4 ~9 号楼折价或拍卖所得价款优先受偿。案涉房屋锦绣茗苑 6 号楼在新七建设公司建设工程价款优先受偿范围内,新七建设公司对案涉房屋享有建设工程价款优先受偿权。叶某恕与万意公司签订的《商品房买卖合同》系为消灭双方之间的普通金钱债务关系,叶某恕对案涉房产并不享有物权期待权,不足以对抗新七建设公司对案涉房产享有的建设工程价款优先受偿权,不足以排除执行。

案例解读

以上三起案例分别是商品房消费者、商业用房买受人、基于以物抵债产生的商品房买受人提起案外人执行异议之诉的案例。2002 年 7 月 29 日出台的《优先受偿权批复》确立了购房消费者权利优先于优先受偿权、抵押权的规则,二十年以来没有变化。2019 年 11 月 8 日《九民会议纪要》发布,第 126 条规定:“……但应当特别注意的是,此情况是针对实践中存在的商品房预售不规范现象为保护消费者生存权而作出的例外规定,必须严格把握条件,避免扩大范围,以免动摇抵押权具有优先性的基本原则。”根据这一导向,可以对抗优先受偿权、抵押权的例外情形仅限于商品房消费者的权利,而商业用房买受人、以物抵债的商品房买受人享有的权利不涉及消费者的生存权,其主张排除强制执行,不予支持。

九、与抵押权人权利的冲突问题(审判阶段)

《民事诉讼法》第 59 条第 3 款规定:“前两款规定的第三人,因不能归责于本人的事由未参加诉讼,但有证据证明发生法律效力的判决、裁定、调解书的部分或者全部内容错误,损害其民事权益的,可以自知道或者应当知道其民事权益受到损害之日起六个月内,向作出该判决、裁定、调解书的人民法院提起诉讼。人民法院经审理,诉讼请求成立的,应当改变或者撤销原判决、裁定、调解书;诉讼请求不成立的,驳回诉讼请求。”这是第三人撤销之诉的规定,《民事诉讼法司法解释》第 14 章详细规定了第三人撤销之诉的受理条件、审理程序等内容。

《施工合同司法解释(一)》第 36 条规定:“承包人根据民法典第八百零七条规定享有的建设工程价款优先受偿权优于抵押权和其他债权。”人民法院判决确认承包人享有优先受偿权,意味着抵押权人及普通债权人的权利顺位劣后,权利甚至落空,该判决结果与抵押权人具有法律上的利害关系,第三人在施工合同纠纷中具备第三人资格,应当追加抵押权人为第三人参与施工合同纠纷诉讼,允许抵押权人对优先受偿权主体、范围以及优先受偿权放弃承诺是否有效等问题发表意见,将权利冲突问题留给承包人和抵押权人解决。审判阶段未追加抵押权人,执行阶段,抵押权人知悉了施工合同判决(或调解书),该判决或调解结果与抵押权人具有法律上的利害关系,抵押权人因不能归责于本人的事由未参加施工合同纠纷诉讼,可以在六个月内向作出判决、调解的人民法院提起第三人撤销之诉。

类案检索

典型案例 中国民生银行股份有限公司温州分行（以下简称民生银行温州支行）诉浙江山口建筑工程有限公司（以下简称山口建筑公司）、青田依利高鞋业有限公司第三人撤销之诉①

【基本案情】

浙江省青田县人民法院作出（2016）浙1121民初1800号判决：一、确认丽水市青田县船寮镇赤岩工业区建设工程项目折价或拍卖所得的价款，山口建筑公司就其中的5,593,000元享有优先受偿权。二、驳回山口建筑公司的其他诉讼请求。

民生银行温州支行认为案涉建设工程于2011年10月21日竣工验收合格，但山口建筑公司直至2016年4月20日才向法院主张优先受偿权，显然已超过了六个月的期限，故请求撤销（2016）浙1121民初1800号民事判决，并确认山口建筑公司就案涉建设工程项目折价、拍卖或变卖所得价款不享有优先受偿权。

【裁判结果】

浙江省云和县人民法院作出（2017）浙1125民撤1号民事判决：一、撤销浙江省青田县人民法院（2016）浙1121民初1800号民事判决书第一项；二、驳回民生银行温州支行的其他诉讼请求。

一审宣判后，山口建筑公司不服，向浙江省丽水市中级人民法院提起上诉。浙江省丽水市中级人民法院判决驳回上诉，维持原判。

山口建筑公司不服，向浙江省高级人民法院申请再审。浙江省高级人民法院裁定驳回再审申请。

【裁判要点】

建设工程价款优先受偿权与抵押权指向同一标的物，抵押权的实现因建设工程价款优先受偿权的有无以及范围大小受到影响的，应当认定抵押权的实现同建

① 案例来源：最高人民法院第27批指导性案例第150号，2021年3月3日发布。

设工程价款优先受偿权案件的处理结果有法律上的利害关系，抵押权人对确认建设工程价款优先受偿权的生效裁判具有提起第三人撤销之诉的原告主体资格。

典型案例 **最高人民法院(2020)最高法民申1432号裁定**

【裁判规则】本案的争议焦点是原审法院关于南宁市农村信用社提起本案第三人撤销之诉符合法律规定及广西矿建集团超出六个月除斥期间主张案涉工程价款优先受偿权的处理意见是否妥当的问题。

贵港市中级人民法院受理对金泽投资公司的破产申请后，破产管理人送达通知书并告知南宁市农村信用社其债权的实现顺位，明确了因执行协调尚不明确的债权实现次序等问题。因此，原审法院认为南宁市农村信用社自收到破产管理人发出的通知书之日起知道自己的权益受到损害，并提起第三人撤销之诉，没有超过法律规定的六个月除斥期间，事实和法律依据充分，本院予以支持。

本案中，无论是根据广西矿建集团与黎某荣、金泽投资公司另案中查明的事实，还是根据案涉合同的实际履行情况，均表明广西矿建集团和金泽投资公司已于2014年6月25日就案涉工程价款进行了结算，并形成结算报告，广西矿建集团和金泽投资公司对结算数额均无异议。原审法院据此认为2014年6月25日系金泽投资公司应当给付工程价款之日，并以此作为广西矿建集团向人民法院主张并行使其建设工程价款优先受偿权的起算日，并无不当。前已述及，广西矿建集团既然选择通过诉讼方式行使其建设工程价款优先受偿权，则需在法定六个月的除斥期间内向人民法院主张；因此，广西矿建集团关于其向金泽投资公司发出债务催告、形成抵债协议等均可视为行使优先受偿权的主张，于法无据，不予支持。至于广西矿建集团称合同约定的工程价款审定日、审定日后30天的履行期限届满日等导致应当给付工程款的日期延后，原审法院认定事实错误的问题。事实上，因广西矿建集团自认于2015年5月26日向贵港市中级人民法院递交了起诉书，因此，无论广西矿建集团该主张是否成立，均不影响本案的处理结果。

综上，裁定如下：驳回广西矿建集团的再审申请。

案例解读

民生银行温州支行诉山口建筑公司、青田依利高鞋业有限公司第三人撤销之诉案，认定抵押权人在施工合同纠纷中具有第三人资格。

1432号裁定案，发包人金泽投资公司与承包人广西矿建集团于2014年6月25日就案涉工程进行了结算，根据当时的法律规定即《优先受偿权批复》第2条，优先受偿权行使期限为六个月，广西矿建集团行使优先受偿权的期限自2014年6月25日起算，至2014年12月25日届满，而广西矿建集团于2015年7月2日向贵港市中级人民法院起诉，超过了六个月除斥期间，但是发包人金泽投资公司与承包人广西矿建集团仍然签署了调解书，确认广西矿建集团享有优先受偿权。贵港市中级人民法院于2018年5月21日受理其他债权人对金泽投资公司提出的破产清算申请，在破产案件中，债务清偿顺序直接决定债权人利益能否实现，南宁市农村信用社作为抵押权人，起诉请求撤销调解书中关于广西矿建集团享有优先受偿权的内容。鉴于广西矿建集团起诉时超过了六个月除斥期间，民事调解书关于优先受偿权的内容侵犯了南宁市农村信用社的合法利益，故广西壮族自治区高级人民法院对南宁市农村信用社的诉请予以支持。

十、与抵押权人权利的冲突问题（执行阶段）

执行阶段，承包人行使优先受偿权面临两个问题：先执行法院正在评估、拍卖建设工程，承包人能否以享有优先受偿权为由要求中止执行？建设工程拍卖后，承包人如何向先执行法院申请参与分配？

根据执行异议的对象不同，《民事诉讼法》将执行异议区分为执行行为异议与执行标的异议，设置了相应的救济程序。《民事诉讼法》第232条规定了执行行为异议，异议人是当事人或利害关系人，异议原因是执行行为违反法律规定，异议目的是撤销或更正违法或不当的执行行为，当事人或利害关系人对异议裁定不服，可以向上一级法院申请复议。《民事诉讼法》第234条规定了执行标的异议，异议人是案外人，异议原因是案外人对执行标的享有足以排除强制执行的权益，异议的目的是排除强制执行，案外人或当事人对异议裁定不服，认为原判决、裁定错误的，依照审判监督程序办理；与原判决、裁定无关的，可以提起执行异议之诉。

另案正在执行，执行申请人申请拍卖建设工程，承包人以享有优先受偿权为由对执行行为提出异议，请求中止执行，承包人主张能否获得支持？《民法典》第807条规定："发包人未按照约定支付价款的，承包人可以催告发包人在合理期限内支付价款。发包人逾期不支付的，除根据建设工程的性质不宜折价、拍卖外，承包人可以与发包人协议将该工程折价，也可以请求人民法院将该工程依法拍卖……"债权具有平等性，不因其成立先后而有效力上的优劣，其效力一律平等。无论是承包人，还是抵押权人、普通债权人，均可以催告发包人支付相应价款，发包人逾期不支付的，各债权人均可提起诉讼，判决生效后均可申请强制执行，请求拍卖建设工程，拍卖价款是发包人清偿所有债务的责任财产。先执行法院采取查封、扣押、评估、拍卖等执行措施均是合法行为，建设工程经过拍卖变现为货币，恰恰是承包人实现优先受偿权的前提条件，故承包人根据《民事诉讼法》第232条对执行行为提出执行异议，不予支持。

《民法典》第807条最后一句规定："建设工程的价款就该工程折价或者拍卖的价款优先受偿。"《施工合同司法解释(一)》第36条规定："承包人根据《民法典》第八百零七条规定享有的建设工程价款优先受偿权优于抵押权和其他债权。"这是优先受偿权制度的核心，优先受偿权的本质是工程款债权优先受偿的顺位权，该权利不是对建设工程本身享有的实体权利，更不是优先拍卖和处分的程序权利，承包人对建设工程不享有足以排除强制执行的权利，故承包人根据《民事诉讼法》第234条提出案外人执行异议和案外人执行异议之诉，主张排除强制执行，亦不能获得支持。

面对另案正在执行，承包人应当依法向执行法院提出参与分配申请。《民事诉讼法司法解释》第157条规定："人民法院对抵押物、质押物、留置物可以采取财产保全措施，但不影响抵押权人、质权人、留置权人的优先受偿权。"第506条第2款规定："对人民法院查封、扣押、冻结的财产有优先权、担保物权的债权人，可以直接申请参与分配，主张优先受偿权。"《执行工作若干规定》第31条规定："人民法院对被执行人所有的其他人享有抵押权、质押权或留置权的财产，可以采取查封、扣押措施。财产拍卖、变卖后所得价款，应当在抵押权人、质押权人或留置权人优先受偿后，其余额部分用于清偿申请执行人的债权。”据此，承包人有权申请参与分配，执行法院在处置执行标的物时，应当优先保护承包人实现工程款债权。

《民事诉讼法司法解释》第507条第1款规定：“申请参与分配，申请人应当提交申请书。申请书应当写明参与分配和被执行人不能清偿所有债权的事实、理由，并附有执行依据。”承包人申请参与分配，应当向执行法院递交参与分配申请书，并保留提交参与分配申请书的证据。

当然，承包人申请参与分配时，可能尚未取得生效法律文书，承包人可以申请执行法院预留工程款范围内的拍卖价款，待生效法律文书明确优先受偿权的范围后再由执行法院进行处置。

被执行人的财产不能清偿所有债权，《民事诉讼法司法解释》规定了不同的处理规则与救济途径。被执行人为公民或者其他组织，《民事诉讼法司法解释》第506条至第510条规定了申请参与分配制度，债权人或者被执行人不服分配方案，救济途径是提起分配方案执行异议之诉。被执行人为企业法人，《民事诉讼法司法解释》第511条至第514条规定了移送破产制度。《民事诉讼法司法解释》第514条规定：“当事人不同意移送破产或者被执行人住所地人民法院不受理破产案件的，执行法院就执行变价所得财产，在扣除执行费用及清偿优先受偿的债权后，对于普通债权，按照财产保全和执行中查封、扣押、冻结财产的先后顺序清偿。”据此，当事人不同意移送破产或者人民法院不受理破产案件，通过变价清偿途径解决多个债权清偿问题。变价清偿程序中需要审查债权顺序与受偿金额，也需要制定清偿方案，但是该清偿方案不是《民事诉讼法司法解释》第506条至第510条所规定的分配方案，债权人或者被执行人不服清偿方案的救济途径是提出执行异议，对异议裁定不服，可以提起复议申请，对复议裁定仍然不服，可以向上一级人民法院申请执行监督。

对比可知，无论是分配方案，还是清偿方案，共同点都是应当实质性审查债权顺序和受偿金额，区别在于分配方案适用于被执行人是公民或者其他组织，不服分配方案的救济途径是提起分配方案执行异议之诉,清偿方案适用于被执行人是企业法人,不服清偿方案的救济途径是提起执行异议。

典型案例　最高人民法院(2017)最高法民再223号裁定

【基本事实】

1. 自2013年起,东北农业公司在葫芦岛市中级人民法院对松原房地产公司提起借款合同纠纷诉讼,双方达成调解协议。进入执行程序后,葫芦岛市中级人民法院于2015年9月对松原房地产公司开发的博翔大酒店进行拍卖,后流拍。

2. 2015年10月,华宇建筑公司在松原市中级人民法院对松原房地产公司提起建设工程施工合同诉讼。2015年11月,松原市中级人民法院判决:松原房地产公司给付华宇建筑公司工程款11,564万元,在11,564万元范围内就博翔大酒店工程享有建设工程价款优先受偿权。

3. 2015年11月20日,葫芦岛市中级人民法院裁定将博翔大酒店折抵东北农业公司,抵偿松原房地产公司所欠债务。2015年12月10日,葫芦岛市中级人民法院裁定终结执行。

4. 2015年10月29日,华宇建筑公司向葫芦岛市中级人民法院提出执行异议。异议被驳后,该公司于2015年12月15日向葫芦岛市中级人民法院提起了执行异议之诉,请求判决:(1)停止对博瑞大酒店的强制执行程序;(2)请求对拍卖博瑞大酒店的价款优先支付工程款11,564万元。

【争议焦点】

建设工程价款优先受偿权是否属于足以排除强制执行?

【判决结果】

一审判决结果:建设工程价款优先受偿权优先于普通债权得以实现,华宇建筑公司对执行标的物享有的建设工程价款优先受偿权足以排除东北农业公司案的强制执行,支持第一项请求。第二项请求实质为行使工程价款优先受偿权的具体请求,不是执行异议之诉的审理内容,故予以驳回。

二审判决结果:工程价款优先受偿权是以建设工程折价或拍卖所得价款受偿

保护的顺位权,其不属于对执行标的享有的足以排除强制执行的民事权益,一审法院支持华宇建筑公司的请求错误,二审予以改判。

华宇建筑公司向最高人民法院申请再审。

最高人民法院判决结果:建设工程价款优先受偿权属于法定优先权,此种优先受偿权仅是债的实现顺位的优先,不能排除人民法院对执行标的采取的拍卖、变卖、折价等执行行为,不属于“足以排除强制执行”的民事权益。因此,二审法院驳回华宇建筑公司停止执行的诉讼请求不予支持,并无不当。

典型案例　最高人民法院(2020)最高法执监295号裁定

【裁判规则】本院查明,焦作市中级人民法院执行卷宗中,有达美建筑公司提交的落款日期分别为2017年9月26日、2018年9月6日的申请书,请求从拍卖被执行人相关财产的价款中优先受偿,另有落款日期为2019年3月14日的执行异议和参与分配申请书,请求中止焦作市中级人民法院以物抵债执行行为,裁定其享有优先受偿权,并在案涉房产价款中参与分配,另有2018年7月21日、2018年9月6日焦作市中级人民法院询问达美建筑公司的笔录,该公司向焦作市中级人民法院主张对案涉房产的价款享有优先受偿权,焦作市中级人民法院告知该公司其优先受偿权不能成立。

本院认为,本案争议的焦点问题是达美建筑公司认为其享有优先受偿权的主张,执行法院应通过何种途径予以审查。

建设工程价款优先受偿权是法律赋予建设工程承包人的一项法定优先权,承包人在执行程序中提出享有建设工程优先受偿权的主张时,执行法院应予审查,充分考虑可能存在的优先受偿权并将承包人优先受偿权的主张导入法定的救济程序。《民事诉讼法司法解释》第511条规定:“多个债权人对执行财产申请参与分配的,执行法院应当制作财产分配方案,并送达各债权人和被执行人。债权人或者被执行人对分配方案有异议的,应当自收到分配方案之日起十五日内向执行法院提出书面异议。”被执行人是法人的,执行法院需要对多个债权进行分配时,也需要制作分配方案,当事人可以根据上述规定提起分配方案异议、分配方案异议之诉。

本案中，焦作市中级人民法院以达美建筑公司提出的参与分配申请不属于执行异议审查范围，驳回达美建筑公司的异议申请，剥夺了达美建筑公司通过执行程序依法主张优先受偿权的权利，属于适用法律不当。另外，本案中，达美建筑公司在焦作市中级人民法院作出以物抵债裁定之前，曾多次向焦作市中级人民法院主张其享有优先受偿权，河南省高级人民法院以达美建筑公司未提交充分证据证明其曾在案涉房地产以物抵债给中旅银行前申请参与分配为由，驳回该公司的复议申请，属于认定事实不清。

裁定如下：

一、撤销河南省高级人民法院(2019)豫执复338号执行裁定；

二、撤销河南省焦作市中级人民法院(2019)豫08执异71号执行裁定；

三、本案发回河南省焦作市中级人民法院重新审查。

案例解读

一、执行异议救济渠道问题。当事人就执行行为提出执行异议，执行异议被驳回后，当事人的救济渠道是10日内向上一级人民法院申请复议。执行复议被驳回，根据《执行工作若干规定》第71条“上级人民法院依法监督下级人民法院的执行工作。最高人民法院依法监督地方各级人民法院和专门法院的执行工作”的规定，当事人可以向作出复议裁定的上一级人民法院申请执行监督。本案中，焦作市中级人民法院驳回达美建筑公司提出的执行异议，尔后河南省高级人民法院又驳回复议申请，该公司继续向最高人民法院申请执行监督，最高人民法院经审查后作出执行监督裁定。

二、申请参与分配受理问题。《民事诉讼法司法解释》第506条第2款规定：“对人民法院查封、扣押、冻结的财产有优先权、担保物权的债权人，可以直接申请参与分配，主张优先受偿权。”达美建筑公司多次申请参与分配，焦作市中级人民法院一方面释明达美建筑公司应当申请参与分配，另一方面该院作出以物抵债执行裁定时却不审查参与分配申请，达美建筑公司对此提出执行异议，焦作市中级人民法院又认为这不属于执行异议。如最高人民法院裁定所言“驳回达美建筑公司的异议申请，剥夺了达美建筑公司通过执行程序依法主张优先受偿权的权利”，基于此，最高人民法院裁定撤销焦作市中级人民法院、河南省高级人民法院的裁定，发回焦作市中级人民法院重新审查。

典型案例　最高人民法院（2020）最高法民申2511号裁定

【裁判规则】参与分配程序适用于被执行人为公民或者其他组织的情况，名嘉置业公司为企业法人，非公民或其他组织，横琴康鸿公司不适用参与分配程序，且横琴康鸿公司经生效判决确认其对泰安名嘉广场C区的房地产享有债权，不存在优先受偿权，亦不符合有权直接申请参与财产分配方案的情形。因此，横琴康鸿公司对案涉执行案款分配方案提出异议之诉，不符合法律规定执行分配方案异议之诉的受理条件，原审法院据此驳回横琴康鸿公司的起诉，适用法律并无不当。

典型案例　最高人民法院（2019）最高法执监265号裁定

【裁判规则】本案被执行的主体为企业法人，执行中不应适用参与分配程序，应依照《民事诉讼法司法解释》第516条的规定进行清偿。执行法院对多个债权按照财产保全和执行查封先后顺序清偿时，为体现公正透明的执行理念，也可以制作分配方案，但该分配方案不同于司法解释规定的参与分配程序中作出的财产分配方案，当事人有异议的，执行法院应根据异议的性质依照《民事诉讼法》第225条或第227条的规定进行审查，而不是依据《民事诉讼法司法解释》第512条的规定，引导当事人进行分配方案异议之诉。

案例解读

被执行人为企业法人，不适用执行分配方案异议之诉，上述两案进行了详尽阐述，然而，现实中仍然存在当事人不服分配方案而提起分配方案异议之诉的案例，有些案例的一审、二审判决结果截然相反，法律适用不统一，由此导致当事人累讼、导致司法资源浪费。

十一、本章小结

上述十个问题是优先受偿权纠纷的常见问题,当然,问题远不止这些。实践中,优先受偿权制度未达到预期执行效果,首先,法律规定不完善,《施工合同司法解释(一)》关于优先受偿权制度共有8个条文,统一了权利主体、合同效力影响、受偿范围、行使期限、优先受偿权放弃等问题,但是对现实中亟须解决的权利冲突问题并未作出规定。其次,承包人对优先受偿权制度缺乏足够认识,轻易出具放弃优先受偿权承诺书,起诉请求工程款时未同步提出优先受偿权主张,不及时行使权利导致权利丧失,或者怠于起诉导致建设工程拍卖价款被在先执行,有利制度没有转换为解决工程欠款的有力武器。最后,优先受偿权无须登记而"超级优先",正因为这一特点导致了抵押权人或普通债权人无须承包人同意即可申请查封、拍卖建设工程,承包人提出执行异议、提出执行异议之诉,均无法获得支持,承包人在先执行法院申请参与分配,也是困难重重。

针对以上问题,期待建立优先受偿权登记制度予以解决。优先受偿权经过登记,符合民法基本理论,承包人可以取得类似抵押权人的法律地位,建设工程转让(拍卖)时,所得价款用于提前清偿工程款债权或办理提存,未经承包人同意,不得转让(拍卖)。优先受偿权经过登记,权利主体、受偿范围、行使方式、权利放弃等纠纷可以相应解决。登记是不动产物权的公示方式,第三人通过查询不动产登记簿可以知悉建设工程上负担的民事权利,从而有利于稳定财产秩序、维护交易安全。

第十章

工程质量

法律法规 / 司法解释

《民法典》

第七百九十三条　建设工程施工合同无效，但是建设工程经验收合格的，可以参照合同关于工程价款的约定折价补偿承包人。

建设工程施工合同无效，且建设工程经验收不合格的，按照以下情形处理：

（一）修复后的建设工程经验收合格的，发包人可以请求承包人承担修复费用；

（二）修复后的建设工程经验收不合格的，承包人无权请求参照合同关于工程价款的约定折价补偿。

发包人对因建设工程不合格造成的损失有过错的，应当承担相应的责任。

第七百九十九条　建设工程竣工后，发包人应当根据施工图纸及说明书、国家颁发的施工验收规范和质量检验标准及时进行验收。验收合格的，发包人应当按照约定支付价款，并接收该建设工程。

建设工程竣工经验收合格后，方可交付使用；未经验收或者验收不合格的，不得交付使用。

第八百零一条　因施工人的原因致使建设工程质量不符合约定的，发包人有权请求施工人在合理期限内无偿修理或者返工、改建。经过修理或者返工、改建后，造成逾期交付的，施工人应当承担违约责任。

第八百零二条　因承包人的原因致使建设工程在合理使用期限内造成人身损害和财产损失的，承包人应当承担赔偿责任。

《施工合同司法解释（一）》

第六条　建设工程施工合同无效，一方当事人请求对方赔偿损失的，应当就对方过错、损失大小、过错与损失之间的因果关系承担举证责任。

损失大小无法确定，一方当事人请求参照合同约定的质量标准、建设工期、工程价款支付时间等内容确定损失大小的，人民法院可以结合双方过错程度、过错与损失之间的因果关系等因素作出裁判。

第七条　缺乏资质的单位或者个人借用有资质的建筑施工企业名义签订建设工程施工合同，发包人请求出借方与借用方对建设工程质量不合格等因出借资质造成的损失承担连带赔偿责任的，人民法院应予支持。

第十二条　因承包人的原因造成建设工程质量不符合约定，承包人拒绝修理、返工或者改建，发包人请求减少支付工程价款的，人民法院应予支持。

第十三条　发包人具有下列情形之一，造成建设工程质量缺陷，应当承担过错责任：

（一）提供的设计有缺陷；

（二）提供或者指定购买的建筑材料、建筑构配件、设备不符合强制性标准；

（三）直接指定分包人分包专业工程。

承包人有过错的，也应当承担相应的过错责任。

第十四条　建设工程未经竣工验收，发包人擅自使用后，又以使用部分质量不符合约定为由主张权利的，人民法院不予支持；但是承包人应当在建设工程的合理使用寿命内对地基基础工程和主体结构质量承担民事责任。

第十五条　因建设工程质量发生争议的，发包人可以以总承包人、分包人和实际施工人为共同被告提起诉讼。

第十六条　发包人在承包人提起的建设工程施工合同纠纷案件中，以建设工程质量不符合合同约定或者法律规定为由，就承包人支付违约金或者赔偿修理、返工、改建的合理费用等损失提出反诉的,人民法院可以合并审理。

第十七条　有下列情形之一,承包人请求发包人返还工程质量保证金的,人民法院应予支持:

(一)当事人约定的工程质量保证金返还期限届满;

(二)当事人未约定工程质量保证金返还期限的,自建设工程通过竣工验收之日起满二年;

(三)因发包人原因建设工程未按约定期限进行竣工验收的,自承包人提交工程竣工验收报告九十日后当事人约定的工程质量保证金返还期限届满;当事人未约定工程质量保证金返还期限的,自承包人提交工程竣工验收报告九十日后起满二年。

发包人返还工程质量保证金后,不影响承包人根据合同约定或者法律规定履行工程保修义务。

第十八条　因保修人未及时履行保修义务,导致建筑物毁损或者造成人身损害、财产损失的,保修人应当承担赔偿责任。

保修人与建筑物所有人或者发包人对建筑物毁损均有过错的,各自承担相应的责任。

《民法典》第799条规定:"建设工程竣工后,发包人应当根据施工图纸及说明书、国家颁发的施工验收规范和质量检验标准及时进行验收。验收合格的,发包人应当按照约定支付价款,并接收该建设工程。建设工程竣工经验收合格后,方可交付使用;未经验收或者验收不合格的,不得交付使用。"据此,工程验收合格,说明承包人履行了施工合同的主要义务,发包人应当支付工程价款,对承包人而言,承包人请求发包人支付工程价款,应当举证证明工程质量合格。工程质量涉及社会公众的生命财产安全,工程验收是保障工程质量的重要措施,工程验收既是发包人的合同权利,又是合同义务,更是法律责任与社会责任。

一、现行工程质量法律法规解读

建设工程是一个公共产品,涉及社会公众的人身与财产安全,保证建筑工程质量和安全是建筑立法的首要目标，为此，国家制定了《建筑法》、《招标投标法》、《建设工程质量管理条例》、《建筑工程五方责任主体项目负责人质量终身责任追究暂行办法》（建质〔2014〕124号）、《建筑工程施工发包与承包违法行为认定查处管理办法》（建市规〔2019〕1号）、《建筑工程施工质量验收统一标准》（GB 50300—2013）等法律法规与技术规范，规定了建设单位、施工单位、勘察单位、施工单位、监理单位五方责任主体的质量责任，规定了五方责任主体负责人的工程质量终身责任，并规定了具体施工环节的质量责任。概括为以下内容：

1. 建设工程基本流程是先勘察、后设计、再施工。勘察单位提供的勘察成果必须真实准确，设计单位应当根据勘察成果文件进行工程设计，施工单位必须按照工程设计图进行施工，基本流程不得违反。

2. 招标投标和资质管理是保证工程质量的两个“有形抓手”。工程勘察、设计、施工以及货物采购、工程服务项目，符合法定招标范围的，应当履行招投标手续。工程领域主流承包模式是平行发包，建设单位将勘察、设计、施工分别发包于三个具备资质的承包单位，承包单位在资质允许的范围内承揽工程。

3. 施工图审查制度。设计单位制作的设计文件应当符合国家规定的设计深度要求，施工之前建设单位应当将施工图送交审查机构审查，未经审查或审查不合格的，不得使用。施工单位按图施工，不得擅自修改工程设计，不得偷工减料，发现设计文件有差错的，应当及时提出意见和建议。

4. 材料检验制度。无论是建设单位提供建筑材料、建筑构配件、设备，还是施工单位自行采购，使用之前施工单位都应当进行检验，未经检验或者检验不合格的，不得使用。涉及结构安全的试块、试件以及有关材料应当现场取样，并送交质量检测机构进行检测。

5. 工程质量验收制度。工程质量验收是一个持续深入的过程，根据《建筑工程施工质量验收统一标准》（GB 50300—2013），验收范围从小到大依次为检验批、分项工程、分部工程和单位工程，施工过程中以检验批验收合格为基础，依次进行分项工程、分部工程、单位工程，上一道工序的工程质量验收合格，才能投入下一道工序，整体工程验收合格后才能投入使用。质量验收是发现问题、整改问题并最终保证工程质量合格的过程。

6. 工程保修制度。建设工程实行质量保修制度,保修期内施工单位对质量缺陷进行修复。

7. 工程监理制度。监理单位接受建设单位委托,代表建设单位对施工质量、进度、安全实施监理管理,监理工程师参与材料检验、分项分部工程验收、竣工验收等所有环节,没有监理工程师签字,不得进行下一道工序施工。

8. 档案制度。施工单位应当制作施工资料并向建设单位提供,竣工验收后,建设单位将建设项目档案移交城建档案馆。

2000 年 1 月 30 日《建设工程质量管理条例》实施,工程验收主体由建设行政主管部门转变为建设单位,建设单位组织设计单位、施工单位、监理单位进行竣工验收。建设行政主管部门的职责是监督管理,具体工作由质监站负责。质监站有权进场检查,对质量问题责令整改,发现竣工验收违反国家规定的,有权责令停止使用,重新组织竣工验收。房屋市政工程竣工后,建设单位应当到建设行政主管部门办理备案手续,商品房项目中,房地产开发商取得《竣工备案表》是向商品房买受人交房的证明材料。

二、质量合格是支付工程款的前提

根据《民法典》第 799 条规定,工程质量验收合格的,发包人应当按照约定支付价款,并接收该建设工程。验收合格不限于竣工验收合格,也包括分部分项工程验收合格。工程验收可以从以下几方面理解:(1)建设工程涉及社会公众的生命与财产安全,工程验收既是发包人的合同权利,又是合同义务,更是法律责任。(2)工程验收是保证工程质量的主要措施。分部分项工程验收合格后方可投入下一工序,竣工验收合格后方可投入使用,验收过程中发现质量不合格工程,发包人有权要求承包人采取返工、修复或其他补救措施,确保工程质量合格。(3)工程验收合格,发包人应当接受并支付工程价款,与发包人义务相对应,承包人应当举证证明工程验收合格。(4)竣工验收后的质量问题纳入保修制度解决,承包人应当根据法律规定承担保修责任与赔偿责任。

就无效施工合同的工程款支付问题,《民法典》第793条规定:“建设工程施工合同无效,但是建设工程经验收合格的,可以参照合同关于工程价款的约定折价补偿承包人。建设工程施工合同无效,且建设工程经验收不合格的,按照以下情形处理:(一)修复后的建设工程经验收合格的,发包人可以请求承包人承担修复费用;(二)修复后的建设工程经验收不合格的,承包人无权请求参照合同关于工程价款的约定折价补偿。发包人对因建设工程不合格造成的损失有过错的,应当承担相应的责任。”就施工合同解除后的工程款支付问题,《2004年施工合同司法解释》第10条第1款曾规定:“建设工程施工合同解除后,已经完成的建设工程质量合格的,发包人应当按照约定支付相应的工程价款;已经完成的建设工程质量不合格的,参照本解释第三条规定处理。”可见,无论施工合同是否有效,无论是否全部完工,工程质量验收合格是承包人获取工程款的前提条件。工程质量大于合同效力,即使施工合同无效,工程质量验收合格的,符合《建筑法》的立法目的,实现了发包人的合同目的,发包人应当参照合同约定支付工程款。反之,工程质量不合格,修复后仍然不合格的,承包人请求支付工程款的,不予支持,同时发包人有权解除施工合同并请求承包人赔偿因质量不合格造成的损失。

类案检索

典型案例 最高人民法院(2020)最高法民申2931号裁定

【裁判规则】锦绣实业公司曾委托山西省建筑科学研究院分别对滨西商务中心(二期)工程的五处问题和裂缝型钢混凝土柱进行检测。该研究院分别于2016年10月、11月出具了编号为主-2016-000-337的检测鉴定报告和主-2017-000-003的检测鉴定报告,认定案涉工程存在质量问题。本案再审审查期间,本院组织双方当事人进行询问时,锦绣实业公司提交的照片显示案涉工程的顶板、型钢混凝土柱等仍存在裂缝。三建集团公司虽辩称上述照片无法证明是三建集团公司施工的部分,但其并未在举证证明检测报告作出后对案涉两份检测报告所载明的质量问题进行过维修。双方当事人均认可三建集团公司施工的部分主要涉及1号馆、2号馆及3号馆。三建集团公司主张锦绣实业公司已经对1号馆进行了使用,认可2号馆和3号馆尚未进行使用。原判决亦认定案涉工程存在一定的质量问题,但在三建集团公司未对案涉工程质量不合格部分进行维修并经竣工验收合格的情况下,判决锦绣实业公司向三建集团公司支付工程款,与上述规定不符。另外,原判决在未查明案涉工程质量不合格部分修复费用的情况下,酌情核减3%工程款2,853,685元,缺乏事实依据。综上所述,锦绣实业公司的再审申请符合《民事诉讼法》第200条第2项、第6项规定的情形。裁定如下:

一、指令山西省高级人民法院再审本案;

二、再审期间,中止原判决的执行。

典型案例　最高人民法院(2020)最高法民再364号裁定

【裁判规则】原判决已认定案涉合同无效,虽与当事人主张的合同效力不一致,亦应对合同无效的法律后果进行处理。根据原审查明的事实,案涉工程存在诸多问题,应进一步查明案涉工程能否通过修复达到竣工验收合格的条件,若案涉工程无法修复且不具有使用价值,应当进一步查明双方当事人对于合同无效及工程质量问题是否存在过错、因此造成的损失以及过错与损失之间的因果关系,进而对当事人是否应当承担相应的过错赔偿责任作出认定。但本案中,原判决对上述基本事实未予查明。裁定如下:

一、撤销青海省高级人民法院(2019)青民终63号民事判决及青海省海西蒙古族藏族自治州中级人民法院(2017)青28民初3号民事判决;

二、本案发回青海省海西蒙古族藏族自治州中级人民法院重审。

案例解读

关于工程质量的技术与规范,法律人是外行。在法律人眼中,审查工程质量的首要法律意义在于解决付款条件问题,具体问题包括:工程质量是否合格?质量不合格,能否通过修复使其合格?修复后仍然不合格,如何根据当事人的过错分担由于质量不合格造成的损失？这是施工合同纠纷案中的基本问题。

典型案例　**最高人民法院(2021)最高法民申4526号裁定**

【裁判规则】三联科技公司与兰石建筑公司签订《工程总承包合同》后，工程按合同约定进行了施工，三联科技公司于2016年11月接收案涉工程。该工程已经投入使用，三联科技公司因占有使用工程而受益，故兰石建筑公司向三联科技公司主张工程款，并无不当。三联科技公司要求解除合同，且拒绝支付工程款的意见，无事实及法律依据，本院对其不予支持。

三联科技公司申请再审认为兰石建筑公司未开具发票、未提供竣工资料，故其不应支付工程款。建设工程施工合同中，承包人的主要合同义务是对工程进行施工并按时交付工程；发包人的主要合同义务是按时支付工程款。本案中，双方虽对开具发票进行了约定，但相较于主要合同义务，开具发票、提供竣工资料仅为附随义务，三联科技公司以开具发票、提供竣工资料的附随义务对抗支付工程款的主要义务，有失公平。况且，三联科技公司在反诉请求中并未要求兰石建筑公司开具发票、提供竣工资料，本案不宜对此直接进行判决。故对于三联科技公司认为因兰石建筑公司未开具发票、提供竣工资料，其不应支付工程款的意见，本院不予采纳。

在工程未经竣工验收的情况下，三联科技公司擅自使用工程，且其原审提交的证据不能证明案涉工程主体结构存在质量问题，故三联科技公司以工程质量问题为由主张权利，不应予以支持。

案例解读

本案基本事实是承包人完成并交付工程，履行了主合同义务，同时又存在施工合同无效、发包人未经验收而擅自使用、承包人转包工程、未履行修复义务、未开具发票、未交付施工资料等事实，这些事实是否影响付款条件成就？鉴于发包人实际使用了案涉工程，为了实质性解决纠纷，从平衡当事人权利义务角度出发，一审法院对工程款问题进行了处理，同时释明发包人可就承包人未开具发票、未交付施工资料等行为另行起诉。

三、发包人擅自使用后的质量问题

工程验收合格的，发包人应当接收该建设工程。发包人接受建设工程分为明示接受和默认接受，前者指发包人向承包人签发《工程接收证书》，后者指发包人擅自使用未经验收的工程。《施工合同司法解释（一）》第14条规定：“建设工程未经竣工验收，发包人擅自使用后，又以使用部分质量不符合约定为由主张权利的，不予支持；但是承包人应当在建设工程的合理使用寿命内对地基基础工程和主体结构质量承担民事责任。”发包人擅自使用未经验收的建设工程，视为认可工程质量或者自愿承担质量瑕疵和风险，也表明实现了发包人合同目的，发包人以工程未经竣工验收为由拒绝支付工程款的，违反诚实信用原则，不予支持，但承包人应当对地基和主体工程质量承担民事责任。

实践中，如何理解“发包人擅自使用”？什么是“地基基础工程和主体结构”？发包人擅自使用，承包人在多大范围内承担质量责任？存在较大争议。从近年判例来看，现实中存在大量承包人使用不合格材料、不按图纸施工的情形，多数法院不予启动质量鉴定，变相免除了承包人的质量责任，这种现象值得反思。

长期以来，很多人把《施工合同司法解释（一）》第14条理解为发包人擅自使用，视为质量合格，甚至民法典草案二审稿第583条曾经规定：“除存在违法情形外，建设工程未经竣工验收而发包人擅自使用的，视为工程质量验收合格。”2019年12月23日第十三届全国人大常委会第十五次会议第三次审议民法典时，有单位、专家学者和社会公众提出，这样规定不利于建设工程质量的提高，也可能导致当事人之间的不公平，故草案三审稿删去该条规定。① 鉴于争议较大，《民法典》正式条文未就发包人擅自使用问题作出规定。

笔者认为，将《施工合同司法解释（一）》第14条理解为付款条件比较恰当。

---

① 《民法典草案提请审议　明确规定“禁止高利放贷”》，载全国人大网，http://www.npc.gov.cn/npc/c30834/201912/f5f13920c3a44487baae99adf44587a7.shtml。

首先,《建筑法》第58条规定:“建筑施工企业对工程的施工质量负责。建筑施工企业必须按照工程设计图纸和施工技术标准施工,不得偷工减料。工程设计的修改由原设计单位负责,建筑施工企业不得擅自修改工程设计。”第59条规定:“建筑施工企业必须按照工程设计要求、施工技术标准和合同的约定,对建筑材料、建筑构配件和设备进行检验,不合格的不得使用。”建筑立法的首要目的是维护工程质量,涉及工程质量的法律法规是强制性规定,不得以“发包人自认”而排除适用,尤其是承包人使用不合格材料、使用不符合约定的材料、不按图纸施工造成质量缺陷的行为,即使质量缺陷部位不属于地基与主体结构部分,承包人也应当承担质量责任。其次,认定工程款条件成就与判决承包人承担质量责任二者并不矛盾,从工程行业实际情况来看,工程质量问题并未得到有效遏制,判决承包人承担质量责任,对于维护工程质量、维护诚实守信的建筑市场秩序具有积极意义。

《施工合同司法解释(一)》第14条规定了发包人不予验收却擅自使用纠纷的处理规则,但实践中存在发包人既不验收又不擅自使用的情形,不符合《施工合同司法解释(一)》第14条的适用条件。竣工验收是发包人的合同义务,验收合格是发包人支付工程款的条件。《民法典》第159条规定:“附条件的民事法律行为,当事人为自己的利益不正当地阻止条件成就的,视为条件已成就;不正当地促成条件成就的,视为条件不成就。”《北京高院解答》第23条第1款规定:“建设工程施工合同约定工程竣工验收合格后再支付工程款,发包人收到承包人提交的工程竣工验收资料后,无正当理由在合同约定期限或合理期限内未组织竣工验收,其又以工程未验收为由拒绝支付工程款的,不予支持。”据此,承包人提请发包人组织验收,发包人在约定期限内不予验收,属于不正当阻止付款条件成就,违反诚实信用原则,约定验收期限届满,视为付款条件成就。

类案检索

典型案例 **最高人民法院(2018)最高法民申279号裁定**

【裁判规则】首先,《2004年施工合同司法解释》第13条规定:“建设工程未经竣工验收,发包人擅自使用后,又以使用部分质量不符合约定为由主张权利的,不予支持;但是承包人应当在建设工程的合理使用寿命内对地基基础工程和主体结构质量承担民事责任。”该条司法解释是关于发包人擅自使用未经竣工验收的建设工程法律后果的规定,即建设工程未经验收擅自使用的,除建设工程合理使用寿命内的地基基础和主体结构外,发包人对其擅自使用部分承担工程质量风险责任,该条文并未规定此种情形下免除施工单位对于办理竣工验收及备案手续的协助义务。本案中,即使认定作为发包人的大兴人防投资公司在案涉工程未经验收合格情况下擅自使用,其后果仅仅是由其对所使用的部分工程的质量风险承担责任,巴陵建设公司作为施工单位的办理竣工验收及备案手续的协助义务并不因此而免除。其次,由施工单位协助办理案涉工程竣工验收、消防验收、综合验收及竣工验收备案的相关手续,是客观需要,也是诚实信用原则的必然要求。最后,巴陵建设公司虽辩称其已按照合同约定将竣工验收所需资料提交给监理单位,但其并未举证证明,应由其承担举证不能的不利法律后果。

综上,巴陵建设公司的再审申请不符合《民事诉讼法》规定的情形。裁定如下:驳回巴陵建设公司的再审申请。

案例解读

《建筑法》第61条规定:“交付竣工验收的建筑工程,必须符合规定的建筑工程质量标准,有完整的工程技术经济资料和经签署的工程保修书,并具备国家规定的其他竣工条件。建筑工程竣工经验收合格后,方可交付使用;未经验收或者验收不合格的,不得交付使用。”发包人擅自使用行为违反了《建筑法》《建设工程质量管理条例》的强制性规定,客观而言,发包人擅自使用部分的建设工程并未进行竣工验收，缺乏验收资料，因为缺乏验收资料，进而影响后续办理初始登记与移转登记。笔者认为，为了维护工程质量、保障社会公众的人身财产安全、维护社会稳定，承包人仍应当依据《建筑法》《建设工程质量管理条例》的相关规定办理验收手续、交付验收文件，本案判决结果对于维护工程质量、倡导诚信健康的建筑市场秩序具有积极意义。

典型案例　**最高人民法院(2020)最高法民申2939号裁定**

【裁判规则】工程检修费、修复费51,302,197.45元问题。案涉工程未经竣工验收，在亚翔建设集团撤离工程现场后，案涉工程已经交由第三人续建，且目前大部分房屋已经交付业主使用。如前所述，应推定亚翔建设集团施工的工程质量合格。空港城置业公司虽然提交了民航国际馨苑A地块主体质量排查报告、检测报告等材料，用于证明亚翔建设集团施工工程存在质量缺陷，但上述材料均系空港城置业公司单方委托机构、在亚翔建设集团撤离工程现场超过半年后做出，且未经亚翔建设集团认可，无法证明亚翔建设集团施工的工程确实存在质量缺陷。根据上述司法解释规定，空港城置业公司不得再以工程质量不合格为由主张权利。因此，空港城置业公司关于工程检修费、修复费的主张不能成立。

案例解读

承包人撤场时，工程未经验收，后续工程由案外人继续施工，整体工程验收合格，能否视为撤场时已完工程质量合格？《河北高院指南》第42条规定："未完工程中，承包人主张其已完成部分的工程款的，后续工程已经由第三方施工完毕，并竣工验收合格的，发包人又以承包人施工部分的工程质量不合格主张付款条件不成就或者拒付工程款的，人民法院不予支持……"客观而言，已完工程被后续施工所覆盖，发生纠纷时无法进行核验当时的工程质量，鉴于整体工程验收合格，推定已完工程质量合格。发包人请求承包人承担修复费用，但是不能证明工程质量存在问题，也未就修复事宜、修复费用等问题通知承包人，发包人主张难以获得支持。

典型案例　最高人民法院(2020)最高法民申661号裁定

【裁判规则】对于二期工程,中国新兴公司已于2014年7月24日向阜新房地产公司申请验收,阜新房地产公司并未对该申请予以回复。根据《2004年施工合同司法解释》第14条第2项的规定和双方建设施工合同第32.3条的约定,中国新兴公司已向阜新房地产公司提出竣工验收的申请,因阜新房地产公司的原因未组织验收,应视为验收并具备结算条件。

至于阜新房地产公司主张案涉工程存在质量问题,其不应支付工程价款。本案中,阜新房地产公司并未提交有效的证据证明案涉工程质量问题系中国新兴公司所致,其在原审中提交的检验报告等材料均系单方证据,不足以证明其主张。故一审、二审判决阜新房地产公司支付工程价款,不缺乏证据证。

案例解读

发包人既不组织竣工验收,也不实际使用,承包人发函提请发包人组织验收,发包人既不答复,也不组织验收,不符合《民法典》第799条第1款、《施工合同司法解释(一)》第14条规定的适用条件。就这一特殊情形,可以按照附条件民事法律行为进行处理,发包人不组织验收,视为阻却付款条件成就,一审、二审法院判决发包人支付工程款,符合法律规定。

典型案例　北京市第三中级人民法院(2014)三中民终字第00905号判决

【一审裁判规则】本案双方当事人争议的焦点在于房檐、楼梯、墙体及窗口是否属于主体结构工程。根据《建筑工程施工质量验收统一标准》的规定,结合日常生活经验法则可推定,房檐、楼梯及墙体均属于案涉楼房主体结构部分,故承包人中星建设公司应当在建设工程的合理使用寿命内对房檐、楼梯、墙体的质量承担民事责任,现福城源房地产公司要求中星建设公司对上述质量存在问题的工程进行维修的诉讼请求,理由正当,予以支持。

根据《建筑工程施工质量验收统一标准》的规定,窗口应属于建筑装饰装修工程,双方未就该工程约定保修期限,根据《房屋建筑工程质量保修办法》的规定,装修工程最低保修期限为两年,故中星建设公司应在两年内承担保修责任。房屋建筑工程保修期从工程竣工验收合格之日起计算,建设工程未经竣工验收,发包人擅自使用的,以转移占有建设工程之日为竣工日期。中星建设公司于2010年8月13日将案涉楼房交付福城源房地产公司,故装修工程保修期应从该日计算。因窗口已过保修期,福城源房地产公司要求中星建设公司对窗口漏水部分进行维修的诉讼请求,依据不足,法院不予支持。

【二审裁判规则】案涉楼房的房檐、楼梯及墙体是否属于主体结构工程系中星建设公司是否应承担民事责任的关键点。法律并未明确界定何为楼房主体结构,中星建设公司所称房屋主体工程是指在房屋建筑中,由若干构件连接而成的能承受作用的平面或空间体系,主体结构可以承受建筑物上的各种负载,是房屋的骨骼,如地基、承重墙等,不应包括墙体、楼梯和房檐,此解释是其根据日常实践操作总结归纳所得,并无相关法律支持。本院认为,就建筑承重和楼房连接功能而言,墙体和楼梯显然属于建筑主体结构。从案涉房屋来看,该房檐不仅有装饰作用,其亦属于房顶的延伸,系建筑主体的一部分。

案例解读

根据《建筑工程施工质量验收统一标准》(GB 50300—2013),一个单位工程划分为地基与基础、主体结构、建筑装饰装修、屋面工程、建筑给水排水及采暖、通风与空调、建筑电气、建筑智能化、建筑节能、电梯十个分部工程。主体结构又划分为混凝土结构、砌体结构、钢结构、钢管混凝土结构、型钢混凝土结构、铝合金结构、木结构七个子分部工程。

中星建设公司解释:“主体工程是指在房屋建筑中,由若干构件连接而成的能承受作用的平面或空间体系,主体结构可以承受建筑物上的各种负载,是房屋的骨骼”,据此解释,主体部分是指建筑物的承重部分,本案所争议的房檐、楼梯、墙体是承重部分的连接和延伸,不是承重部分,不属于主体工程。但是经过对比可以发现,案涉争议工程不属于《建筑工程施工质量验收统一标准》规定的建筑装饰装修工程和屋面工程,也不属于其他分部工程,故一审、二审法院认定属于主体结构工程。

本案根据《建筑工程施工质量验收统一标准》,分析并认定了主体结构工程、装修装饰工程,使《施工合同司法解释(一)》第14条更具有可操作性。

四、发包人的主张属于抗辩还是属于反诉

《施工合同司法解释(一)》第16条规定:"发包人在承包人提起的建设工程施工合同纠纷案件中,以建设工程质量不符合合同约定或者法律规定为由,就承包人支付违约金或者赔偿修理、返工、改建的合理费用等损失提出反诉的,人民法院可以合并审理。"承包人提起本诉,请求支付工程款,发包人则以质量未验收为由拒绝支付工程款,或者请求承包人履行保修责任、承担修复费用、赔偿损失、支付违约金,本条规定了发包人应当通过抗辩还是提出反诉的方式主张权利的问题。

发包人主张的性质属于抗辩还是反诉,实践中争议较大。对于抗辩与反诉的判断标准,应从两方面入手:一是是否超过原告诉讼请求范围,二是是否具有独立给付请求的内容。如果被告的主张没有超过原告的诉讼请求范围,也没有请求给付内容,则应认定为抗辩;否则,应认定为反诉。①

具体而言,发包人主张可以分为以下几种情形:

1. 工程未经验收、验收质量不合格,发包人主张付款条件不成就,未提出独立给付内容,属于抗辩。

2. 工程质量不符合约定,发包人请求承包人承担修复责任或承担修复费用,发包人的主张超越了工程款范围,具有独立给付内容,属于反诉。

3. 工程质量不符合约定,发包人请求承包人支付违约金、赔偿损失,应当提出反诉,没有争议。发包人主张减少价款属于抗辩还是属于反诉,争议较大。一种观点认为,减少价款是违约责任方式,发包人要求承包人承担违约责任,应当提出

---

① 最高人民法院民事审判第一庭编著:《最高人民法院施工合同司法解释(二)理解与适用》,人民法院出版社2019年版,第152页。

反诉；另一种观点认为，减少价款之目的是对抗承包人提出的支付工程款主张，属于抗辩。笔者认为，可以分为两种情形处理。(1)《施工合同司法解释(一)》第12条规定："因承包人的过错造成建设工程质量不符合约定，承包人拒绝修理、返工或者改建，发包人请求减少支付工程价款的，人民法院应予支持。"发包人请求减少的工程价款是修理、返工、改建的费用，超越了工程价款的范畴，需要通过鉴定方式查明质量原因、确定修复方案、确定修复费用，发包人应当提出反诉。(2)承包人使用的建筑材料不符合约定质量标准、未按图施工，发包人请求减少的工程价款是建筑材料或施工费用的价差，需要通过鉴定方式查明具体数额，发包人也应当提出反诉。

4. 因承包人原因致使建设工程在合理使用期限内造成人身和财产损害，发包人请求承包人承担损害赔偿责任，应当提出反诉。

5. 保修期内，发包人请求承包人履行保修责任及赔偿损失责任，应当提出反诉。

类案检索

典型案例　**北京市第二中级人民法院(2021)京02民终11099号判决**

【裁判规则】关于争议焦点一，首先，根据法律规定，因保修人未及时履行保修义务，导致建筑物毁损或者造成人身、财产损害的，保修人应当承担赔偿责任。经审理查明，本案工程已经通过签署风冷主机调试验收单及通风与空调分部工程质量验收记录进行了验收，且案涉工程后续已经交由绿得金养殖公司管理使用，故绿得金养殖公司所提出的以损失抵扣工程款的主张实质属于工程交付使用后的纠纷。其次，发包人在承包人提起的建设工程施工合同纠纷案件中，以建设工程质量不符合合同约定或者法律规定为由，就承包人支付违约金或者赔偿修理、返工、改建的合理费用等损失提出反诉的，人民法院可以合并审理。事实上，绿得金养殖公司并未在本案中就以损失抵扣工程款提起反诉。据此，一审法院认定绿得金养殖公司关于以损失抵扣工程款的主张不应在本案处理，双方可另行解决，处理正确，本院不持异议。

典型案例 北京市第二中级人民法院(2019)京02民终3352号判决

【裁判规则】双方当事人均认可工程质保期已于2018年6月27日届满，故大乘投资公司应当向弘高装修公司返还质保金。大乘投资公司提交的证据不足以证明弘高装修公司在维修期内未尽到维修义务，故大乘投资公司要求从质保金中扣减弘高装修公司违约金5000元的请求，缺乏依据，本院不予支持。本案一审中，大乘投资公司并未就弘高装修公司赔偿电缆更换损失以及继续履行维修义务提出反诉，现其在二审中提出上述上诉请求，系在二审中增加诉讼请求，因弘高装修公司不同意就该请求进行和解，故大乘投资公司的上述请求不属于本案审理范围，如有争议，当事人可以另行解决。

案例解读

京02民终11099号判决，发包人请求抵扣的工程款，实质是请求承包人赔偿损失，发包人未提出反诉。京02民终3352号判决，发包人请求承包人赔偿损失、履行维修义务，发包人也未提出反诉。一审法院不予处理，符合法律规定。

一审阶段发包人未提出反诉的，二审阶段提出反诉，2020年修正的《民事诉讼法司法解释》第326条规定："在第二审程序中，原审原告增加独立的诉讼请求或者原审被告提出反诉的，第二审人民法院可以根据当事人自愿的原则就新增加的诉讼请求或者反诉进行调解；调解不成的，告知当事人另行起诉。双方当事人同意由第二审人民法院一并审理的，第二审人民法院可以一并裁判。"第251条规定："二审裁定撤销一审判决发回重审的案件，当事人申请变更、增加诉讼请求或者提出反诉，第三人提出与本案有关的诉讼请求的，依照民事诉讼法第一百四十三条规定处理。"据此，二审阶段有三种处理方式：二审法院组织当事人调解，调解不成的，告知当事人另行起诉；双方当事人同意二审法院一并处理的，二审法院可以一并处理；二审法院裁定发回重审的，当事人可以在重审阶段提出反诉。

五、工程质量司法鉴定问题

本书所称的工程质量鉴定是指建设工程施工阶段的质量鉴定。参照司法部司法鉴定管理局于2014年3月17日发布的《建设工程司法鉴定程序规范》(SF/Z-JD 0500001—2014),建设工程施工阶段质量鉴定是鉴定机构通过查阅勘验报告、设计图纸、分部分项工程验收记录、材料进场检验报告等相关资料,分析并查找质量原因,提出处理方案的行为。① 工程质量鉴定是分析原因、提出处理方案的过程,故鉴定机构不应做出合格或不合格的鉴定意见,而应做出工程质量是否符合施工图设计文件、相关标准、技术文件的鉴定意见。鉴定对象为工程质量,也包括建筑材料质量。

《施工合同司法解释(一)》第31条规定:“当事人对部分案件事实有争议的,仅对有争议的事实进行鉴定,但争议事实范围不能确定,或者双方当事人请求对全部事实鉴定的除外。”该规定确定了鉴定范围最小原则,根据《建筑工程施工质量验收统一标准》(GB 50300—2013),工程质量验收是一个持续深入的过程,故建设工程施工阶段的质量鉴定范围限于尚未进行验收的分部分项工程,而非全部工程。

诉讼阶段,工程质量鉴定的第一个问题是鉴定启动问题。工程竣工验收合格,发包人拒绝支付工程款并申请工程质量鉴定的,不予准许。工程未经竣工验收而发包人擅自使用,笔者认为应当理解为付款条件成就,发包人有初步证据证明地基基础和主体结构存在质量问题而申请质量鉴定的,应予准许。笔者进一步认为,即使发包人擅自使用,但客观而言,工程未经竣工验收,缺乏验收手续,《建筑法》《建设工程质量管理条例》规定的承包人的质量责任并不能免除,故发包人有初步证据证明承包人使用不合格材料、不按图纸施工造成质量缺陷的,即使缺陷部位不在地基基础和主体结构部位,人民法院对发包人提出的质量鉴定申请也

① 2018年11月8日,根据司法部办公厅〔2018〕139号通知,《建设工程司法鉴定程序规范》废止,但其内容仍有参考价值。

应予准许。施工合同解除时,发包人申请对未验收部分、未使用部分进行质量鉴定的,应予准许。

《建设工程司法鉴定程序规范》(SF/Z-JD 0500001—2014)第6.1.4条规定:“针对查明的质量问题的原因,必要时可根据相关标准,提出处理方案。”第6.1.5条规定:“对建设工程施工质量进行司法鉴定,不应做出合格或不合格的鉴定意见,而应做出工程质量是否符合施工图设计文件、相关标准、技术文件的鉴定意见的鉴定意见。”参照该规范,质量鉴定分为三个阶段,第一阶段是质量缺陷分析,质量鉴定机构对工程质量是否符合施工图设计文件以及相关标准、技术文件以及造成质量问题的原因和责任做出鉴定意见;第二阶段是修复方案鉴定,质量鉴定机构针对质量缺陷提出处理方案;第三阶段是费用鉴定,造价鉴定机构根据修复方案,鉴定维修加固费用。

质量鉴定程序终止,人民法院继续开庭,根据质量鉴定意见书,分析造成质量缺陷的原因以及根据当事人过错程度,划分质量责任。工程施工由承包人完成,根据《建设工程质量管理条例》第26条第1款“施工单位对建设工程的施工质量负责”的规定,承包人是施工质量缺陷的第一责任人。关于发包人责任,《施工合同司法解释(一)》第13条规定:“发包人具有下列情形之一,造成建设工程质量缺陷,应当承担过错责任:(一)提供的设计有缺陷;(二)提供或者指定购买的建筑材料、建筑构配件、设备不符合强制性标准;(三)直接指定分包人分包专业工程。承包人有过错的,也应当承担相应的过错责任。”明确规定三种情形下发包人对工程质量承担过错责任。在前述三种情形下,承包人使用未经审查的施工图或者应当发现设计文件有差错而未提出;发包人购买不符合强制性标准的建筑材料、建筑构配件和设备,承包人未经检验或明知不符合强制性标准仍然使用;甲指分包原因造成质量缺陷,承包人收取总承包服务费后怠于履行管理责任,承包人也应当承担相应的过错责任。

《施工合同司法解释(一)》第11条规定:“建设工程竣工前,当事人对工程质量发生争议,工程质量经鉴定合格的,鉴定期间为顺延工期期间。”第12条规定:“因承包人的原因造成建设工程质量不符合约定,承包人拒绝修理、返工或者改建,发包人请求减少支付工程价款的,人民法院应予支持。”工程质量与工期挂钩,质量鉴定合格的,鉴定期间工期顺延,发包人承担不利后果。承包人对自身原因造成的质量缺陷不予修复,发包人可以提出反诉,请求承包人承担修复费用。

工程质量鉴定不仅限于施工阶段质量鉴定,还包括既有建设工程质量鉴定、建设工程灾损鉴定、建设工程其他专项质量鉴定。其他专项质量鉴定包括建(构)筑物渗漏鉴定、建筑日照间距鉴定、建筑节能施工质量鉴定、建筑材料鉴定,工程设计工作量和质量鉴定、周边环境对建设工程的损伤或影响鉴定、装修工程质量鉴定、绿化工程质量鉴定等。

类案检索

典型案例 最高人民法院(2020)最高法民申60号裁定

【裁判规则】……二、关于民正建筑公司是否未按设计施工,相应差价应否从工程造价中扣减。根据原审查明的事实,2015年7月5日,各方组织竣工验收,质量验收结论为全部7个分部质量评定为合格,观感质量评定为好,本工程质量验收合格。包括海和洋实业公司在内的各方均签字同意验收结论。2015年8月21日、11月17日,民正建筑公司分两次将四栋还建安置房全部交付海和洋实业公司。案涉工程竣工验收时,海和洋实业公司如认为民正建筑公司未按图施工或工程存在质量问题,本可提出异议或者要求整改,但没有证据证明海和洋实业公司在竣工验收时提出过异议。二审期间,民正建筑公司代表在现场勘验表的签字前附有“该工程已竣工验收合格,并交付使用近4年之久”的内容,不能视为其认可民正建筑公司未按设计施工。案涉工程已竣工验收、全部交付并实际入住,海和洋实业公司再提出质量异议和未按设计施工异议,本院不予支持。因是否按设计施工属于质量鉴定范围,而一审法院基于上述原因对海和洋实业公司申请的质量鉴定不予准许,故鉴定机构是否有质量鉴定资质不影响鉴定结论。在海和洋实业公司未提交证据证明案涉工程存在重大质量问题的情况下,其要求民正建筑公司进行整改、不整改即不付差价的主张，缺乏法律依据和合同依据，本院亦不予支持。

案例解读

案涉工程经竣工验收合格，实际投入使用，承包人请求发包人支付工程价款，发包人以工程缺陷为由提出抗辩并申请工程质量鉴定，应当提供初步证据证明地基基础工程和主体结构存在质量问题，未提供证据证明的，对其质量鉴定申请不予准许。

典型案例 最高人民法院(2019)最高法民申5769号裁定

【裁判规则】本院经审查认为，市政修建公司和华锦化学公司申请再审的理由均不能成立，现分析评判如下：

(一)《建筑法》第80条规定："在建筑物的合理使用寿命内，因建筑工程质量不合格受到损害的，有权向责任者要求赔偿。"据此，工程验收合格不等于工程真正合格，因施工人的原因发生质量事故的，其依法仍应承担民事责任。任何法律、法规均没有工程一经验收合格，施工人对之后出现的任何质量问题均可免责的规定。市政修建公司以案涉工程已经正式通过竣工验收为由主张其不应承担责任，理由不能成立。

(二)市政修建公司在中标后未按工程设计及施工要求完成施工，且未经发包方华锦化学公司同意，擅自将案涉工程转包给神沟开挖公司施工，市政修建公司显然存在过错。事实上，亦因实际施工人神沟开挖公司所施工的大清河南北支石油管线埋深严重背离设计及规范要求，给华锦化学公司造成损失，故原审判决判令市政修建公司与神沟开挖公司连带承担赔偿责任，有事实和法律依据，并无不当。

(三)本案鉴定机构北京市建筑工程研究院建设工程质量司法鉴定中心勘验结果显示，大清河南支石油管线漂浮段附近埋深偏差巨大，设计管顶埋深为15.502米，实测管顶埋深仅仅1.56米，误差高达13.942米。设计埋深之所以要求达到15米以上,就是为了在发生洪水冲刷河床等情况下确保石油管线不会暴露出来,确保石油输送安全。在本案中,虽然确实存在暴雨导致洪水冲刷河床的情况,但根据资料,大清河南支漂浮管线附近河道冲刷程度仅约2米,远小于管道设计埋深。在此情况下,南支管道就漂浮到河面之上,恰恰暴露和证实了施工人神沟开挖公司没有按照设计要求施工、工程质量存在严重问题的客观事实。

(四)大连理工大学司法鉴定中心接受委托进行司法鉴定,程序合法;其出具的司法鉴定意见书亦经各方当事人质证,原审判决以该鉴定意见作为认定华锦化学公司合理损失的依据,并无不当。

(五)在案涉南支管道发生漂浮事故且经鉴定发现北支管道需要采取稳固措施的情况下,华锦化学公司另行委托其他施工企业对案涉工程进行修复和加固,并无不当。但华锦化学公司进行修复和加固应选择合理方案。大连理工大学司法鉴定中心出具的司法鉴定意见书按照合同约定标准以及合理修复方案,确定案涉输油管线大清河穿越抢修与加固工程的合理费用总和为15,134,187元。原审判决据此判令市政修建公司和神沟开挖公司赔偿华锦化学公司合理费用15,134,187元,并无不当。华锦化学公司申请再审称其实际损失23项共计2800多万元均应予以赔偿,理由不能成立。

案例解读

2008年7月双方当事人订立石油管线工程承包合同,2009年工程竣工验收合格,投入使用。案涉工程验收合格,且投入使用多年,诉讼中发包人申请工程质量鉴定,一般不予准许。

本案启动鉴定的原因是2013年5月华锦化学公司发现营口大清河南支地下穿越原油管线在河中浮起20余米,专家和技术人员到现场勘察后认为,石油管线浮起的原因是大连市政公司没有按照设计图纸施工,地下石油管线的深度远远低于设计标准,工程质量达不到规定的标准和使用功能。发包人有初步证据证明承包人没有按图施工,一审法院委托北京市建筑工程研究院建设工程质量司法鉴定中心进行质量鉴定。经过鉴定,实际管顶埋深与设计管顶埋深相距甚远,可以证明承包人没有按图施工,应当承担质量责任。

任何公平都是相对概念。经过大连理工大学司法鉴定中心鉴定,抢修与加固工程的合理费用为15,134,187元,与发包人所主张的23项实际损失共计2800多万元相距甚远。大连理工大学司法鉴定中心回复"华锦公司主张的23项损失是否实际发生及是否存在重复,不属于鉴定机构的能力范围",鉴于鉴定程序合法、鉴定人员出庭答疑,一审法院采纳鉴定意见,对发包人所主张的实际损失不予考虑。

典型案例 **最高人民法院(2015)民申字第2567号裁定**

【裁判规则】关于本案判决判令正见建设集团交付竣工资料和工程备案手续是否错误的问题。本院认为,交付竣工资料系建设工程施工合同中承包人的主要义务之一,案涉工程虽然未进行竣工验收,但玖鹰公司已实际入住使用,为促进合同的全面履行,及时办理工程竣工验收相关手续,正见建设集团购买作为承包人理应向玖鹰公司交付竣工资料和工程备案手续,且正见建设集团在本案二审并未提出上诉,正见青海分公司虽然提出上诉但并未就一审判决判令交付竣工资料和备案手续提出异议,该问题不属于二审审理范围,二审判决对于一审判决该项内容予以维持,并无不当。

关于正见建设集团提交的新证据能否推翻本案判决的问题。本院认为,本案一审法院委托陕西信远建筑工程司法鉴定所作出陕信(2013)鉴字50号及陕信(2013)鉴字50号补01号司法鉴定意见书,结论为:和谐家园住宅小区13号、14号楼屋面工程,部分工程未按原设计图纸施工,存在六项质量问题;消防给水系统,部分工程不符合设计要求,存在四项质量问题;火灾自动报警系统、正压送风系统、防排烟系统,部分工程安装不符合设计要求,存在两项质量问题。并提出具体修复方案、整改措施。上述两份司法鉴定意见书出具时间分别为2013年8月30日和2014年4月28日,足以证明案涉工程屋面、消防工程均存在质量问题,原因均是施工不符合设计要求。正见建设集团作为施工单位负有按照设计要求施工的合同义务,其提出的施工不符合设计要求并非必然造成质量问题,也并非其单方责任的理由,与鉴定意见书相矛盾,不能成立。

经一审法院委托青海保信建设工程造价咨询有限公司作出青保工鉴字(2013)10号鉴定报告,结论为:和谐家园住宅小区13号、14号楼工程按工程质量鉴定意见书中所述整改项目能明确计量的项目的工程造价为1,025,623.29元。因正见建设集团购买表示对该质量问题不进行修复整改,本案判令正见建设集团购买负担修复整改费用1,025,623.29元,并无不当。正见建设集团该项申请再审理由不能成立。

案例解读

案涉工程未经验收而发包人擅自使用,但客观上案涉工程未竣工验收、承包人未交付施工资料的事实,如果一概按照"发包人擅自使用,视为认可工程质量"的原则进行处理,不利于处理后续相关纠纷,也不利于维护工程质量安全。参照《深圳仲裁委员会关于审理建设工程施工合同案件若干问题的意见》第4条"建设工程未竣工验收,发包人已擅自使用的,如发包人以工程质量不符合约定为由,主张减低工程造价款的,不予支持。但承包人在施工过程中确有不按图纸施工,擅自改变约定的建筑材料、构配件、设备的品种、规格等情形,发包人要求核减原材料差价的,应予支持"的规定,虽然发包人擅自使用未经验收的建设工程,但承包人存在不按图施工、使用不合格材料、降低材料品质等违约行为,人民法院应当判决其承担修理、更换、重做、减少价款的法律责任。当然,此类纠纷存在鉴定启动难、划分责任难等问题,承包人应当就工程质量问题提供初步证据。

六、质量保修期、保修责任、缺陷责任期、质量保证金的关系

工程质量保修制度规定在《建筑法》《建设工程质量管理条例》。根据《建设工程质量管理条例》第39条、第40条、第41条规定,建设工程实行质量保修制度。建设工程承包单位在向建设单位提交工程竣工验收报告时,应当向建设单位出具质量保修书。质量保修书中应当明确建设工程的保修范围、保修期限和保修责任等。建设工程的最低保修期限为:(1)基础设施工程、房屋建筑的地基基础

工程和主体结构工程,为设计文件规定的该工程的合理使用年限;(2)屋面防水工程、有防水要求的卫生间、房间和外墙面的防渗漏,为5年;(3)供热与供冷系统,为2个采暖期、供冷期;(4)电气管线、给排水管道、设备安装和装修工程,为2年。其他项目的保修期限由发包方与承包方约定。建设工程的保修期,自竣工验收合格之日起计算。

保修期内,承包人的合同责任是保修责任。造成质量缺陷的原因可能是发包人、承包人、设计人或建设工程使用人,承包人承担保修责任,保修费用由责任人承担。《施工合同司法解释(一)》第18条规定:"因保修人未及时履行保修义务,导致建筑物毁损或者造成人身损害、财产损失的,保修人应当承担赔偿责任。保修人与建筑物所有人或者发包人对建筑物毁损均有过错的,各自承担相应的责任。"承包人未履行保修责任,导致人身损害或财产损失,保修责任转变为赔偿责任。

缺陷责任期最早规定在2005年1月12日建设部、财政部发布的《建设工程质量保证金管理办法》(建质〔2005〕7号)。缺陷责任期一般为6个月、12个月或者24个月,由发、承包双方在合同中约定。缺陷是指建设工程质量不符合工程建设强制性标准、设计文件,以及承包合同的约定。发包人应按照合同约定方式预留工程质量保证金。工程质量保证金是指发包人与承包人在建设工程承包合同中约定,从应付的工程款中预留,用以保证承包人在缺陷责任期内对建设工程出现的缺陷进行维修的资金。缺陷责任期届满,发包人向承包人返还质量保证金。质量保证金总预留比例不得高于工程价款结算总额的5%。2017年6月20日建设部、财政部制定新的《建设工程质量保证金管理办法》(建质〔2017〕138号),将5%下调为3%。

建质〔2005〕7号文将质量保证金与质量保修金两个概念统称为质量保证金。2013版施工合同示范文本及之后出台的建筑法规不再提及质量保修金一词,2013年之后,质量保修金以及建筑行业俗称的"保修金""质保金"统称为质量保证金。

质量保修期与质量缺陷期的共同点是皆从工程验收合格之日起算,外观上表现为承包人对质量缺陷工程进行修复，区别之一是质量保修期是无过错责任，无论承包人对质量缺陷有无过错，都应当承担修复责任，保修范围限于《建设工程质量管理条例》第40条和双方约定的工程范围，承包人承担保修责任，不一定承担保修费用，而缺陷责任期是过错责任，承包人对因自身过错行为造成的质量缺陷承担修复责任，过错行为包括不按照施工图施工、擅自修改施工图、使用不合格建筑材料、偷工减料等行为，修复范围是全部工程；区别之二是保修期最长是设计文件规定的合理使用年限，缺陷责任期最长是两年，缺陷责任期届满，应当返还质量保证金。

按照上述思路，《施工合同司法解释（一）》第17条就返还质量保证金纠纷问题作出了规定："有下列情形之一，承包人请求发包人返还工程质量保证金的，人民法院应予支持：（一）当事人约定的工程质量保证金返还期限届满；（二）当事人未约定工程质量保证金返还期限的，自建设工程通过竣工验收之日起满二年；（三）因发包人原因建设工程未按约定期限进行竣工验收的，自承包人提交工程竣工验收报告九十日后当事人约定的工程质量保证金返还期限届满；当事人未约定工程质量保证金返还期限的，自承包人提交工程竣工验收报告九十日后起满二年。发包人返还工程质量保证金后，不影响承包人根据合同约定或者法律规定履行工程保修义务。"据此，合同对质量保证金返还期限有约定，遵守约定；未约定返还期限或者工程未竣工验收，适用前述规则。缺陷责任期最长两年，两年届满后，发包人应当返还质量保证金，但是保修期尚未届满，承包人仍应当履行工程保修义务。

类案检索

典型案例　**最高人民法院（2020）最高法民终144号判决**

【裁判规则】本院认为，世邦公司与河北建设在工程质量保修书中约定"自工程竣工验收合格之日起计算保修金返还时间"，但未约定工程质量保修金的具体返还期限，应适用《2018年施工合同司法解释》第8条第1款第2项的规定，判断案涉工程是否已通过竣工验收满二年。工程质量保修书约定，工程质量保修范围和内容为“河北建设负责施工的部分”。由于双方均认可河北建设已退场、后续由第三方进场施工，故本案应判断河北建设负责施工的基础和主体部分是否已通过竣工验收满二年，不应以整体工程竣工验收作为退还河北建设工程质量保证金的条件。河北建设施工部分经双方所签《结算协议》确认已验收合格，《结算协议》虽无具体签订日期，但从《结算协议》所述“双方确认河北建设已于2016年1月13日向世邦公司报送了项目已完工程的结算书，世邦公司承诺将于2016年3月30日前配合河北建设完成结算审定工作”，可以确定《结算协议》的签订时间不晚于2016年3月30日，至河北建设提起本案诉讼时已满二年，工程质量保证金5,547,885.02元应退还河北建设。退还质量保证金后，河北建设仍应按照法律规定及合同约定承担相应的保修责任。

案例解读

本案特点是案涉工程经过了竣工验收，但是施工合同未约定质量保证金的返还期限。根据《施工合同司法解释(一)》第17条第1款规定，案涉工程通过竣工验收之日起满二年为返还期限，鉴于双方签订了《结算协议》，说明发包人世邦公司认可承包人河北建设完成的工程质量合格，二审法院从《结算协议》订立之日推算两年，两年期间届满，质量保证金应当返还。本案承包人起诉时业已超两年，故判决发包人返还质量保证金。

典型案例　最高人民法院(2019)最高法民终750号判决

【裁判规则】关于质保金返还问题，因案涉施工合同无效，质保金条款亦无效，合同中关于质保金扣留比例及返还时间的约定，对合同当事人不具有法律约束力。美亚公司依据合同约定主张扣留质保金不能成立，案涉工程价款质保金应随工程款一并返还。一审法院判决美亚公司按照合同约定返还质保金不当，本院予以纠正。

典型案例　最高人民法院在(2019)最高法民终1800号判决

【裁判规则】关于案涉工程质量保修金的预留问题。双方当事人在《合同协议书》合同专用条款第26条约定,工程完工后15日内,工程进度款支付到已定工作量的90%;工程结算后15日内付至结算总价的95%;其余5%为质量保修金。在工程缺陷责任期满后15日内,一次性付清质量保修金,不计利息。工程缺陷责任期为24个月。一审法院综合以上情况,依据质量保修金的有关规定,认定案涉工程质量保修金支付时间尚未到期,在中城辉煌公司应付工程款中予以扣除、预留,明确万兴建筑公司对质量保修金可待到期后另行主张,并无不当。万兴建筑公司上诉关于案涉施工合同无效,不应参照合同约定预留保修金的主张,于法无据,不应支持。

案例解读

施工合同无效,质量保证金的返还期限是否遵守合同约定,最高人民法院存在两种判决方法。笔者认为,质量保证金是用以保证承包人在缺陷责任期内对建设工程出现的缺陷进行维修的资金,具有督促与担保的作用,无论施工合同是否有效,人民法院都应当倡导各方当事人依法维护工程质量,遵守诚实信用原则,遵守施工合同关于质量保证金返还期限的约定。

第十一章

工　期

法律法规 / 司法解释

《民法典》

第七百九十八条　隐蔽工程在隐蔽以前，承包人应当通知发包人检查。发包人没有及时检查的，承包人可以顺延工程日期，并有权请求赔偿停工、窝工等损失。

第八百零三条　发包人未按照约定的时间和要求提供原材料、设备、场地、资金、技术资料的，承包人可以顺延工程日期，并有权请求赔偿停工、窝工等损失。

第八百零四条　因发包人的原因致使工程中途停建、缓建的，发包人应当采取措施弥补或者减少损失，赔偿承包人因此造成的停工、窝工、倒运、机械设备调迁、材料和构件积压等损失和实际费用。

《施工合同司法解释(一)》

第八条　当事人对建设工程开工日期有争议的，人民法院应当分别按照以下情形予以认定：

(一)开工日期为发包人或者监理人发出的开工通知载明的开工日期；开工通知发出后，尚不具备开工条件的，以开工条件具备的时间为开工日期；因承包人原因导致开工时间推迟的，以开工通知载明的时间为开工日期。

(二)承包人经发包人同意已经实际进场施工的，以实际进场施工时间为开工日期。

（三）发包人或者监理人未发出开工通知，亦无相关证据证明实际开工日期的，应当综合考虑开工报告、合同、施工许可证、竣工验收报告或者竣工验收备案表等载明的时间，并结合是否具备开工条件的事实，认定开工日期。

第九条　当事人对建设工程实际竣工日期有争议的，人民法院应当分别按照以下情形予以认定：

（一）建设工程经竣工验收合格的，以竣工验收合格之日为竣工日期；

（二）承包人已经提交竣工验收报告，发包人拖延验收的，以承包人提交验收报告之日为竣工日期；

（三）建设工程未经竣工验收，发包人擅自使用的，以转移占有建设工程之日为竣工日期。

第十条　当事人约定顺延工期应当经发包人或者监理人签证等方式确认，承包人虽未取得工期顺延的确认，但能够证明在合同约定的期限内向发包人或者监理人申请过工期顺延且顺延事由符合合同约定，承包人以此为由主张工期顺延的，人民法院应予支持。

当事人约定承包人未在约定期限内提出工期顺延申请视为工期不顺延的，按照约定处理，但发包人在约定期限后同意工期顺延或者承包人提出合理抗辩的除外。

第十一条　建设工程竣工前，当事人对工程质量发生争议，工程质量经鉴定合格的，鉴定期间为顺延工期期间。

工期，是承包人完成工程所需的期限。根据《民法典》第793条、第799条之规定，施工合同有效抑或无效，发包人都根据合同约定向承包人支付了工程价款，根据权利义务一致原则，承包人交付的建设工程应当符合质量约定、符合工期约定。《施工合同司法解释（一）》第6条第2款规定："损失大小无法确定，一方当事人请求参照合同约定的质量标准、建设工期、工程价款支付时间等内容确定损失大小的，人民法院可以结合双方过错程度、过错与损失之间的因果关系等因素作出裁判。”施工合同无效,关于质量、工期、付款进度的约定对当事人也具有约束力,承包人原因导致工期延误,应当承担法律责任。

可以说,每一起施工合同纠纷都会涉及工期纠纷,工期延误是承包人的一大痛点。首先,发包人证明实际工期超出合同约定工期,可以证明工期延误,这一举证责任比较容易完成,之后举证责任转移至承包人,承包人应当对工期延误原因提供反证,证明并非自身原因导致工期延误。其次,虽然客观上存在工期延误的情形,但承包人缺乏证据意识,缺乏风险防范意识,再加之工程管理水平有待提高等原因,不能取得有效签证,甚至未在约定期限内提出工期索赔;或者施工合同约定了严格的索赔程序,承包人根本无法取得符合合同约定的索赔文件,无法提供有效证据。

施工合同纠纷中,涉及工期的法律问题是开工日期认定、竣工日期认定、工期延误及工期顺延认定、工期延误的法律责任。

一、开工日期

开工日期包括计划开工日期与实际开工日期。计划开工日期是指合同协议书约定的开工日期,实际开工日期是指监理人发出的符合法律规定的开工通知中载明的开工日期。

开工之前,发包人应当在约定时间向承包人提供图纸、提供施工现场、施工条件、基础资料;办理法律规定的许可、批准或备案手续;合同约定有预付款的,应当在开工日期之前支付预付款。这些条件不具备,将导致开工延误,开工延误将导致工期延误,故实际开工日期是判断工期延误的第一个点。

关于开工日期争议,《施工合同司法解释(一)》第8条规定:“当事人对建设工程开工日期有争议的,人民法院应当分别按照以下情形予以认定:(一)开工日期为发包人或者监理人发出的开工通知载明的开工日期;开工通知发出后,尚不具备开工条件的,以开工条件具备的时间为开工日期;因承包人原因导致开工时间推迟的,以开工通知载明的时间为开工日期。(二)承包人经发包人同意已经实际进场施工的,以实际进场施工时间为开工日期。(三)发包人或者监理人未发出开工通知,亦无相关证据证明实际开工日期的,应当综合考虑开工报告、合同、施工许可证、竣工验收报告或者竣工验收备案表等载明的时间,并结合是否具备开工条件的事实,认定开工日期。”发包人或监理人开工通知载明的日期为开工日期,以开工通知为参照点,又分为三种特殊情形:发出开工通知时不具备开工条件,具备条件之日为开工日期;发出开工通知后承包人迟延开工,开工通知载明的时间为开工日期;发出开工通知前承包人已经实际施工的,实际施工日为开工日期。仍然无法确定实际开工日期的,综合考虑开工报告、合同、施工许可证、竣工验收报告或者竣工验收备案表等载明的时间,并结合是否具备开工条件的事实,认定实际开工日期。

《施工合同司法解释(一)》第8条规定的开工通知是发包人或监理人向承包人发出的指示开工的通知;开工报告是指开工条件具备时承包人向发包人或监理人发出的提请开工的报告;合同是指施工合同,同一建设项目存在多份施工合同的,工期属于实质性内容,工期以中标合同为准,数份合同均无效,以实际履行的合同为准;竣工验收报告是发包人、承包人、设计人、监理人四方签署的竣工验收文件(又称四方验收单);竣工验收备案表是竣工验收合格之后,建设行政部门对发包人报送的验收文件办理备案手续后形成的文件;施工许可证是建设行政主管部门颁发给发包人的准许施工的凭证。

施工许可证是认定实际开工日期的考量因素之一,但不能单独将施工许可证记载的开工日期认定为实际开工日期。发包人取得施工许可证表明建设工程符合法定开工条件,颁发施工许可证属于行政行为,履行施工合同属于民事行为,解决实际开工日期争议应当基于施工合同的履行实际情况,施工合同是办理施工许可证的材料之一,施工许可证记载的开工日期来源于施工合同,故施工许可证记载的开工日期是认定实际开工日期的考量因素。

什么是开工条件?可以参考2017版《建设工程施工合同(示范文本)》的相关条款。

2.1 许可或批准

发包人应遵守法律,并办理法律规定由其办理的许可、批准或备案,包括但不限于建设用地规划许可证、建设工程规划许可证、建设工程施工许可证、施工所需临时用水、临时用电、中断道路交通、临时占用土地等许可和批准。发包人应协助承包人办理法律规定的有关施工证件和批件。

因发包人原因未能及时办理完毕前述许可、批准或备案,由发包人承担由此增加的费用和(或)延误的工期,并支付承包人合理的利润。

2.4 施工现场、施工条件和基础资料的提供

2.4.1 提供施工现场

除专用合同条款另有约定外,发包人应最迟于开工日期7天前向承包人移交施工现场。(**笔者注:第1.1.3.7条对施工现场作了规定。1.1.3.7 施工现场:是指用于工程施工的场所,以及在专用合同条款中指明作为施工场所组成部分的其他场所,包括永久占地和临时占地。**)

2.4.2 提供施工条件

除专用合同条款另有约定外,发包人应负责提供施工所需要的条件,包括:

(1)将施工用水、电力、通讯线路等施工所必需的条件接至施工现场内;

(2)保证向承包人提供正常施工所需要的进入施工现场的交通条件;

(3)协调处理施工现场周围地下管线和邻近建筑物、构筑物、古树名木的保护工作,并承担相关费用;

(4)按照专用合同条款约定应提供的其他设施和条件。

2.4.3 提供基础资料

发包人应当在移交施工现场前向承包人提供施工现场及工程施工所必需的毗邻区域内供水、排水、供电、供气、供热、通信、广播电视等地下管线资料,气象和水文观测资料,地质勘察资料,相邻建筑物、构筑物和地下工程等有关基础资料,并对所提供资料的真实性、准确性和完整性负责。

按照法律规定确需在开工后方能提供的基础资料,发包人应尽其努力及时地在相应工程施工前的合理期限内提供,合理期限应以不影响承包人的正常施工

为限。

2.4.4 逾期提供的责任

因发包人原因未能按合同约定及时向承包人提供施工现场、施工条件、基础资料的,由发包人承担由此增加的费用和(或)延误的工期。

2017 版《建设工程施工合同(示范文本)》规定了许可、批准、施工现场、施工条件、基础资料等关于开工条件的具体内容。从相关判例来看,这些条件是充分条件,并非必要条件,并非这些条件全部满足才能开工,以实际影响施工为原则,例如,《河北高院指南》第 46 条规定:"发包人未取得施工许可证,但承包人已实际开工的,应以实际开工之日为开工日期,合同另有约定的除外。因未取得施工许可证而被行政主管部门责令停止施工的,可作为工期顺延的事由。"即发包人未取得施工许可证,并不影响继续施工,但是发包人未取得施工许可证而被责令停工,则构成工期顺延。

面对开工延误问题,本书对承包人的建议是:(1)发包人或监理人发出开工通知后,承包人应当审核是否符合施工合同约定的开工条件?施工现场有无开工障碍?如果不具备开工条件,应当发函告知发包人或监理人,申请工期顺延,固定相关证据。(2)重视会议纪要、往来函、监理日志、验收文件等文件关于开工日期的记载,这些文件将成为认定实际开工日期的佐证。(3)如果开工通知、付款申请单、四方验收单、竣工备案表等文件记载的开工日期相互矛盾,应当及时澄清事实,及时解决开工日期争议。(4)发包人违法(不限于未取得施工许可证)而被行政主管部门责令停工的,承包人应当及时取得相关证据。

类案检索

典型案例 **最高人民法院(2021)最高法民申 1645 号裁定**

【裁判规则】开工日期的确定不仅需要以开工通知为准,还需要志华置业公司履行必要的协助义务,提供符合正常施工条件的场地及必要准备工作。

首先,从2012年4月8日志华置业公司给天宇建设公司及其他整体项目各承包人的工作联系单来看,此时各承包人施工范围尚未确定;从2012年6月27日的工作联系单来看,2012年6月初志华置业公司才完成施工场地高压线拆除。前述证据表明,至2012年6月案涉工程并不具备完备的施工条件。

其次,根据2012年7月18日志华置业公司出具的工作联系单,因政府政策,高考、中考等原因整体计划滞后7个多月。综合前述分析,即使志华置业公司于2011年12月5日发出开工通知,并于其后发出数份工作联系单,天宇建设公司于2012年1月2日出具《通知回复单》表明已进场施工,但因施工条件不完备及政府政策,高考、中考等原因,天宇建设公司并不能正常施工,因前述原因造成工期延误,不可归责于天宇建设公司。

另外,根据双方当事人一、二审提交的工程资料及鉴定结论,在案涉工程施工过程中,存在工程量变更增加的情况。原合同约定发包总价160,000,000元,根据鉴定意见,案涉工程双方无争议部分的造价为220,963,379.09元,可见工程量变更增加的幅度比较大,在这种情况下,工期亦应当顺延。

工期延误是施工条件不完备,政府政策,高考、中考以及工程量变更增加多种因素造成,这些因素造成的工期顺延天数无法计算,不能得出天宇建设公司延误工期的结论,故原审法院认定天宇建设公司不存在工期违约情形并无不当。

典型案例　最高人民法院(2014)民一终字第69号判决

【裁判规则】第一,《建设工程施工合同》、开工报告、建筑工程施工许可证三份文本中记载的开工与竣工日期均不相同的情形下,应当以监理单位确认的开工报告中载明的2011年5月15日作为本案工程开工日期。尽管方升建筑公司与隆豪置业公司签订《建设工程施工合同》约定的工期为2011年5月8日,但双方均认可在该时间节点上,方升建筑公司并未开始施工。合同约定的开工日期与实际开工日期不一致的,应当以改变后的日期作为开工日期。

其次,方升建筑公司在给案涉项目监理机构华铁监理西宁分公司出具的工程开工报审表、开工报告中载明“管理人员及机械设备已到场,施工人员已到位……符合开工条件”,铁监理西宁分公司经审核作出了同意施工的意见。由此可见,无论是作为施工一方的方升建筑公司,还是作为监理单位的华铁监理西宁分公司,均认可开工日期为2011年5月15日。

再次,一审法院委托规划研究院咨询部对已完工程造价部分工程项目价款进行鉴定时,方升建筑公司与隆豪置业公司共同确认案涉工程开工时间为2011年5月15日。就建设工程而言,建设单位、施工单位与监理机构共同确认的开工日期当然具有明显优势的证明力和说服力,应当成为认定案件事实的重要依据。

最后,虽然建筑工程施工许可证载明的开工日期为2011年6月20日,但是,建筑工程施工许可证载明的日期并不具备绝对排他的、无可争辩的效力,建筑工程施工许可证是建设主管部门颁发给建设单位的准许其施工的凭证,只是表明了建设工程符合相应的开工条件,建筑工程施工许可证并不是确定开工日期的唯一凭证。实践中,建设工程开工日期早于或者晚于建筑工程施工许可证记载日期的情形大量存在。当施工单位实际开工日期与建筑工程施工许可证上记载的日期不一致时,同样应当以实际开工日期而不是建筑工程施工许可证上记载的日期作为确定开工日期的依据。本案中,在方升建筑公司、隆豪置业公司及监理机构均确认开工日期为2011年5月15日的情况下,再以建筑工程施工许可证上载明的日期确定为开工日期,无事实和法律依据。

综上,一审判决认定2011年5月15日为案涉工程开工日期正确;方升建筑公司提出的开工日期为2011年6月20日、隆豪置业公司提出的开工日期为2011年5月8日的上诉主张,均与事实不符,不予支持。

案例解读

以上两起案件表明,人民法院认定案件事实并非根据单一证据,而是以其一关键证据为基础,以其他证据为佐证,综合予以认定。人民法院对实际开工日期的审查,一是审查开工通知发出时是否具备开工条件,是否存在影响开工的客观事实;二是开工通知为主线,综合分析会议纪要、来往函、施工许可证等证据,合理确定实际开工日期。

另外,随着电子数据的普及,当事人双方的工作人员建立了微信群,通过微信群发送文件、沟通咨询、请示汇报已经成为重要工作方式。微信群信息是《民事诉讼法》第66条规定的电子数据,微信群信息内容将是人民法院认定开工日期的证据之一,这一发展趋势应当引起当事人足够重视。

二、竣工日期

竣工日期也分为计划竣工日期与实际竣工日期,计划竣工日期是合同约定的竣工日期,实践中几乎没有一项工程按计划竣工,于是又产生了实际竣工日期。实际竣工日期是判断工期延误的第二个参照点。笔者结合2017版《建设工程施工合同(示范文本)》对竣工日期进行解读。

13.2 竣工验收

13.2.1 竣工验收条件

工程具备以下条件的,承包人可以申请竣工验收:

(1)除发包人同意的甩项工作和缺陷修补工作外,合同范围内的全部工程以及有关工作,包括合同要求的试验、试运行以及检验均已完成,并符合合同要求;

(2)已按合同约定编制了甩项工作和缺陷修补工作清单以及相应的施工计划;

(3)已按合同约定的内容和份数备齐竣工资料。

13.2.2 竣工验收程序

除专用合同条款另有约定外,承包人申请竣工验收的,应当按照以下程序进行:

(1)承包人向监理人报送竣工验收申请报告,监理人应在收到竣工验收申请报告后14天内完成审查并报送发包人。监理人审查后认为尚不具备验收条件的,应通知承包人在竣工验收前承包人还需完成的工作内容,承包人应在完成监理人通知的全部工作内容后,再次提交竣工验收申请报告。

(2)监理人审查后认为已具备竣工验收条件的,应将竣工验收申请报告提交发包人,发包人应在收到经监理人审核的竣工验收申请报告后28天内审批完毕并组织监理人、承包人、设计人等相关单位完成竣工验收。

(3)竣工验收合格的,发包人应在验收合格后14天内向承包人签发工程接收证书。发包人无正当理由逾期不颁发工程接收证书的,自验收合格后第15天起视为已颁发工程接收证书。

(4)竣工验收不合格的,监理人应按照验收意见发出指示,要求承包人对不合格工程返工、修复或采取其他补救措施,由此增加的费用和(或)延误的工期由承包人承担。承包人在完成不合格工程的返工、修复或采取其他补救措施后,应重新提交竣工验收申请报告,并按本项约定的程序重新进行验收。

(5)工程未经验收或验收不合格,发包人擅自使用的,应在转移占有工程后7天内向承包人颁发工程接收证书;发包人无正当理由逾期不颁发工程接收证书的,自转移占有后第15天起视为已颁发工程接收证书。

除专用合同条款另有约定外,发包人不按照本项约定组织竣工验收、颁发工程接收证书的,每逾期一天,应以签约合同价为基数,按照中国人民银行发布的同期同类贷款基准利率支付违约金。

13.2.3　竣工日期

工程经竣工验收合格的,以承包人提交竣工验收申请报告之日为实际竣工日期,并在工程接收证书中载明;因发包人原因,未在监理人收到承包人提交的竣工验收申请报告42天内完成竣工验收,或完成竣工验收不予签发工程接收证书的,以提交竣工验收申请报告的日期为实际竣工日期;工程未经竣工验收,发包人擅自使用的,以转移占有工程之日为实际竣工日期。

13.2.4　拒绝接收全部或部分工程

对于竣工验收不合格的工程,承包人完成整改后,应当重新进行竣工验收,经重新组织验收仍不合格的且无法采取措施补救的,则发包人可以拒绝接收不合格工程,因不合格工程导致其他工程不能正常使用的,承包人应采取措施确保相关工程的正常使用,由此增加的费用和(或)延误的工期由承包人承担。

可以看出,2017版《建设工程施工合同(示范文本)》13.2竣工验收一节约定了提交竣工验收申请报告之日、验收合格之日、整改后再次验收合格之日、移转占有之日四个日期。承包人提交竣工验收申请报告之日至工程验收合格之日,最长持续42日(监理人14日审查期+发包人28日验收期),但是承包人提交竣工验收申请报告时,已经完成合同内全部施工,故提交竣工验收申请报告之日为竣工日期。承包人向监理人提交竣工验收申请报告,发包人未在42日内完成竣工验收,视为阻却质量验收合格的条件成就,承包人提交竣工验收申请报告设为竣工日期。工程未经竣工验收,发包人擅自使用的,视为其认可了建设工程质量或者自愿承担质量瑕疵和风险,转移占有之日为竣工日期。

该节规定了两种阻却验收进程事由,一是监理人审查后认为尚不具备验收条件的,通知承包人整改,承包人整改后再次提交竣工验收申请报告;二是第一次验收不合格,承包人整改后由发包人再次组织验收。整改后仍然不合格,承包人请求支付工程价款,不予支持,工程不合格造成的损失由当事人按照过错承担相应的责任。

就竣工日期争议,最高人民法院制定司法解释时充分考虑了施工合同示范文本。《施工合同司法解释(一)》第9条规定:"当事人对建设工程实际竣工日期有争议的,人民法院应当分别按照以下情形予以认定:(一)建设工程经竣工验收合格的,以竣工验收合格之日为竣工日期;(二)承包人已经提交竣工验收报告,发包人拖延验收的,以承包人提交验收报告之日为竣工日期;(三)建设工程未经竣工验收,发包人擅自使用的,以转移占有建设工程之日为竣工日期。"经过对比可以发现,工程竣工验收合格的,《施工合同司法解释(一)》第9条第1款规定以验收合格之日为竣工日期,而2017版《建设工程施工合同(示范文本)》则规定以承包人提交竣工验收报告之日为竣工日期,二者存在差别。第9条第2款、第3款关于竣工日期的规定与2017版《建设工程施工合同(示范文本)》完全一致。

建设工程涉及公共安全,验收过程也存在必要的行政监管。根据《房屋建筑和市政基础设施工程竣工验收规定》第5条,竣工验收条件之一是建设主管部门及工程质量监督机构责令整改的问题全部整改完毕,从反面解释,工程未经整改,不符合验收条件。《建设工程质量管理条例》第49条第2款规定:“建设行政主管部门或者其他有关部门发现建设单位在竣工验收过程中有违反国家有关建设工程质量管理规定行为的,责令停止使用,重新组织竣工验收。”如果建设行政主管部门责令重新组织验收,将产生先前竣工验收之日与嗣后重新验收之日两个日期,导致新的纠纷。笔者认为,建设行政主管部门在验收备案环节责令停止使用、重新组织验收,属于行政监督,但不能否定此前发包人签署了竣工验收单、认可工程质量的真实意思表示,施工合同属于民事权利义务之争,故应当将先前竣工验收之日认定为竣工日期。

类案检索

典型案例 **广西壮族自治区玉林市中级人民法院(2019)桂09民终621号判决**

【裁判规则】双方在《施工合同》第13.2.3条中约定,“竣工日期,工程经竣工验收合格的,以承包人提交竣工验收申请报告之日为实际竣工日期”,双方当事人均认可案涉工程已经验收合格,故依据合同约定,应以承包人提交竣工验收申请报告之日为实际竣工日期,2015年8月31日承包人建总公司向发包人东光居委会提交了工程竣工预验收报告,2015年9月6日各方出具建设工程质量竣工验收意见书,一致盖章同意案涉工程验收合格,故2015年8月31日应为双方合同约定的实际竣工日期,一审法院认定案涉工程竣工日期为2015年9月6日不当,本院予以纠正。

案例解读

合同纠纷案件,首先应当从合同本身寻找裁判依据,案涉《施工合同》第13.2.3条约定,“应以承包人提交竣工验收申请报告之日为实际竣工日期”,裁判时应当遵循这一约定,一审法院将验收合格日期认定为竣工日期,二审法院进行改判,应予肯定。

典型案例 湖北省汉江中级人民法院(2019)鄂96民终296号判决

【各方观点】承包人长鸿建筑公司:案涉工程已于2016年6月30日实际交付使用,故竣工时间为2016年6月30日。发包人恒同昌投资公司:已于2016年6月30日交付房屋17套,交付面积1602.06平方米,占建筑面积的2.4%。2016年8月18日,案涉工程虽经多方同意验收,但质检部门验收不合格,并出具了整改通知书,经过4个多月的整改,直到2016年12月28日才验收合格,因此实际竣工时间为2016年12月28日。

【裁判规则】案涉工程于2016年8月18日经勘察单位、设计单位、施工单位、监理单位、建设单位五方查验,验收意见栏均记载"同意验收",因此本案工程整体竣工验收之日为2016年8月18日,恒同昌投资公司辩称该竣工验收报告不全面,案涉工程在2016年12月28日验收合格,并未提供相反证据予以证实,对该辩称意见不予采纳,该院认定案涉工程竣工时间为2016年8月18日。

案例解读

本案存在三个日期:实际使用日(2016年6月30日)、五方验收合格日(2016年8月18日)、质监站整改后重新验收合格日(2016年12月28日)。鉴于发包人实际使用的建筑面积占比较小,不构成实质控制,实际使用日不宜认定为竣工日期。

典型案例 湖北省高级人民法院(2019)鄂民终642号判决

【裁判规则】本案中,虽然案涉工程整体竣工验收合格日期为2016年7月5日,但江枫置业公司承认竣工验收范围中有部分工程系江枫置业公司自行对外发包。2015年9月14日湖北五建公司向监督站提交的工程停止施工报告表明,湖北五建公司此时已完成设计文件及施工合同约定的全部项目,工完场清,工人已全部退场,现等待建设单位组织竣工验收。监理单位盖章确认情况属实。该节清楚表明,未能及时竣工验收系湖北五建公司之外的原因。而且2015年1月12日,江枫置业公司就发函湖北五建公司要求提前交房、使用工程。2016年3月3

日，监督站向江枫置业公司发送的关于长河湾二期项目提前交付使用的限期整改通知中即载明该工程已于2015年9月竣工，江枫置业公司将部分房屋交付业主，要求江枫置业公司停止交房。综上，一审判决认定江枫置业公司拖延竣工验收，认定2015年9月14日工程实际竣工并无不当。

案例解读

案涉工程整体竣工验收合格日期为2016年7月5日，此前2015年9月14日湖北五建公司完成了施工合同约定的施工内容，部分业主入住事实上构成发包人擅自使用，监理单位与建设工程质量(安全)监督站都确认这一事实，而后因甲指分包项目拖延导致竣工验收拖延。根据施工合同的履行情况，依据诚实信用原则，从平衡当事人权利义务、维护守约方、惩戒违约方的角度出发，一审法院将2015年9月14日认定为竣工日期并无不当。本案产生的裁判规则是建设工程未经竣工验收，发包人擅自使用，之后建设工程经竣工验收合格，仍以转移占有之日为竣工日期。

典型案例 江苏省高级人民法院(2016)苏民终468号判决

【裁判规则】本案中，虽然建设单位、监理单位、施工单位、设计单位于2010年12月25日对案涉工程竣工验收合格，但吴江区建设工程质量监督站于2011年1月12日要求对本案工程进行整改，要求存在问题整改完成后验收有效，因此，本案竣工日期不应以四方验收的日期为准，而应以整改完毕日期即2011年3月20日作为实际竣工日期。

案例解读

本案将吴江区建设工程质量监督站责令整改完毕日期认定为竣工日期，本书持有异议，详见前文论述。建设行政主管部门责令停止使用、重新组织验收发生在竣工备案环节，法律根据是《建设工程质量管理条例》《房屋建筑工程和市政基础设施工程竣工验收备案管理暂行办法》，如山东省威海市中级人民法院(2021)

鲁10民终2742号判决所述:“建设工程的竣工验收是由建设单位组织设计单位、施工单位和监理单位共同进行的,建设单位是建设工程竣工验收的组织者和责任承担者,认定建设工程是否验收合格,应当以建设单位出具的竣工验收报告为依据,建设工程竣工验收报告的备案是政府行政主政主管部门对建设工程项目加强监管的行政管理措施,备案本身不具有法定的建设工程竣工验收结论的性质,是否备案不影响建设单位出具的建设工程竣工验收结论的效力。”备案行为不影响民事合同的效力,且当事人未约定竣工备案日为竣工日期,故不应将建设行政主管部门责令整改完毕日期认定为竣工日期。

三、工期顺延及赔偿责任

实际开工日期与实际竣工日期之间的天数是实际工期,实际工期天数大于约定工期天数,构成工期延误。两个天数相减值等于工期延误天数。

工期延误原因分为发包人原因、承包人原因、外部原因。发包人原因分为发包人违约、工程变更、发包人违法行为被责令停工、甲指分包工程迟延四类;承包人原因分为承包人违约、施工工序安排不合理、出现安全质量事故被责令停工等类型;外部原因包括自然灾害、异常恶劣气候、不利物质条件、疫情、政府停工通告、不可抗力、法律变化等情形。

以下是根据2017版《建设工程施工合同(示范文本)》之规定的当事人就工期延误承担责任的情形,对当事人提出工期索赔(反索赔)具有指引意义。

第一类:发包人承担工期延误责任

1.6.1 发包人未按合同约定提供图纸

1.9 在施工现场发掘出文物、古迹以及具有地质研究或考古价值的其他遗迹、化石、钱币或物品,承包人采取保护措施

2.1 发包人未能及时办理完毕许可、批准或备案

2.4.4 因发包人原因未能按合同约定及时向承包人提供施工现场、施工条件、基础资料

4.3　监理人未能按合同约定发出指示、指示延误或发出了错误指示

5.3.2　监理人延期检查隐蔽工程超过48小时

7.3.2　发包人原因造成监理人未能在计划开工日期之日起90天内发出开工通知

7.5.1　因发包人原因导致工期延误

(1)发包人未能按合同约定提供图纸或所提供图纸不符合合同约定的;

(2)发包人未能按合同约定提供施工现场、施工条件、基础资料、许可、批准等开工条件的;

(3)发包人提供的测量基准点、基准线和水准点及其书面资料存在错误或疏漏的;

(4)发包人未能在计划开工日期之日起7天内同意下达开工通知的;

(5)发包人未能按合同约定日期支付工程预付款、进度款或竣工结算款的;

(6)监理人未按合同约定发出指示、批准等文件的;

(7)专用合同条款中约定的其他情形

7.6　承包人采取克服不利物质条件的合理措施继续施工,构成工程变更

7.7　承包人采取克服异常恶劣的气候条件的合理措施继续施工,构成工程变更

13.3.1　监理人不能按时参加试车超过48小时

13.4.2　发包人要求承包人在工程竣工前交付单位工程

16.1.1　发包人违约

(1)因发包人原因未能在计划开工日期前7天内下达开工通知的;

(2)因发包人原因未能按合同约定支付合同价款的;

(3)发包人违反第10.1款〔变更的范围〕第(2)项约定,自行实施被取消的工作或转由他人实施的;

(4)发包人提供的材料、工程设备的规格、数量或质量不符合合同约定,或因发包人原因导致交货日期延误或交货地点变更等情况的;

(5)因发包人违反合同约定造成暂停施工的;

(6)发包人无正当理由没有在约定期限内发出复工指示,导致承包人无法复工的;

(7)发包人明确表示或者以其行为表明不履行合同主要义务的;

(8)发包人未能按照合同约定履行其他义务的

第二类:承包人承担工期延误责任

1.10.1 承包人未合理预见工程施工所需的进出施工现场的方式、手段、路径

3.2.1 发包人要求更换项目经理

3.4 承包人未充分了解工程所在地的气象条件、交通条件、风俗习惯以及其他与完成合同工作有关的其他资料或未能充分估计前述情况所可能产生的后果

3.6 承包人原因造成工程、材料、工程设备损坏或造成成品或半成品损坏

5.3.2 监理人检查隐蔽工程,质量不合格

5.3.4 承包人未通知监理人到场检查,私自将工程隐蔽部位覆盖

6.1.6 承包人将安全文明施工费挪作他用

6.1.7 在工程实施期间或缺陷责任期内发生危及工程安全的事件,此类抢救按合同约定属于承包人义务

6.3 承包人原因引起的环境污染纠纷导致暂停施工

7.5.2 承包人原因造成工期延误

11.2 因承包人原因造成工期延误,在工期延误期间出现法律变化

13.2 竣工验收不合格

16.2 承包人违约

(1)承包人违反合同约定进行转包或违法分包的;

(2)承包人违反合同约定采购和使用不合格的材料和工程设备的;

(3)因承包人原因导致工程质量不符合合同要求的;

(4)承包人违反第8.9款〔材料与设备专用要求〕的约定,未经批准,私自将已按照合同约定进入施工现场的材料或设备撤离施工现场的;

(5)承包人未能按施工进度计划及时完成合同约定的工作,造成工期延

误的;

(6)承包人在缺陷责任期及保修期内,未能在合理期限对工程缺陷进行修复,或拒绝按发包人要求进行修复的;

(7)承包人明确表示或者以其行为表明不履行合同主要义务的;

(8)承包人未能按照合同约定履行其他义务的

第三类:根据过错承担延误工期责任

1.7.3 一方拒不签收另一方来往信函

5.1 因一方原因造成工程质量未达到合同约定标准

5.2.3 监理人检查和检验,检查检验合格或不合格

5.3.3 监理人重新检查隐蔽工程,工程质量符合或不符合合同要求

5.4 因一方原因造成工程不合格

7.8.1/7.8.2 因一方原因导致暂停施工

7.8.5 暂停施工后一方原因导致无法复工

8.3 一方提供的材料和工程设备的规格、数量或质量不符合合同约定、不符合设计或者有关标准要求

8.5 一方提供不合格的材料和工程设备

9.3.3 监理人对材料、工程设备和工程重新试验和检验,质量符合(不符合)合同要求

10.7.3 一方原因导致暂估价合同订立和履行迟延

13.3.2 一方原因导致试车达不到验收要求

第四类:无过错顺延工期

10.6 因变更引起工期变化

11.2 基准日期后,因法律变化造成工期延误

17.3 因不可抗力引起工期延误

工期延误事件发生后,当事人一方应当及时提出工期索赔(反索赔)。承包人向发包人提出索赔请求是请求延长工期、赔偿停工窝工损失,并请求发包人支

付合理利润,发包人向承包人提出反索赔请求是请求承包人支付逾期交工的违约金(赔偿金)、对质量缺陷进行修复、承担费用增加的损失、延长质量缺陷期。对当事人而言,索赔既是防御手段,也是进攻手段,承包人通过工期索赔,可以免除或减轻工期延误的违约责任,还可以要求发包人弥补因停工窝工造成的损失,实现合同管理目标。对发包人而言,通过反索赔可以弥补因工期延误造成的经济损失,实现预期投资目标。

2017 版《建设工程施工合同(示范文本)》第 19 条规定的索赔程序:19.1(1)承包人应在知道或应当知道索赔事件发生后 28 天内,向监理人递交索赔意向通知书,并说明发生索赔事件的事由;承包人未在前述 28 天内发出索赔意向通知书的,丧失要求追加付款和(或)延长工期的权利;(2)规定承包人应在发出索赔意向通知书后 28 天内,向监理人正式递交索赔报告;索赔报告应详细说明索赔理由以及要求追加的付款金额和(或)延长的工期,并附必要的记录和证明材料……

参照示范文本内容,承包人应当在索赔事件发生后 28 天内发出索赔意向,索赔意向书格式为:"致发包人:就某某事件,我司拟要求增加价款、延长工期,本意向书发出后 28 日内我司发出正式索赔报告。"索赔意向书只是表明意向,内容比较简单,不需要详细说明索赔理由以及具体索赔金额和需要顺延工期的天数,不需要提供证明材料。承包人发出索赔意向书后再提交索赔报告,并提供相关证明材料。

针对承包人不能取得有效工期签证或者施工合同约定了严格的索赔程序,承包人根本无法取得符合合同约定的索赔文件的困境,《施工合同司法解释(一)》第 10 条规定:"当事人约定顺延工期应当经发包人或者监理人签证等方式确认,承包人虽未取得工期顺延的确认,但能够证明在合同约定的期限内向发包人或者监理人申请过工期顺延且顺延事由符合合同约定,承包人以此为由主张工期顺延的,人民法院应予支持。当事人约定承包人未在约定期限内提出工期顺延申请视为工期不顺延的,按照约定处理,但发包人在约定期限后同意工期顺延或者承包人提出合理抗辩的除外。"该规定充分考虑到了工程行业签证难、索赔难的现实问题,持高度宽容之态度。承包人未取得工期顺延的签证,但是曾经发出过顺延申请且顺延事由符合合同约定，人民法院支持承包人提出的工期顺延主张；《施工合同司法解释(一)》第10条也为当事人工期索赔管理提供了操作指引，首先应当在约定期限内发出顺延申请，其次应当固定引起工期顺延的证据。

2017版《建设工程施工合同(示范文本)》第19.1条(1)规定了“索赔逾期失权”制度，承包人没有在索赔事件发生后28天内发出索赔意向，丧失索赔权。就“索赔逾期失权”制度，最高人民法院有不同裁判观点。观点一，承包人无证据证明按照合同约定向发包人提出过索赔主张，应当承担合同约定的“丧失要求追加付款”的法律后果[(2020)最高法民终1156号判决]；观点二，合同中既约定了索赔程序，也约定了违约情形和对应责任，承包人可以选择依照双方关于违约的约定及法律规定，主张发包人承担违约责任[(2019)最高法民终491号判决]；观点三，关于索赔的约定系当事人对于解决纠纷的程序性约定，并非权利的存续期间，发包人关于承包人未按合同约定在28天内主张即丧失索赔权的观点不能成立[(2017)最高法民申1182号裁定]。笔者认为，以2017版《建设工程施工合同(示范文本)》为例，示范文本第16章规定了违约，第19章规定了索赔，违约与索赔同时存在，索赔并不是法律概念，索赔事件相当于违约行为，索赔法律后果相当于违约责任方式，即使承包人未在约定期限内发出索赔意向，丧失了索赔权利，也不影响要求发包人承担违约责任。

关于工期顺延的天数，《安徽省高级人民法院关于审理建设工程施工合同纠纷案件适用法律问题的指导意见》第15条第2款规定：“因发包人迟延支付工程进度款而认定承包人享有工期顺延权的，顺延期间自发包人拖欠工程进度款之日起至进度款付清之日止。”《安徽省高级人民法院关于审理建设工程施工合同纠纷案件适用法律问题的指导意见(二)》第4条规定：“承包人未能提供顺延工期的签证等书面文件，但能够证明工程存在延期开工、不具备施工条件、设计变更、工程量增加、发包人指定的分包工程迟延完工、不可抗力等不可归责于承包人的原因，影响施工进度的，可以允许承包人相应顺延工期。”两个指导意见体现同一个思路：工期顺延的天数计算至工期延误事由消除之日。具体而言，发包人违约导致工期延误，顺延天数计算至违约情形消除之日；工程量增加导致工期延误，思路一是参考工期定额标准确定增减工期的天数，思路二是按比例折合顺延天数，具体而言，首先以合同价款除以合同工期，计算出每日完成工程量，再由实际增加量除以每日完成工程量，得出顺延天数。外部原因导致工期顺延，顺延天数计算至外部原因消除之日。

施工合同有效，承包人逾期交工，应当承担合同约定的支付违约金、赔偿损失等违约责任，损失赔偿额包括合同履行后发包人可以获得的利益。《河北高院指南》第48条规定："建设工程施工合同履行中，承包人由于管理不善等原因，导致工期延误等违约行为的，人民法院确定承包人向发包人承担的违约责任时，应准确理解、把握《合同法》第一百一十三条规定，综合考虑承包人过错、履行施工合同预期利益，发包人实际损失等情况，综合确定赔偿数额。"该指南要求人民法院结合与有过失原则、可预见原则、诚实信用原则，综合确定赔偿数额。

施工合同无效，《施工合同司法解释(一)》第6条规定："建设工程施工合同无效，一方当事人请求对方赔偿损失的，应当就对方过错、损失大小、过错与损失之间的因果关系承担举证责任。损失大小无法确定，一方当事人请求参照合同约定的质量标准、建设工期、工程价款支付时间等内容确定损失大小的，人民法院可以结合双方过错程度、过错与损失之间的因果关系等因素作出裁判。"施工合同无效，施工合同约定的违约责任亦无效，按照发包人的实际损失确定赔偿范围，损失大小无法确定的，可以参照合同约定确定损失范围。《河北高院指南》第15条规定："建设工程施工合同被确认无效后，发包人主张因承包方工期延误应赔偿其与第三人签订的房屋买卖合同因逾期交房发生的违约损失，承包人对工期延误存在过错，损失已经实际发生，且损失发生与承包人逾期交工行为有因果关系，可以纳入无效合同过错责任赔偿范围。根据承包方订立、履行合同中的过错责任大小及诚实信用原则，依据《合同法》第五十八条规定判令其承担相应的责任。"该指南明确规定将发包人向商品房买受人支付的逾期交房违约金纳入工期延误的赔偿范围，具体数额根据发包人实际支付的违约金，并结合过错程度及诚实信用原则综合确定。

类案检索

典型案例 最高人民法院(2020)最高法民申 6385 号裁定

【裁判规则】关于驳回亿同房地产公司案涉工程工期逾期经济损失的诉讼请求是否妥当的问题。根据原审法院查明的事实,案涉工程实际施工 21 个月又 12 天,超出合同约定的 18 个月的工期,案涉工程存在亿同房地产公司未取得施工许可证、当地行政机关执法检查,亿同房地产公司通知停工 8 天,大雨天气影响施工,图纸变更设计、增加临时工程量等影响施工的情形。而亿同房地产公司虽主张吴某忠因过错行为造成工期延长,产生逾期损失,但却未能提供证据予以证明,故本院对其该项主张,不予支持。

典型案例 山东省高级人民法院(2014)鲁民一终字第 241 号判决

【裁判规则】根据施工合同通用条款第 13.1 条及第 13.2 条之约定,承包人应当在工期延误情况发生后 14 天内,就延误的工期以书面形式向工程师提出报告,由工程师予以确认或提出修改意见,工期方能顺延,此为双方一致认可的工期顺延的办理方式。建工集团虽主张案涉工程存在合理顺延工期之情形,但既未向二审法院提交顺延工期的书面申请,也未提交建设单位或监理单位同意顺延工期的签证,其主张工期顺延的理由不成立,应当承担由此造成的工期延误的违约责任。

案例解读

对比两起案例可知,承包人之所以胜诉,原因是有证据证明其曾经发出工期顺延申请以及有证据证明客观上存在顺延事由,反之,承包人不曾发出一份顺延申请,反映了其风险意识淡薄、证据意识缺乏,自然难以取得令人满意的诉讼结果。

典型案例 广扬建设集团与海通置业公司施工合同纠纷案

一审：江苏省淮安市中级人民法院(2015)淮中民初字第00031号判决

二审：江苏省高级人民法院(2016)苏民终1278号判决

再审：最高人民法院(2017)最高法民申4157号裁定

【一审判决裁判规则】

广扬建设集团主张导致工期延误的原因之一是海通置业公司未按合同约定支付工程进度款，但根据双方合同约定的工程进度款支付比例及生效判决确定的工程总价款、已付款，难以反映海通置业公司未按合同约定支付工程进度款。如果施工过程中存在海通置业公司未按合同约定支付工程进度款的情形，广扬建设集团应当向海通置业公司函告催款，并就未付进度款导致的工期顺延进行相应签证。因广扬建设集团对此未能提供证据证明，故应由其承担举证不能的法律后果。

海通置业公司工作人员在2010年11月15日会议中认可施工过程中遇到特大暴雨、暴雪及炎热天气致使工期延误，故广扬建设集团主张恶劣天气是导致工期延误的原因之一，予以确定。但对恶劣天气所导致的具体工期延误天数，双方均未能举证证明，参照往年当地恶劣天气的正常天数，在工期延误导致的损失负担中予以酌情考虑。

广扬建设集团主张导致工期延误的原因之一是施工过程中监理单位、设计单位频繁更换，导致其实际施工迟延及资料交接困难。对此，广扬建设集团本应通过签证或者其他适当方式进行相应的工期顺延，而其亦未能提供相应的证据证明，但鉴于案涉工程系分阶段开发建设，监理单位、设计单位的变更必然会对广扬建设集团的后续施工造成一定的影响，在工期延误导致的损失负担中予以相应的考虑。

广扬建设集团主张导致工期延误的原因之一是海通置业公司直接发包的工程至今未验收，从而造成工期延误及配合上的难度。鉴于海通置业公司直接发包给案外人施工的地下室消防工程，与广扬建设集团施工的工程在竣工验收上存在一定的关联性，地下室消防工程至今未验收客观上对广扬建设集团施工工程的验收存在一定影响,故在工期延误导致的损失负担中予以相应的考虑。

案涉工程中的部分工程虽是在未取得施工许可证的情况下即开工建设,但施工许可证的迟延办理对工期的延误并无必然的影响,广扬建设集团未能举证证明存在因无证施工而被有关建设行政主管部门勒令停工的情形;同时,根据开工报告载明的开工日期及广扬建设集团单方制作的竣工报告载明的竣工日期所产生的相应工期,亦远超出双方合同约定的工期加施工许可证迟延办理天数,故其主张批建手续迟延办理是导致工期延误的原因之一,依据不足,不予支持。

在广扬建设集团延误工期构成违约的情况下,海通置业公司并未能采取适当措施阻止损失的进一步扩大,同时,工期延误亦非仅系广扬建设集团所致,综合本案的具体情况并结合公平原则,酌定由广扬建设集团承担海通置业公司 70% 的损失。

根据双方合同约定,广扬建设集团造成工期延误的,应赔偿给海通置业公司造成的直接、间接经济损失(包括由此给房屋买受人造成的房屋交付、办证迟延导致的违约赔偿)。经核查,海通置业公司已向 1 ~ 16 号楼购房人赔偿逾期交房、逾期办证违约金 1020 万元,广扬建设集团承担海通置业公司 70% 的损失即为 714 万元。海通置业公司主张的损失中的诉讼费及其他费用,与本案无关,一审法院不予支持。工期延误导致交房迟延,也必然导致购房人办证迟延,广扬建设集团主张其不应承担海通置业公司赔偿的迟延办证损失,有违双方合同约定,亦无法律依据,不予支持。

案例解读

本案承包人证据的缺陷之一是延误事件发生后没有发出工期顺延签证,缺陷之二是其主张的延误事由与工期延误没有因果关系。当然,一审法院还是考虑客观上存在恶劣天气、甲指分包延误等原因,支持了承包人的合理主张。

工期延误原因之一是拖延支付工程款。发包人未按时付款,违反基本合同义务,客观上导致承包人缺乏购买建筑材料、支付工人工资的资金,由此导致工期延误的,应当顺延工期。当然,本案对承包人提出更高要求,不仅要求其证明发出催款函,还应当证明办理工期顺延的签证。很难相信,发包人不按期支付工程款时承包人不予催告,但是承包人缺乏证据意识,没有保留催告付款或申请工期顺延的证据。

工期延误原因之二是恶劣的天气。判断异常恶劣的气候条件的因素一是可预见规则,气候条件是否超出了有经验承包人的可预见性;二是专用条款是否具体约定了异常恶劣气候条件的具体情形。异常恶劣天气影响施工的,承包人应当及时办理工期顺延签证。

工期延误原因之三是监理单位、设计单位的频繁更换。承包人的败诉点仍是未取得签证文件、不能证明该事由与工期延误之间的因果关系。

工期延误原因之四是甲指分包。甲指分包来源于发包人选任,分包工程的工程款由发包人直接向分包人支付,导致承包人无法直接对甲指分包人进行施工管理、协调安排工序,故甲指分包延误,应由发包人承担责任。但是如果承包人收取了总承包服务费却没有进行现场管理,或甲指分包工程工期纳入了施工合同总工期,甲指分包延误工期,承包人具有过错,也应承担一定责任。

工期延误原因之五是未取得施工许可证。施工许可证是建设行政主管部门向发包人颁发的准予开工的凭证,鉴于行政主管部门没有责令停工,故没有办理施工许可证与工期延误没有因果关系。

工期延误导致发包人逾期交房,发包人向商品房买受人支付的逾期交房、逾期办证的违约金属于延误工期的赔偿范围。考虑发包人对工期延误有一定的责任,且损害后果发生后未履行减损义务,一审法院酌定判定承包人承担70%的赔偿责任。

典型案例 **最高人民法院(2020)最高法民申802号裁定**

【裁判规则】关于原审法院对延误工期及租金损失的认定是否存在错误的问题。关于延误工期的认定,鉴定机构在鉴定中并非未考虑天气影响,对涉及部分受雾霾影响的日期未予计入延误期间。鉴定机构根据人民法院委托对包括工期在内的案件相关问题进行鉴定,鉴定程序合法。建宇建筑公司提交的相关材料仅能证明施工期间当地政府发布的通知中要求施工单位停工,并不能证明其实际停工。鉴定机构结合监理日志等现场施工实际情况的证据确定建宇建筑公司的实际延误工期天数是合理的。至于建宇建筑公司申请再审提出的华森公司违反相关管理规定导致工期延误的理由,建宇建筑公司提交的证据仅能证明华森公司存在违反规定的相关情况,并不能证明已实际影响工期。因此,一、二审法院根据鉴定报告的内容确定延误工期并无不当。关于租金损失,在建宇建筑公司存在延期竣工的情况下,案涉工程的商业运营必然会受到一定的影响,一、二审法院根据华森公司提交的相关合同,综合考虑本案实际情况,酌定损失标准为 5 万元/天,并无不当。

案例解读

无论是雾霾天气,还是政府停工令,或是行政处罚,承包人都应当证明这些原因与工期延误具有因果关系。商业项目的工期延误损失,根据发包人的直接损失确定,直接损失无法证明的,可以参照同地段同类型商业项目的租金收入来确定。

典型案例　最高人民法院(2021)最高法民申 141 号裁定

【裁判规则】虽然《建设工程施工合同》中有"对工期顺延作了特殊约定,即因设计变更、甲分包等原因引起工期延误的,除非经过发包方、承包方、监理共同签认,否则工期不得顺延"的约定,且该交工时间超过了约定的工期,但原审法院结合案涉证据及庭审情况综合认定系因君豪皮革公司存在变更设计、增加工程量、未按约定支付工程进度款等情况导致工期延误,天力建工集团按照君豪皮革公司的要求交付案涉工程不应承担相应责任,本院对此不持异议。故君豪皮革公司的该项再审请求,本院不予支持。

典型案例　最高人民法院(2019)最高法民终 1622 号判决

【裁判规则】从现有证据来看,青海泰阳公司在施工中确实存在施工道路不通、施工手续不全、图纸迟延提供、工程设计变更、工程量增加、直接分包工程逾期等情形，符合案涉《建设工程施工合同》约定的可以顺延工期的情形。但同时，根据案涉《建设工程施工合同》通用条款第13.2条的约定，若东阳三建公司认为存在应当顺延工期的情形，应当在工期延误情况发生后14天内向工程师提出工期顺延报告。但是，东阳三建公司至今没有提交证据证明其按照合同约定提交了工期顺延报告，应视为其认可工期不顺延。故一审法院认定工期不予顺延并无不当。

案例解读

《施工合同司法解释(一)》第10条第2款规定："当事人约定承包人未在约定期限内提出工期顺延申请视为工期不顺延的，按照约定处理，但发包人在约定期限后同意工期顺延或者承包人提出合理抗辩的除外。"以上两起案例，承包人未在约定期限内办理工程签证，庭审时发包人主张工期不予顺延，裁判结果却截然相反。可见，对于什么是"承包人合理抗辩"存在较大争议。首先，承包人应当对未能办理工期顺延签证的原因作出合理解释；其次，人民法院或仲裁机构应从平衡当事人权利义务角度，根据未办理工期签证的原因，结合诚实信用原则与公平原则综合分析判断。

四、工期鉴定

工期鉴定是鉴定机构接受人民法院或仲裁机构之委托，就工期延误原因、延误天数、工期延误造成的损失等专门性问题进行鉴别和判断，并出具鉴定意见的活动。

工期鉴定的方法是关键线路分析法。施工进度计划中部分工程处于关键线路，构成关键工作，处于关键线路的关键工作受到某些事件影响，将导致总工期延误。非关键线路上事件影响对总工期不产生影响，只有延误超过其总时差才会导致总工期延误。鉴定机构使用关键线路分析法，就关键线路延误事件对工期的影响进行分析，具体方法有直接法、比例类推法和工期延误评估技术等方法。

直接法是当延误事件直接发生在关键线路上，根据施工资料的记载，延误事件作为延误天数。比如,停电导致关键线路延误,停电 7 天,则工期延误 7 天。

比例类推法相当于造价鉴定中的按比例折算法,合同价款除以合同工期,得出日工作量,增加部分工程量处以日工作量,得出增加部分工程应当顺延的天数。

英国资深咨询工程师罗杰·吉布森撰写的《工期索赔》一书中介绍的工期延误评估技术,包括实际进度与计划对比法、计划影响分析法、时间影响分析法、影响事件剔除法以及视窗分析技术等,使得承包商进行工期索赔的计算得以系统化和科学化,也为咨询工程师对工期延长提供了有效的评估手段。[①]

目前,国内实务界已有鉴定机构引进法务工期分析方法进行工期鉴定分析。法务工期是在承、发包双方之间已经产生争议,须进行争议解决时,用来回溯工程项目实施过程中关于工期延误的情况。法务工期主要分析发生了什么延误事件,以及是否造成工期延误,如果造成工期延误,还需要判断具体的延误天数及因工期延误而增加的费用。工程进度管理是面向未来的管理活动,其目的是提高工程项目的效率或生产力,而法务工期是通过一定的证据和科学的方法试图还原工期延误事件发生当时的情形,所以,工程进度管理是面向未来的,而法务工期是面向过去的,是回溯性的。我国目前并无法务工期分析规范,分析方法主要参考美国国际工程造价促进会出版的《法务工期分析》和英国工程法学会出版的《工期延误与干扰索赔分析准则》。[②]

我国第一部涉及工期鉴定的技术规范是司法部司法鉴定管理局于 2014 年 3 月 17 日发布的《建设工程司法鉴定程序规范》(SF/Z – JD 0500001—2014),该规范第 7.2 条规定了工期鉴定。之后,2017 年 8 月 31 日住房城乡和建设部发布《建设工程造价鉴定规范》(GB/T 51262—2017),该规范第 5.7 条规定了工期索赔争议的鉴定。两个规范的共同点一是将工期鉴定纳入工程造价鉴定的下位概念,二是将法律问题纳入鉴定范围。例如,《建设工程造价鉴定规范》第 5.7.1 条规定了开工日期的认定,第 5.7.2 条规定了鉴定依据,第 5.7.3 条规定了竣工日期的认

---

① 茅洪斌:《工期鉴定方法探讨》,载 http://blog.sina.com.cn/s/blog_5e3b679b0102wrnl.html,最后访问日期:2022 年 1 月。

② 袁华之、邱闯主编:《建设工程工期争议解决指引》,法律出版社 2021 年版,第 268 页、第 429 页。

定，第5.7.4条规定了工期顺延，只有第5.7.5条和第5.7.6条才属于专业技术意义上的规范。①

工期鉴定意见书一般包括如下内容：(1)概述；(2)主要意见和观点；(3)延误事件识别；(4)延误事件对工程进度的影响；(5)延误事件对工程工期的影响分析；(6)延误事件的责任归属。②

关于工期延误的分析方法已经超越了法律知识，法官或仲裁员必须借助于鉴定意见对工期纠纷进行分析判断。目前而言，国内的工期鉴定处于起步阶段，不规范、不完善，表现如下：

1. 案件数量较少。2022年2月，作者在中国裁判文书网对建设工程合同纠纷案由进行检索，涉及造价鉴定的案件是57,796件，涉及质量鉴定的案件是16,214件，而涉及工期鉴定的案件只有314件，可见，关于工期鉴定的案件数量比较少，难以提炼出成熟的裁判规则，更能制定出法律规范或技术规范。

2. 没有专门工期鉴定机构。《中华全国律师协会律师办理建设工程法律业务操作指引》第125.2条第2款规定："目前法律、行政法规并未对工期鉴定机构的资质作出相关规定，但由于工期鉴定一般牵涉工期延期后应承担的违约金、损失赔偿的数额，故以委托具有工程造价咨询资质的机构进行鉴定为宜。"但是造价鉴定与工期鉴定是两类不同的鉴定，工程造价咨询机构很难胜任工期鉴定。

3. 没有统一鉴定规范。虽然个案采用了直接法、比例类推法、工期评估技术，但这些方法没有形成国家规范，鉴定方法带有随意性，鉴定结果不确定。

4. 大量法律问题纳入鉴定。工期鉴定范围应当是技术问题，如增加、变更工

---

① 2018年11月8日，根据司法部办公厅〔2018〕139号通知，《建设工程司法鉴定程序规范》废止。《建设工程造价鉴定规范》(GB/T 51262—2017)第5.7.5条：当事人对鉴定项目因设计变更顺延工期有争议的，鉴定人应参考施工进度计划，判别是否因增加了关键线路和关键工作的工程量而引起工期变化，如增加了工期，应相应顺延工期；如未增加工期，工期不予顺延。第5.7.6条：当事人对鉴定项目因工期延误索赔有争议的，鉴定人应按本规范第5.7.1~5.7.5条规定先确定实际工期，再与合同工期对比，以此确定是否延误以及延误的具体时间。对工期延误责任的归属，鉴定人可从专业鉴别、判断的角度提出建议，最终由委托人根据当事人的举证判断确定。

② 袁华之、邱闽主编：《建设工程工期争议解决指引》，法律出版社2021年版，第436页。

程是否在关键线路上,是否导致工期延误,延误多少天、造成多少损失,而现实中大量法律问题也纳入鉴定,如开工日期、竣工日期的认定、工期延误的责任认定,法官或仲裁员过分依赖鉴定意见,甚至法官或仲裁员明知道这属于法律问题,仍然希望鉴定机构出具鉴定意见。

正是因为工期鉴定不规范、不完善,当事人对工期鉴定意见的分歧较大,鉴定意见很难让当事人信服。简言之,国内工期鉴定处于起步阶段,很多问题有待于我们进一步探讨和研究。

类案检索

典型案例 江苏省徐州市中级人民法院(2021)苏03民终9070号判决

【裁判规则】工期属于专业技术问题,判断某个影响事件是否造成工期延误,需要专业技术知识,因此,施工合同纠纷案件中与工期延误有关的争议事实可委托工期鉴定。徐州洋海建设工程有限公司辩称因工程设计变更、工程量变更及增加、门窗外包工程委托检测等事实是否影响工期以及影响工期的天数等问题需要进行鉴定,在本案庭审中,法庭向徐州洋海建设工程有限公司释明工期鉴定问题,其表示同意进行工期鉴定。因一审未启动鉴定程序,二审不宜启动鉴定程序,故应当将本案发回重审。

典型案例 最高人民法院(2017)最高法民申5047号裁定

【房投徐州分公司再审理由】一、二审法院依据《工程鉴定意见书》确定房投徐州分公司的工期延误责任属于事实认定错误。案涉工程的变更均系辅线变更,对工期无实质性影响,且合同中未将辅线变更或设计变更作为盐城二建可以顺延工期的理由。

【裁判规则】房投徐州分公司和盐城二建在案涉《建设工程施工合同》中将设计变更和工程量增加作为工期顺延的情形。而根据相关施工资料,从主体封顶至竣工验收期间存在大量的工程变更,且鉴定机构亦认定辅线变更仍然会影响整个工程的整体竣工验收。房投徐州分公司虽主张该阶段工期延误系盐城二建原因导致,但并没有证据予以证明。因此,一、二审判决认定由房投徐州分公司承担从主体封顶至竣工验收期间的工期延误责任并无不当。房投徐州分公司关于案涉工程的变更皆是辅线变更,对工期无实质性影响,一、二审法院采信鉴定结论属于事实认定错误等申请再审理由均不能成立。

典型案例　最高人民法院(2020)最高法民申802号裁定

【建宇建筑公司申请再审理由】工程不存在迟延交付的情形。因天气和政府行为等原因造成的停工,不是专门性问题,不属于司法鉴定的范围,二审法院把由于天气原因和政府行为造成的工期顺延问题作为鉴定的内容并采信鉴定意见错误。建宇建筑公司已经提交了大量证据证明工期受到极端天气影响,足以证明停工的天数。

【裁判规则】关于延误工期的认定,鉴定机构在鉴定中并非未考虑天气影响,对涉及部分受雾霾影响的日期未予计入延误期间。鉴定机构根据人民法院委托对包括工期在内的案件相关问题进行鉴定,鉴定程序合法。建宇建筑公司提交的相关材料仅能证明施工期间当地政府发布的通知中要求施工单位停工,并不能证明其实际停工。

案例解读

《民事诉讼法》第79条规定:“当事人可以就查明事实的专门性问题向人民法院申请鉴定。当事人申请鉴定的,由双方当事人协商确定具备资格的鉴定人;协商不成的,由人民法院指定。当事人未申请鉴定,人民法院对专门性问题认为需要鉴定的,应当委托具备资格的鉴定人进行鉴定。”司法鉴定对象是法官运用法律知识无法解决的专门性问题。

(2021)苏03民终9070号判决,工期鉴定对象是工程量增加是否影响工期以及延误的天数。(2017)最高法民申5047号裁定,《工程鉴定意见书》解决的问题是主体工程之后的工程变更对工期的影响以及延误的天数。再审申请人诉称这属于零星变更,不影响工期,《工程鉴定意见书》认为这属于辅线变更,辅线变更也影响工期,故发包人应当对主体完工之后的工期延误承担责任。当然,辅线变更对工期有多大影响,《工程鉴定意见书》未作描述。

最高法民申802号裁定,当事人申请再审的理由是鉴定机构把法律问题纳入了鉴定,法院从再审申请人不能证明停工令导致实际停工的角度进行了回应,本案从侧面反映了工期鉴定中非常严重的以鉴代审问题。

很多案例表明,工期鉴定意见书更像一份法律咨询意见书,为法院审判提供"前置文件",鉴定意见书对疑难问题作出解释说明,坚定了法官的内心确认,据此作出判决。

第十二章

合同解除

法律法规/司法解释

《民法典》

第五百六十二条　当事人协商一致,可以解除合同。

当事人可以约定一方解除合同的事由。解除合同的事由发生时,解除权人可以解除合同。

第五百六十三条　有下列情形之一的,当事人可以解除合同:

(一)因不可抗力致使不能实现合同目的;

(二)在履行期限届满前,当事人一方明确表示或者以自己的行为表明不履行主要债务;

(三)当事人一方迟延履行主要债务,经催告后在合理期限内仍未履行;

(四)当事人一方迟延履行债务或者有其他违约行为致使不能实现合同目的;

(五)法律规定的其他情形。

以持续履行的债务为内容的不定期合同,当事人可以随时解除合同,但是应当在合理期限之前通知对方。

第五百六十四条　法律规定或者当事人约定解除权行使期限,期限届满当事人不行使的,该权利消灭。

法律没有规定或者当事人没有约定解除权行使期限，自解除权人知道或者应当知道解除事由之日起一年内不行使，或者经对方催告后在合理期限内不行使的，该权利消灭。

第五百六十五条　当事人一方依法主张解除合同的，应当通知对方。合同自通知到达对方时解除；通知载明债务人在一定期限内不履行债务则合同自动解除，债务人在该期限内未履行债务的，合同自通知载明的期限届满时解除。对方对解除合同有异议的，任何一方当事人均可以请求人民法院或者仲裁机构确认解除行为的效力。

当事人一方未通知对方，直接以提起诉讼或者申请仲裁的方式依法主张解除合同，人民法院或者仲裁机构确认该主张的，合同自起诉状副本或者仲裁申请书副本送达对方时解除。

第五百六十六条　合同解除后，尚未履行的，终止履行；已经履行的，根据履行情况和合同性质，当事人可以请求恢复原状或者采取其他补救措施，并有权请求赔偿损失。

合同因违约解除的，解除权人可以请求违约方承担违约责任，但是当事人另有约定的除外。

主合同解除后，担保人对债务人应当承担的民事责任仍应当承担担保责任，但是担保合同另有约定的除外。

第五百六十七条　合同的权利义务关系终止，不影响合同中结算和清理条款的效力。

第八百零六条　承包人将建设工程转包、违法分包的，发包人可以解除合同。

发包人提供的主要建筑材料、建筑构配件和设备不符合强制性标准或者不履行协助义务，致使承包人无法施工，经催告后在合理期限内仍未履行相应义务的，承包人可以解除合同。

合同解除后，已经完成的建设工程质量合格的，发包人应当按照约定支付相应的工程价款；已经完成的建设工程质量不合格的，参照本法第七百九十三条的规定处理。

完整履行一份施工合同，经历人员进场、材料进场、分项分部工程施工、工程验收、工程交付等环节。合同解除是指因双方合意或者一方行使解除权，使合同提前终止的行为。

依法成立的合同，对当事人具有法律约束力，当事人应当按照约定履行自己的义务，不得擅自变更或者解除合同。由于客观情况的变化，合同的履行成为不必要或不可能，如果再让合同继续发生法律效力，约束当事人双方，则不但对其中一方甚至双方有害无益，而且有时会阻碍市场经济的顺利发展，只有允许有关当事人解除合同或赋予法院适用情势变更原则的权力，才会使局面改观。① 从商业思维出发，合同解除是合作双方提前终止合作关系，进而打破僵局、降低损失、盘活资产的行为。

一、施工合同解除条件

合同解除分为协议解除和单方解除，协议解除是指当事人协商一致同意将合同解除，单方解除是指一方行使解除权将合同解除。单方解除又可以分为法定解除和约定解除，法定解除的解除条件根据法律确定，约定解除的解除条件根据合同的解约条款确定。

关于法定解除条件，《民法典》第 563 条第 1 款规定："有下列情形之一的，当事人可以解除合同：(一)因不可抗力致使不能实现合同目的；(二)在履行期限届满前，当事人一方明确表示或者以自己的行为表明不履行主要债务；(三)当事人一方迟延履行主要债务，经催告后在合理期限内仍未履行；(四)当事人一方迟延履行债务或者有其他违约行为致使不能实现合同目的；(五)法律规定的其他情形。"概言之，一方当事人严重违约，致使不能实现合同之目的，对方当事人可以解除合同。《民法典》对合同解除有特殊规定的，遵照特殊规定，如第 563 条第 2 款规定的不定期合同、第 787 条规定的承揽合同、第 933 条规定的委托合同，当事人

① 崔建远主编：《合同法》(第六版)，法律出版社 2016 年版，第 189 页。

一方享有随时解除权。

关于约定解除，虽然解除条件可以自由约定，但人民法院或仲裁机构也应当审查一方当事人违约行为是否达到不能实现合同目的之程度。

《2004 年施工合同司法解释》第 8 条规定："承包人具有下列情形之一，发包人请求解除建设工程施工合同的，应予支持：(一)明确表示或者以行为表明不履行合同主要义务的；(二)合同约定的期限内没有完工，且在发包人催告的合理期限内仍未完工的；(三)已经完成的建设工程质量不合格，并拒绝修复的；(四)将承包的建设工程非法转包、违法分包的。"第 9 条规定："发包人具有下列情形之一，致使承包人无法施工，且在催告的合理期限内仍未履行相应义务，承包人请求解除建设工程施工合同的，应予支持：(一)未按约定支付工程价款的；(二)提供的主要建筑材料、建筑构配件和设备不符合强制性标准的；(三)不履行合同约定的协助义务的。"上述条文分别规定了发包人、承包人单方解除合同的法定条件。《民法典》出台后，最高人民法院对《2004 年施工合同司法解释》《2018 年施工合同司法解释》进行整合，重新制定了《施工合同司法解释(一)》。《民法典》第 806 条第 1 款规定："承包人将建设工程转包、违法分包的，发包人可以解除合同。"第 2 款规定："发包人提供的主要建筑材料、建筑构配件和设备不符合强制性标准或者不履行协助义务，致使承包人无法施工，经催告后在合理期限内仍未履行相应义务的，承包人可以解除合同。"该规定吸收了《2004 年施工合同司法解释》第 8 条第 4 款、第 9 条第 2 款的内容，《2004 年施工合同司法解释》第 8 条、第 9 条的其他内容没有纳入《民法典》和《施工合同司法解释(一)》，但是这些内容仍属于法定解除情形，当事人可以根据《民法典》第 563 条第 1 款第(3)项之规定请求解除合同。

类案检索

典型案例 最高人民法院(2020)最高法民再12号判决

【争议焦点】关于案涉《建设施工合同》是否应解除的问题。

【裁判规则】首先,根据已查明的事实,案涉合同约定地下室正负零为第一次付款节点,胜业房地产公司应支付已完工程量的80%的工程款。根据名扬公司出具的鉴定意见书,华西股份公司实际完成的实体工程造价为13,514,718元。而胜业房地产公司已支付的工程款金额仅为2,016,700元,余款至今尚未支付,故胜业房地产公司未按合同约定支付相应工程款,迟延履行主要债务,符合合同法定解除的条件。

其次,根据胜业房地产公司2014年9月15日发出的总控进度计划,华西股份公司应于2014年11月15日进行主楼部分(A—F轴)的施工工作。但因胜业房地产公司直接发包的施工单位未按时完成前期施工,未向华西股份公司移交主楼工作面,致使华西股份公司无法进行主楼(A—F轴)地下室部分的施工工作。根据上述法律及司法解释规定,华西股份公司亦有权请求解除案涉建设施工合同。

综上,原审判决解除案涉建设施工合同并无不当,应予维持。

典型案例 最高人民法院(2020)最高法民再37号判决

【争议焦点】关于解除合同通知的效力问题。

【裁判规则】首先,成飞建设公司主张案涉工程出现“钢筋断裂”是第三人违法犯罪行为所致,应当适用“先刑后民”原则移送公安机关侦查,但成飞建设公司作为案涉工程的承包方,在工程竣工交付发包方之前,对工程具有看管义务,应自行承担建设工程标的物毁损的风险。无论案涉工程“钢筋断裂”是否因第三人实施违法犯罪行为故意破坏所致,均不影响成飞建设公司向其合同相对方承担相应的合同义务和民事责任,故本案民事纠纷无须移送公安机关处理。

其次,2014 年 10 月,琦洋汽车销售公司接到工程质量问题的举报,随后多次通知成飞建设公司并要求对工程质量隐患进行全方位检测,待检测结果完成后无质量隐患再按相关合同执行下步工作,而案涉工程经双方当事人现场检测以及工程质量鉴定,事实上的确存在钢筋连接构造方式不当、捆筋形状或钢筋间距不满足规范要求、部分钢筋保护层厚度不满足规范要求、部分混凝土抗压强度不合格等质量问题。琦洋汽车销售公司要求成飞建设公司解决质量问题后再履行剩余部分合同内容,具有正当性。成飞建设公司关于琦洋汽车销售公司不提供下一步施工方案导致停工、琦洋汽车销售公司构成违约的主张不成立。

最后,为解决工程质量问题,成飞建设公司与琦洋汽车销售公司分别于 2015 年 4 月 27 日和 2015 年 6 月 1 日达成《钢筋事宜处理协议》及《检测项目的协议》,约定共同委托有资质的检测机构对案涉工程进行质量安全检测。上述协议不违反法律禁止性规定,合法有效,当事人应当按照约定履行合同义务。原审法院据此认定成飞建设公司以其实际行为表明不履行合同主要义务,琦洋汽车销售公司依法享有合同解决权,其于 2015 年 6 月 21 日向成飞建设公司发出的解除合同通知有效并无不当。

典型案例　**北京市第三中级人民法院(2019)京 03 民初 643 号判决**

【争议焦点】本案违约责任的承担问题。

【裁判规则】从国舜新材料公司一方来看,根据庭审查明的事实,导致案涉工程工期延长的主要原因涉及图纸、降水和地基处理、环保政策、天气等原因,其中降水和地基处理工程为主要因素,是由于国舜新材料公司提交的地勘资料存在误差、地质状况不详所致;虽然在实际施工过程中,中外建公司出现边坡喷射混凝土厚度及抗压强度的问题,但是其实际影响时间很短。同时,该部分为合同外工程,并未在案涉合同中予以约定。虽然国舜新材料公司已经完全依照合同的约定履行了自己的付款义务,但是由于降水和地基处理确实是导致案涉工程延期的主要原因,这不可避免地导致中外建公司的人工成本、材料成本、设备租赁成本等相关费用增加,在此种情况下,中外建公司要求索赔因此产生的相应损失,包括人工、材料、设备租赁成本等损失,具有一定合理性,但国舜新材料公司一概拒绝协商,在这一点上,国舜新材料公司具有过错。

从中外建公司一方来看,本案中,中外建公司主张解除合同的主要理由是由于工期延长,导致其合同目的不能实现,但是要注意到,该降水、地基处理部分为合同外工程,该工程的相应款项并未包含在合同价款之内,对于因此增加的人工、材料、设备租赁等损失,在中外建公司与国舜新材料公司不能就此达成一致意见的情况下,中外建公司能否以此为由擅自停工,应作为认定双方责任的一个重要考量因素。根据上述事实可以看出,中外建公司停工的主要原因是双方就合同内容的变更问题,主要是材料费、人工费上涨等合同价款问题不能达成一致。客观地讲,在双方就此不能达成一致意见的情况下,中外建公司完全可以通过诉讼或者其他方式主张索赔,但不应擅自停工,中外建公司的擅自停工行为确实违反了合同约定,中外建公司对此应承担责任。

综上,本院根据本案具体情况,对于合同解除的责任分担,本院确定中外建公司负主要责任,国舜新材料公司负次要责任。

案例解读

研究违约责任的进路一是违约形态,二是责任形式。违约形态分为预期违约、拒绝履行、不完全履行、迟延履行、加害履行,责任形式分为继续履行、支付违约金、赔偿损失、定金罚则、解除合同。法律应当促进交易,督促当事人继续履行合同,只有一方当事人根本违约导致合同目的落空,或者客观上履行不能,人民法院或仲裁机构才判决解除合同,提前终止交易。

最高法民再12号判决,发包人拖欠巨额工程款,且不能提供工作面,导致后续工程无法施工;最高法民再37号判决,承包人不修复缺陷工程,发包人多次通知后仍不修复。当事人的关系陷入僵局,解除合同有利于打破僵局,实现物尽其用。

《民法典》第527条规定:“应当先履行债务的当事人,有确切证据证明对方有下列情形之一的,可以中止履行:(一)经营状况严重恶化;(二)转移财产、抽逃资金,以逃避债务;(三)丧失商业信誉;(四)有丧失或者可能丧失履行债务能力的其他情形。当事人没有确切证据中止履行的,应当承担违约责任。”京03民初643号判决,发包人不确认工程量、不办理签证手续、不接受索赔文件,拒绝与承包人协商相关问题,属于不讲商业信誉的行为,人民法院对发包行为进行了否定性评价。承包人可以就工程变更事项要求发包人调整价款,可以固定相关证据,可以中止履行,可以寻求司法救济,承包人在权利救济方式用尽之前自行停工并撤场,行为方式不当,也应当承担相应责任。

典型案例　最高人民法院(2020)最高法民终724号判决

【裁判规则】关于裕达建设集团是否应支付金汇房地产公司停工违约金783万元的问题。如前所述,金汇房地产公司至2017年1月23日才支付完毕3000万元工程进度款。因此,案涉工程2017年1月23日之前的停工是金汇房地产公司延迟支付工程款导致,金汇房地产公司无权向裕达建设集团主张在此之前的损失。案涉工程于2016年11月3日开始停工,在停工之后,金汇房地产公司并未要求裕达建设集团继续履行合同,裕达建设集团亦未在3000万元工程进度款支付后复工,双方并无继续履行合同的意思表示,均以自己的行为表明不履行合同的主要义务。因此,金汇房地产公司亦无权向裕达建设集团主张2017年1月23日之后的损失,本院对其上诉主张的停工违约金783万元不予支持。

典型案例　最高人民法院(2019)最高法民终1134号判决

【裁判规则】关于工期延误违约金410万元。就本案而言,在案涉工程约定竣工日2015年7月4日前,四川一建公司于2015年3月19日向万都房地产公司发出关于万都国际广场项目行使不安抗辩权的告知函,要求万都房地产公司按约定足额支付工程进度款。万都房地产公司回函认可其未足额支付工程进度款的行为,但要求四川一建公司尽快复工。2015年4月8日,四川一建公司向万都房地产公司发出解除合同函,万都房地产公司于2015年4月15日收到该函。案涉施工合同履行中,万都房地产公司未在合理期限内向四川一建公司履行足额支付工程进度款的义务，且多次未按约定时间审定工程量，构成违约，在这种情况下，四川一建公司有权依法解除合同，由此所致损失由万都房地产公司自行承担，对于万都房地产公司主张的工期延误损失，一审判决不予支持是正确的。

典型案例　最高人民法院(2020)最高法民再37号判决

【裁判规则】琦洋汽车销售公司与成飞建设公司的《施工合同》已于2015年6月21日解除，合同解除后琦洋汽车销售公司已将案涉项目另行发包，工程的后续建设和竣工验收非成飞建设公司能够控制，故一、二审判决将成飞建设公司应承担的违约损失计算至一号楼工程竣工验收之日不当。

琦洋汽车销售公司未积极采取补救措施防止损失继续扩大亦存在过错。综合考虑案涉工程发现质量问题后至合同解除前的停工时间(2014年10月～2015年6月)，以及合同解除后工程修复的合理时间(6个月)，结合案件的实际情况，本院酌情认定，成飞建设公司应承担的工期延误损失，按照合同约定的每天3万元计算450天，金额为3万元/天×450天＝1350万元。

案例解读

《民法典》第803条规定："发包人未按照约定的时间和要求提供原材料、设备、场地、资金、技术资料的，承包人可以顺延工程日期，并有权请求赔偿停工、窝工等损失。"发包人未按照约定的时间和要求提供原材料、设备、场地、资金、技术资料，承包人可以拒绝相应履行，由此导致工期延误的，发包人自行承担责任，例如最高法民终724号判决、最高法民终1134号判决，发包人自身存在违约行为，其要求承包人赔偿工期延误损失，不予支持。

《民法典》第584条规定："当事人一方不履行合同义务或者履行合同义务不符合约定，造成对方损失的，损失赔偿额应当相当于因违约所造成的损失，包括合同履行后可以获得的利益；但是，不得超过违约一方订立合同时预见到或者应当预见到的因违约可能造成的损失。"前半段规定了全面赔偿原则，通过赔偿损失，使守约方处于如同合同已经履行的状态，后半段规定了合理预见规则，赔偿损失范围不得超过违约方的合理预见。最高法民再37号判决,原承包人应当赔偿发包人拖延工期造成的损失,但是新承包人进场施工后,案涉工程何时竣工,非原承包人所能控制,故赔偿损失范围限定在合同解除后的合理期限内,而非整体竣工之日。

二、施工合同解除程序

符合解除条件,经过一定程序,合同才能解除。协议解除合同,当事人双方经过协商,一致同意解除合同,签订解除协议从而使合同解除。单方解除合同,享有解除权的一方通知对方,解除通知到达对方时合同解除。

《民法典》第565条规定:“当事人一方依法主张解除合同的,应当通知对方。合同自通知到达对方时解除;通知载明债务人在一定期限内不履行债务则合同自动解除,债务人在该期限内未履行债务的,合同自通知载明的期限届满时解除。对方对解除合同有异议的,任何一方当事人均可以请求人民法院或者仲裁机构确认解除行为的效力。当事人一方未通知对方,直接以提起诉讼或者申请仲裁的方式依法主张解除合同,人民法院或者仲裁机构确认该主张的,合同自起诉状副本或者仲裁申请书副本送达对方时解除。”本条规定了单方解除合同时的三种通知方式:直接通知解除、附期限通知解除、诉讼或仲裁方式通知解除。

解除通知到达对方当事人时,对方当事人反应之一是同意解除合同,同时提出发出解除通知一方是违约方,该当事人应当承担违约责任,此时,双方对合同解除没有争议,争议问题是违约责任问题。反应之二是不同意解除合同,根据《民法典》第565条规定,双方当事人均可请求人民法院或者仲裁机构确认合同行为的效力。反应之三是既不表示是否同意解除合同,也不提出异议,且超过了异议期,此时合同是否已经解除?发生争议时,人民法院是否应当审查合同解除条件?2017年12月2日最高人民法院民二庭第7次法官会议纪要认为“当事人根据《合同法》第96条的规定通知对方解除合同的,必须具备《合同法》第93条或者第94条规定的条件,即需要具备约定或法定的解除权,合同才能解除。人民法院在审查合同是否解除时,需要审查发出解除通知的一方是否享有合同解除权,不能仅仅以约定或法定的异议期限届满而受通知一方未起诉表示异议就认定合同已经解除。”①人民法院应当审查解除条件，如果发出通知一方不享有解除权，即使对方没有提出异议，人民法院也不判决解除合同。

人民法院根据《民法典》第565条规定判决或确认解除合同的，合同解除时间点是解除通知到达对方之时，而非判决生效之日。实务中，一方发出解除通知之前，可以先发出催告通知，催告对方履行合同，对方不履行合同，再发出解除通知。

《民法典》第564条规定："法律规定或者当事人约定解除权行使期限，期限届满当事人不行使的，该权利消灭。法律没有规定或者当事人没有约定解除权行使期限，自解除权人知道或者应当知道解除事由之日起一年内不行使，或者经对方催告后在合理期限内不行使的，该权利消灭。”合同解除权是形成权，解除权人单方意思表示即可使合同效力归于消灭，故应当在一定期间内行使，该期间即是解除权行使期限。根据《民法典》第564条规定，解除权行使期限分为三种情形：(1)法律规定或者当事人约定的解除权行使期限；(2)对方当事人催告后的合理期限；(3)自解除权人知道或者应当知道解除事由之日起一年期限。根据《民法典》第199条规定，解除权行使期限适用除斥期间，存续期间届满，解除权消灭。

类案检索

典型案例　最高人民法院(2020)最高法民终28号判决

【争议焦点】中扶公司对未撤场产生的损失是否承担责任。

【裁判规则】中扶公司系基于施工合同进场施工并在现场安放施工设备材料，在双方未就合同履行达成一致意见的情况下，中扶公司未将现场放置的施工材料撤出，属其正当权利范围，并未违反法律规定。金龙房地产公司提供的现有

① 贺小荣主编：《最高人民法院民事审判第二庭法官会议纪要》，人民法院出版社2018年版，第220页。

证据不足以证明中扶公司对未撤场产生的损失具有过错，其主张中扶公司赔偿监理费用、房地产经纪公司补偿金、前期物业管理费用、施工电梯、塔吊、钢管租赁补贴费用、清场费用、鉴定检测费用及修复费用，无事实依据，原审法院不予支持，亦无不当。

典型案例　最高人民法院(2019)最高法民终1134号判决

【争议焦点】关于四川一建公司是否未履行撤场、清场义务而应赔偿万都房地产公司场地清理费、场地占用费、场地租金、场地看管人员工资等损失10,630,288.68元的问题。

【裁判规则】根据《补充协议》第15.9条承包人退场条款约定，四川一建公司单方行使合同解除权后，双方应就合同解除达成一致之日起10个工作日内，四川一建公司清退出场。但是，一方面，案涉合同无效，关于退场的约定也与工程价款结算无关，故该约定不再作为评判退场行为的依据。另一方面，万都房地产公司于2015年4月15日收到四川一建公司解除合同的函后，双方并未依约就合同解除善后事宜达成协议一致，在退场条件、何时退场等合同解除善后事宜上分歧较大，在本案一审诉讼中，经一审法院多次做双方当事人工作，四川一建公司才陆续将物资材料清退完毕，在这种情况下，一审法院对万都房地产公司依据《补充协议》关于承包人退场条款主张相关损失不予支持，并无不当。

案例解读

施工合同解除的法律后果之一是原承包人退场、新承包人进场继续施工。承包人退场前，当事人双方应当磋商退场事宜，签订退场协议，固定已完工程量节点、清单现场物品，妥善处理工程款支付、质量、工期、违约责任等相关事宜。

承包人基于合法身份进入施工现场，对施工现场具有控制权。双方发生纠纷后，应当在合理期间内磋商合同解除事宜，承包人继续占有施工现场具有正当性。发包人认为承包人违反施工合同关于撤场的相关约定，要求承包人承担场地占有费、场地清理费等损失，不予支持。

三、合同解除的法律后果

《民法典》第566条规定："合同解除后,尚未履行的,终止履行;已经履行的,根据履行情况和合同性质,当事人可以请求恢复原状或者采取其他补救措施,并有权请求赔偿损失。合同因违约解除的,解除权人可以请求违约方承担违约责任,但是当事人另有约定的除外。主合同解除后,担保人对债务人应当承担的民事责任仍应当承担担保责任,但是担保合同另有约定的除外。"具体到施工合同,施工合同解除后,尚未履行部分不再履行,原承包人撤离施工现场,新承包人进场施工;工程施工是将建筑材料物化为建筑工程的过程,合同解除时已经形成永久建筑物,故合同解除时不适用恢复原状;合同解除时已完工程存在质量缺陷的,承包人承担修理、更换、重做的责任;一方违约导致合同解除,应当赔偿对方因此遭受的损失;合同约定了违约责任,违约一方应当承担违约责任,《民法典》第566条规定违约责任形式是指支付违约金。

笔者对比2017版《建设工程施工合同(示范文本)》《建设工程造价鉴定规范》关于发包人违约、承包人违约情形下解除合同的不同法律后果。

表12.1 发包人违约、承包人违约情形下解除合同的法律后果

文本	发包人违约	承包人违约
2017版《建设工程施工合同(示范文本)》	16.1.4 因发包人违约解除合同后的付款 承包人按照本款约定解除合同的,发包人应在解除合同后28天内支付下列款项,并解除履约担保: (1)合同解除前所完成工作的价款; (2)承包人为工程施工订购并已付款的材料、工程设备和其他物品的价款; (3)承包人撤离施工现场以及遣散承包人人员的款项; (4)按照合同约定在合同解除	16.2.4 因承包人违约解除合同后的处理 因承包人原因导致合同解除的,则合同当事人应在合同解除后28天内完成估价、付款和清算,并按以下约定执行: (1)合同解除后,按第4.4款〔商定或确定〕商定或确定承包人实际完成工作对应的合同价款,以及承包人已提供的材料、工程设备、施工设备和临时工程等的价值; (2)合同解除后,承包人应支付的违约金; (3)合同解除后,因解除合同给发包人造成的损失;

续表

文本	发包人违约	承包人违约
	前应支付的违约金； (5)按照合同约定应当支付给承包人的其他款项； (6)按照合同约定应退还的质量保证金； (7)因解除合同给承包人造成的损失。 合同当事人未能就解除合同后的结清达成一致的，按照第20条〔争议解决〕的约定处理。 承包人应妥善做好已完工程和与工程有关的已购材料、工程设备的保护和移交工作，并将施工设备和人员撤出施工现场，发包人应为承包人撤出提供必要条件	(4)合同解除后，承包人应按照发包人要求和监理人的指示完成现场的清理和撤离； (5)发包人和承包人应在合同解除后进行清算，出具最终结清付款证书，结清全部款项。 因承包人违约解除合同的，发包人有权暂停对承包人的付款，查清各项付款和已扣款项。发包人和承包人未能就合同解除后的清算和款项支付达成一致的，按照第20条〔争议解决〕的约定处理。 16.2.5　购买合同权益转让 因承包人违约解除合同的，发包人有权要求承包人将其为实施合同而签订的材料和设备的采购合同的权益转让给发包人，承包人应在收到解除合同通知后14天内，协助发包人与采购合同的供应商达成相关的转让协议
《建设工程造价鉴定规范》	5.10.3　委托人认定发包人违约导致合同解除的，应包括以下费用： (1)已完成永久工程的价款； (2)已付款的材料设备等物品的金额(付款后归发包人所有)； (3)临时设施的摊销费用； (4)签证、索赔以及其他应支付的费用； (5)撤离现场及遣散人员的费用； (6)发包人违约给承包人造成的实际损失(其违约责任的分担按委托人的决定执行)； (7)其他应由发包人承担的费用	5.10.4　委托人认定承包人违约导致合同解除的，应包括以下费用： (1)已完成永久工程的价款； (2)已付款的材料设备等物品的金额(付款后归发包人所有)； (3)临时设施的摊销费用； (4)签证、索赔以及其他应支付的费用； (5)承包人违约给发包人造成的实际损失(其违约责任的分担按委托人的决定执行)； (6)其他应由承包人承担的费用

综合2017版《建设工程施工合同(示范文本)》《建设工程造价鉴定规范》,施工合同解除的法律后果涉及以下问题:

1. 已完工程的价款。根据承包人实际完成的工程量(含签证、索赔款项),发包人据实支付工程价款。关于工程计量、计价、造价鉴定等问题,详见本书其他章节,不再赘述。

2. 现场建筑材料、设备设施。基于物尽其用原则,发包人支付价款后,承包人购买的建筑材料、设备设施转让于发包人,承包人已经购买尚未进场的建筑材料,承包人可以将合同权益转让于发包人。当然,施工合同关于建筑材料、设备设施的处理另有约定的,遵守约定。

3. 临时设施的摊销费用。临时设施按照整个工期进行建设,发包人原因导致合同解除,应当赔偿承包人未使用部分的价款;承包人原因导致合同解除,发包人同意接受并继续使用的,应当对承包人折价补偿。

4. 撤离现场及遣散人员的费用。发包人原因导致合同解除,应当赔偿承包人撤场费用、遣散人员费用。

5. 质量保证金。合同解除时,发包人预留的质量保证金是否退还,存在两种观点,笔者认为,质量保证金是担保承包人在质量缺陷期内对缺陷工程进行修复的款项,应当保留至质量缺陷期届满。

6. 赔偿损失。发包人原因导致合同解除,应当赔偿承包人停工窝工损失,包括人员工资、机械台班闲置费用;承包人原因导致合同解除,应当赔偿发包人逾期交工损失、工程质量缺陷损失。

7. 可得利益。第一种观点认为,发包人原因导致合同解除,应当赔偿承包人可得利益损失,具体数额由人民法院或仲裁机构根据合同履行情况及当事人过错程度,平衡各方当事人利益后酌定;第二种观点认为,工程施工具有诸多不确定性,是否实现预期利益具有不确定性,故不支持可得利益主张。

8. 优先受偿权问题。施工合同解除,与发包人订立合同的承包人主张优先受偿权的,予以支持。笔者进一步认为,即使承包人原因导致合同解除,发包人可以请求承包人承担违约责任,但不影响承包人主张优先受偿权。

类案检索

典型案例 **北京市第三中级人民法院(2018)京 03 民初 40 号判决**

【裁判规则】2020 年 9 月 15 日,中电投鉴定所就 C1#楼、C2#楼远大工程公司已完工未修复部分的质量鉴定及施工质量是否合格出具司法鉴定意见书。该鉴定意见书对玻璃幕墙施工的 10 个方面发现的问题、石材幕墙施工 7 个方面发现的问题、铝板施工 1 个方面发现的问题出具了质量问题的意见,并就玻璃幕墙、石材幕墙、铝板的修复制作了修复方案。

双斗造价公司于 2020 年 11 月 18 日出具修复方案的工程造价鉴定意见书。双斗造价公司 2020 年 12 月 3 日出具工程造价鉴定意见书补正:"C1#楼、C2#楼幕墙工程修复方案的鉴定结果为 20,191,792 元。原意见书中石材按 20% 破损率调整为除窗口上檐与下檐石材按 100% 破损率外,其余部分维持原有 20% 的石材破损率不变。"其他内容维持原鉴定意见书。

对于未修复部分的维修损失,结合双斗造价公司的鉴定结论、同时考虑鉴定机构作出鉴定的时间距远大工程公司完成工程时间较长、市场价格、部分数据估算存在工艺方式不同的差价等因素及本案实际情况,法院酌定本案质量维修损失费用为 1800 万元。对于新京润房地产公司过高的诉讼请求,不予支持。

典型案例 **北京市第一中级人民法院(2017)京 01 民初 3 号判决**

【裁判规则】案涉工程经过工程质量鉴定认定部分施工内容存在质量问题,但由于本案情况较为特殊,诉讼中启动质量鉴定时,案涉工程已处于玫而美服装公司控制之下长达一年之久,根据鉴定单位回复的意见,案涉工程的质量问题成因分为两类:1. 确定属于张家口建工集团在施工过程中存在的施工质量问题,主要为个别构件钢筋配置数量不符合设计图纸要求、部分构件截面尺寸不符合验收规范要求;2. 无法判断属于张家口建工集团在施工过程中存在的施工质量问题,还是停工后玫而美服装公司养护不当造成的质量问题。

确定属于施工过程中造成的质量问题,应当由张家口建工集团承担全部修复费用。对于鉴定单位无法明确确定质量问题成因的部分,一审法院酌情确定双方的过错比例。根据鉴定单位向一审法院的书面回复意见:1. 混凝土结构长期处于非正常使用条件下(非设计条件,长期暴露在外)也是导致混凝土收缩裂缝受温差影响开裂或继续开裂的原因之一。2. 工程长期处于非正常施工状态(如地下工程未完工情况下停止降水、混凝土结构长期处于非设计使用条件下等)也是导致渗水冒水的直接原因,但不是主要原因。一审法院认定张家口建工集团对于责任无法明确部分的修复费用承担主要责任,玫而美服装公司承担次要责任。

案例解读

施工合同解除时,争议焦点之一是已完工程质量是否合格、有无质量缺陷以及修复费用。《民法典》第806条第3款规定:"合同解除后,已经完成的建设工程质量合格的,发包人应当按照约定支付相应的工程价款;已经完成的建设工程质量不合格的,参照本法第七百九十三条的规定处理。"第801条规定:"因施工人的原因致使建设工程质量不符合约定的,发包人有权请求施工人在合理期限内无偿修理或者返工、改建。经过修理或者返工、改建后,造成逾期交付的,施工人应当承担违约责任。"工程质量合格是发包人支付工程款的前提条件,工程存在质量缺陷的,承包人应当承担修复责任,发包人有过错的,承担相应的过错责任。

上述两起案件先后经历了质量鉴定、修复费用鉴定,根据合同履行情况与过错程度,判决承包人承担主要责任。承包人撤场后,施工现场由发包人管控,发包人未妥善保管已完工程、未及时投入后续施工,对质量缺陷也应当承担一定责任。

典型案例 最高人民法院(2020)最高法民终383号判决

【裁判规则】关于剩余材料费814,532元。根据查明事实,2013年12月中服实业公司与通州建总公司对施工现场已加工及未加工材料数量进行清点确认,双方签字确认部分材料。对于通州建总公司主张的剩余材料,因中服实业公司未签字确认,不足以认定中服实业公司认可所涉材料的数量,故不能根据光明公司出具的鉴定意见确定总价。原判决未予支持剩余材料费814,532元,并无不当。

典型案例　**北京市高级人民法院(2019)京民终1470号判决**

【裁判规则】由于中煤建设公司撤场后,双方并未进行交接清算事宜,且此后汇天科技公司将未完工程交案外施工人进行施工,致使中煤建设公司完成的工程量难以准确剥离进行计算,鉴定中出现大量不确定项。解除函中明确汇天网络着手进行清算,上述鉴定中大量不确定项的出现系主要因汇天科技公司的行为所致,故应当由其承担相应的不利后果。

关于案涉工程量的确认。案涉工程撤场后,施工节点并无影像资料和交接记录;存在后续其他施工单位施工。根据鉴定单位反映的情况,汇天科技公司不配合甚至阻扰鉴定工作,导致鉴定中工程量确认存在难度。鉴定单位根据现有资料及情况,所作鉴定结论应予采信。对于鉴定单位所列确认项内容应予以认可。

典型案例　**北京市第三中级人民法院(2018)京03民初40号判决**

【裁判规则】未施工需扣减内容8,186,930.14元。如前所述,在案涉工程建设过程中,远大工程公司、新京润房地产公司配合不当造成工程停工,双方对此均应负相应责任。纠纷产生后,案涉两份合同仍处于履行期,在未协商一致的情况下,远大工程公司却于2016年年底撤场,并自行对施工界面等情况进行公证,新京润房地产公司自行委托鉴定公司进行工程造价鉴定和质量问题及修复方案造价鉴定,并另行委托第三方进行施工,远大工程公司、新京润房地产公司的行为造成目前鉴定机构无法通过现场勘察核实当时的界面情况,故双方当事人对于施工界面产生争议造成的不利后果均应负相应责任。远大工程公司要求将该项争议金额计入工程总造价,因施工界面无法确认,故对其该项意见,法院实难采纳。

关于施工现场内材料3,667,043.81元。案涉合同第13条第2款第5项约定:乙方自行负责材料、设备、机械的照管责任,至竣工验收并移交甲方。故远大工程公司对现场材料负有照管责任,其在撤场之时亦未进行相应保全,鉴定机构现场勘验未发现远大工程公司所述材料，故该部分损失应由远大工程公司自行承担。故对于远大工程公司要求将该部分金额计入工程总价款的意见，法院不予支持。

关于厂家已加工的库存材料1,977,346.57元。案涉合同第20条第7款约定：除根据本条第4款解除合同外，甲方不支付乙方因撤出施工现场所发生的支出费用，已经订货的材料、设备由订货方负责退货和解除订货合同并承担有关费用和损失。故远大工程公司现主张将该项金额计入工程总造价款中，依据不足，法院不予采纳。

案例解读

(2019)京民终1470号判决、(2018)京03民初40号判决，均涉及合同解除时已完工程量的认定问题。《北京高院解答》第13条第2款规定："当事人就已完工程的工程量存在争议的，应当根据双方在撤场交接时签订的会议纪要、交接记录以及监理材料、后续施工资料等文件予以确定；不能确定的，应根据工程撤场时未能办理交接及工程未能完工的原因等因素合理分配举证责任。"上述两案的裁判结果符合这一规定，施工界面无法确认、材料无法清点的不利后果由过错方承担。

按照物尽其用原则，发包人支付价款后，施工现场遗留的或者承包人购买已经支付价款的建筑材料、设备设施归发包人所有，但是施工合同另有约定的除外，例如，上述(2018)京03民初40号判决，施工合同约定"已经订货的材料、设备由订货方负责退货和解除订货合同并承担有关费用和损失"，据此约定，案涉材料设备由承包人自行处理，法官不应判决发包人接受并承担购买费用。(2020)最高法民终383号判决，涉及现场建筑材料认定问题，承包人主张的剩余建筑材料，没有发包人签字确认，也无其他佐证，故承包人主张的剩余材料费814,532元，不予支持。

典型案例 **最高人民法院(2020)最高法民终383号判决**

【裁判规则】案涉工程于2013年1月1日起停工，2013年12月，中服实业公司与通州建总公司对施工现场已加工及未加工材料数量进行清点确认,2014 年 1 月 15 日,通州建总公司同意杰信造价咨询公司对案涉工程造价进行审定。通州建总公司应知案涉工程复工困难,应采取适当措施降低损失,原判决依据原《合同法》第 119 条规定,认为通州建总公司负有减轻损失的义务,对于扩大的损失不能要求赔偿,据此认定钢管、扣件、油托等租赁费应计算至 2014 年 12 月底,2015 年 1 月 1 日至 2017 年 5 月的租赁费不应计入工程款,并无不当。

关于停工后管理人员遣散费工资、看护费损失 6,612,570 元。根据查明事实,通州建总公司提交的中宇广场一标、二标段管理人员、保安人员工资表系单方制作且未提交付款凭证等证据。针对停工后的看护费问题,中服实业公司提交的呼和浩特市大禹水文勘测有限公司证明、内蒙古建筑勘察设计研究院勘测有限责任公司见证单、现场人员签到表,证明现场仅有两名看护人员。通州建总公司主张赔偿损失 6,612,570 元,依据不足,原判决未予以支持,并无不当。

关于一标段 D 号楼人员遣散费 65 万元。通州建总公司提交的遣散费结算单及收据等不能充分证明是案涉工程的遣散费损失,通州建总公司请求该项损失的证据不足。

典型案例　最高人民法院(2019)最高法民终 1085 号判决

【裁判规则】关于损失是否实际发生的问题。关于机械设备租赁费 299.92 万元,北京城乡集团在一、二审中未提交机器设备租赁合同和证明该费用实际发生的直接证据;关于现场人员工资 882.73 万元,北京城乡集团提交的证据系其单方制作的工资发放表,没有实际发放的证据和工人领取工资的签字;关于现场周转材料费 98.36 万元、水电及临时办公费 58.44 万元,以及 2017 年 8 月 1 日至 2018 年 9 月 17 日支出费用 1312.04 万元,北京城乡集团未提交证明上述费用发生且属于停工损失的直接证据;关于 45.68 万元税金,无证据证明该费用属于损失且应由万润房地产公司承担。

典型案例 北京市第三中级人民法院(2019)京03民初643号判决

【裁判规则】……(5)混凝土价差索赔1,487,890元。对于该项请求,本院认为,双方合同虽然约定,因市场因素导致的人工费、材料费上涨,不变更合同综合单价。但是这是基于正常工期施工期间的约定,在本案案涉工程工期主要是由于国舜新材料公司原因延长的情况下,混凝土的价格上涨确实额外增加了中外建公司的施工成本,在本院庭审中,国舜新材料公司亦认可混凝土价格确实上涨了10%,从公平角度考量,对于中外建公司的该项请求,本院酌予支持其75万元。

(6)按已完工程量计提以外的安全文明施工措施费中的临时设施费索赔540,769元。对此,中外建公司主张,临时设施费属于合同价格组成中安全文明施工措施费中的一项,主要用于市场现场临时设施的施工建设,与安全文明施工措施费中的其他项不同,临时设施费在项目工程初期就一次性投入完成,不随工程进度摊销或消耗使用。合同价款中的临时设施费共计1,324,595元,已完工程量中计提的临时设施费783,826元,剩余临时设施费540,769元。鉴于中外建已通知国舜新材料公司解除合同,国舜新材料公司应向中外建公司支付已全部投入的临时设施费中尚未支付的部分540,769元。该笔费用属于合理费用,本院酌予支持其50万元。

典型案例 北京市第二中级人民法院(2019)京02民初714号判决

【裁判规则】中瑞建设集团为与宝誉丰投资公司签订建设工程施工合同向水木公司及梦天泽公司支付了居间费、咨询费以及为履行合同支付给菲尼公司的设计费等费用,均系中瑞建设集团为能够促成合同签订及履行而支出的费用,且水木公司及梦天泽公司均表示为促成中瑞建设集团与宝誉丰投资公司签订合同提供了相应的技术服务工作,故中瑞建设集团在合同解除后要求宝誉丰投资公司赔偿上述损失有事实及法律依据,本院予以支持。

案例解读

按照日常生活经验分析,工程暂停施工将导致机械台班闲置、人工工资额外支出、看护费用,承包人撤离现场,将产生撤场费用、人员遣散费用,这都属于停工、窝工损失的范畴。《民法典》第804条规定:“因发包人的原因致使工程中途停建、缓建的,发包人应当采取措施弥补或者减少损失,赔偿承包人因此造成的停工、窝工、倒运、机械设备调迁、材料和构件积压等损失和实际费用。”承包人据此要求发包人赔偿损失,应当证明发包人原因导致停建、缓建;证明实际支出了机械台班租赁费、留守人员工资、看护费用;证明发包人原因导致停建、缓建与实际损失之间具有因果关系。最高法民终383号判决、最高法民终1085号判决,承包人不能证明实际损失或者不能证明因果关系,人民法院对其主张不予支持。

京03民初643号判决,虽然案涉合同约定“因市场因素导致的人工费、材料费上涨,不变更合同综合单价”,这是基于合同按期履行作出的约定,发包人原因导致工期延长,延长期间适逢材料价款大幅上涨,超出了合同订立基础,材料价格应当调整,反之,承包人原因导致工期延长,价差损失由其自行承担。《北京高院解答》第12条第2款“因一方当事人原因导致工期延误或建筑材料供应时间延误的,在此期间的建材差价部分工程款,由过错方予以承担”的规定体现了这一思路。关于调整幅度,根据承包人实际支出情况,并考虑当地建设行政主管部门发布的信息价以及关于处理建材差价问题的意见予以确定。

对于临时设施等一次性投入,发包人原因导致合同解除,未摊销部分的损失发包人应予赔偿。反之,承包人原因导致合同解除,该损失由其自行承担。

京02民初714号判决,基本事实是案涉施工合同订立后未实际开工,承包人为订立合同支出的费用、为准备履行支持的费用,发包人应予赔偿。

典型案例　**北京市高级人民法院(2020)京民终80号判决**

【裁判规则】关于张家口建工集团上诉请求主张的预期利润一节。一审法院综合考量因张家口建工集团对案涉工程的质量问题存在过错,剩余部分的修复质量存在不确定性,对计算正常水平利润率存在负影响,依据可得利益损失的可预见性及减损规则,酌情确定张家口建工集团的预期利润损失为100万元,具有合理性,本院不持异议,予以维持。

典型案例 最高人民法院(2019)最高法民申3542号裁定

【裁判规则】预期可得利益不仅应是主观上可能的,客观上还应是确定的,即因违约行为的发生使此利益丧失,若无违约行为,这种利益按通常情形是必得的。而建设工程的预期可得利益具有很强的不确定性,即使案涉合同顺利履行完毕,也可能受施工管理及原材料价格上涨等诸多方面因素影响,未必产生预期利润、利益等。原审法院不支持河南建设公司主张案涉合同实际履行的预期利益,并无不当。

典型案例 最高人民法院(2020)最高法民终132号判决

【裁判规则】本案中,违约方栩宽房地产公司不可预见的损失、非违约方华建股份公司必要的交易成本等虽然无法精确计算,但是本院(2019)最高法民终1559号生效判决已支持华建股份公司主张的违约金1000万元、进度款14,580万元及自2015年2月14日起至付清时止的按年利率10%计算的利息。本案中根据双方当事人达成的一致意见,案涉6470元进度款自2015年2月14日起至付清时止按年利率10%计算利息。案涉工程系华建股份公司垫资建设,其垫资款直接损失应当是资金占用利息。案涉进度款21,051万元(14,580元+6470元)利息中高于银行同期贷款利率的部分,应当是华建股份公司因栩宽房地产公司违约而获得的利益。该部分利益应当从华建股份公司主张的可得利益赔偿总额中扣除。即使同贷利率按上述时期最高值5.75%计算,仅2015年2月14日至2020年2月13日这5年时间华建股份公司因栩宽房地产公司违约获取的高于同贷利率的利息约为21,051万元×(10%-5.75%)×5年=4473万元。该部分因违约所得收益已经远超栩宽房地产公司主张可得利益损失总额。华建股份公司主张的可得利益损失2202万元,缺乏依据,不予支持。

案例解读

《民法典》第584条规定:"当事人一方不履行合同义务或者履行合同义务不符合约定,造成对方损失的,损失赔偿额应当相当于因违约所造成的损失,包括合同履行后可以获得的利益；但是，不得超过违约一方订立合同时预见到或者应当预见到的因违约可能造成的损失。”发包人原因导致施工合同解除，承包人请求赔偿可得利益损失具有法律根据，实践中有三种判决方法：(1)施工合同履行中存在诸多不确定因素，能否实现盈利无法确定，不予支持；(2)根据合同履行情况，参照当地建设行政主管部门发布的信息价，酌定支持；(3)考虑已付工程款中包括利润，且发包人支付了欠付工程款利息，不予支持。

施工合同具有履行周期长、材料价格受市场波动影响大、履行成本高、利润空间小的特点，未履行部分能否实现预期利润，具有不确定性。鉴于此，在可得利益损失问题上应当考虑：(1)可预见性规则，可得利益损失不得超过发包人在订立合同时能够预见到的因违反合同可能造成的损失；(2)过错相抵规则，承包人在合同解除问题上有过错的，不考虑可得利益损失；(3)减损规则，发包人违约导致合同解除，承包人应当及时采取合理措施防止损失扩大。综合以上因素，由法院或仲裁机构酌情判决可得利益损失。

四、通过先行判决制度解决撤场问题

建设工程纠纷案之所以复杂和冗长，是因为工程造价、工程质量等专门问题需要通过司法鉴定，再加之上诉率高、再审申请率高，一起建设工程纠纷案件耗时两三年的现象极为常见。其实，一个案件无论多复杂，都可以分为无争议部分和有争议部分，《民事诉讼法》第156条规定：“人民法院审理案件，其中一部分事实已经清楚，可以就该部分先行判决。”该规定称为先行判决制度，根据先行判决制度，人民法院或仲裁机构可以对无争议部分先行判决，有争议部分通过司法鉴定方式解决。迟来的正义不是真正的正义，如果让无争议部分“陪伴”有争议部分经历鉴定、二审等冗长诉讼流程，不是公平正义的结果！

其实，1991年《民事诉讼法》第139条已经规定了先行判决制度，一直以来，该规定处于“休眠”状态。近年来，先行判决制度逐步用于施工合同纠纷，具体判决类型分为：(1)因造价鉴定将导致审理期限过长，法院就无争议部分款项先行判决；(2)就本诉部分先行判决，反诉部分待事实查明后再行裁判；(3)就承包人配合办理竣工验收备案先行判决;(4)为了防止损失扩大,可以先行判决解除合同;(5)就承包人撤出及移交施工场地作出先行判决;(6)发回重审的案件,也可以部分发回。①

为进一步提升建筑领域纠纷案件的审判质效,最大限度减少延宕审限,最大限度保护施工方合法利益,2021 年 9 月 4 日,河南省高级人民法院发布《关于强化建筑领域纠纷案件实质性化解的工作指引》,第 1 条内容是"积极落实先行判决制度",要求各级法院"积极落实《中华人民共和国民事诉讼法》第一百五十三条规定,对于各方无异议以及其他符合先行判决条件的,应及时先行判决;必须发回重审的,也要慎用全案发回"。河南省高级人民法院发文推行先行判决制度,在国内尚属首次。

具体操作层面上,一审阶段,主审法官应当主动识别无争议部分和有争议部分,先行判决无争议部分;二审阶段,对无争议部分可以维持原判,仅将有争议部分发回重审。

施工合同解除,可以适用先行判决制度,判决承包人撤离施工现场,为新承包人进场施工排除妨碍,需要承包人配合办理施工许可证撤销手续的,可以先行判决合同解除,同时判决承包人配合办理手续。

类案检索

典型案例　四川省成都市中级人民法院(2020)川 01 民终 3982 号判决

【裁判规则】二审争议焦点为一审就鑫博城镇化公司的反诉部分先行判决是否恰当。

首先,本案中双方对解除案涉合同并无异议,成都七建公司仍占据案涉施工

① 李冠军、陈明烨:《解读〈河南省高级人民法院关于强化建筑领域纠纷案件实质性化解的工作指引〉》,载建纬郑州律师事务所微信公众号,2021 年 10 月 20 日发布。

现场无事实和法律依据,成都七建公司在合同解除后负有腾退义务。

其次,双方对解除合同均无异议,且如上文所述合同解除后成都七建公司负有腾退施工现场的义务,即鑫博城镇化公司提出的该项诉请的相关事实认定及法律适用均清楚确定,符合先行判决的上述规定。且早在2018年双方就签署了《关于施工合同解除协商事宜的协议书》,针对合同解除事宜进行了协商,而截至目前已有两年之久,双方对工程款数额、损失赔偿等争议仍较大,还需时间审理,而案涉工程持续停工将导致损失进一步的扩大,为保障当事人的合法权益、减少损失,一审就案涉合同解除及腾退事项先行判决并无不当,本院予以确认。

最后,关于成都七建公司上诉提及的若其退场则部分损失将无法确定的问题。经本院询问后,四川通和工程项目管理咨询有限公司已复函确认成都七建公司撤场不影响鉴定意见中八项内容的鉴定,且成都七建公司保全损失证据的方式也不仅只有占据施工现场一种,故成都七建公司以此为由拒不腾退无事实和法律依据,本院不予支持。

典型案例 徐州市中级人民法院(2020)苏03民终740号判决

【裁判规则】本案二审争议焦点为一审对合同解除先行判决是否符合法律规定;案涉建设工程施工合同是否已经解除或应该予以解除。

一审对合同解除部分先行判决符合法律规定。根据法律规定,为避免双方损失继续扩大,一审法院对本诉部分的诉讼请求先行判决,并不违反法律规定。

案涉建设工程施工合同已经解除。升辉实业公司、吉沃建设公司在履行合同过程中,双方产生争议,虽经过长期协商,仍难以协商一致。升辉实业公司要求解除双方合同,吉沃建设公司回函中也同意解除合同,吉沃建设公司并以合同解除为由通知监理公司拆除了工地现场四台塔吊中的两台,故一审认定双方签订的《建设工程施工合同》已经解除,并无不当。

合同解除后,合同当事人有义务履行相关附随义务。关于升辉实业公司诉请吉沃建设公司协助其办理向建设行政主管部门撤销施工合同备案登记的问题,如果升辉实业公司在后续向建设行政主管部门申请撤销案涉施工合同备案登记过程中，需要吉沃建设公司按照相关规定予以协助，吉沃建设公司应按照合同约定、相关法律规定履行协助义务。一审法院判决吉沃建设公司履行上述协助义务，并不违反法律规定。

案例解读

从以上两起案件可以看出，人民法院在先行判决承包人撤场问题上持谨慎态度。首先，当事人矛盾僵持许久，无继续合作之可能性，当事人双方明确同意解除合同或者以自行行为表示同意解除合同；其次，当事人对已完工程、现场物品进行了清点，没有争议，工程款争议进入了造价鉴定程序，承包人撤场不影响鉴定结果，不损害承包人利益；最后，承包人继续占有现场缺乏正当性，先行判决承包人撤场对于降低损失、及时化解矛盾具有积极意义。

第十三章

管辖权争议

法律法规 / 司法解释

《民事诉讼法》

第三十三条　下列案件，由本条规定的人民法院专属管辖：

（一）因不动产纠纷提起的诉讼，由不动产所在地人民法院管辖；

（二）因港口作业中发生纠纷提起的诉讼，由港口所在地人民法院管辖；

（三）因继承遗产纠纷提起的诉讼，由被继承人死亡时住所地或者主要遗产所在地人民法院管辖。

《民事诉讼法司法解释》

第二十八条　民事诉讼法第三十四条第一项规定的不动产纠纷是指因不动产的权利确认、分割、相邻关系等引起的物权纠纷。

农村土地承包经营合同纠纷、房屋租赁合同纠纷、建设工程施工合同纠纷、政策性房屋买卖合同纠纷，按照不动产纠纷确定管辖。

不动产已登记的，以不动产登记簿记载的所在地为不动产所在地；不动产未登记的，以不动产实际所在地为不动产所在地。

《民事案件案由规定》

第四部分　合同、准合同纠纷

十、合同纠纷

115. 建设工程合同纠纷

(1)建设工程勘察合同纠纷

(2)建设工程设计合同纠纷

(3)建设工程施工合同纠纷

(4)建设工程价款优先受偿权纠纷

(5)建设工程分包合同纠纷

(6)建设工程监理合同纠纷

(7)装饰装修合同纠纷

(8)铁路修建合同纠纷

(9)农村建房施工合同纠纷

自 2015 年 2 月 4 日起实施的《民事诉讼法司法解释》第 28 条第 2 款规定:“农村土地承包经营合同纠纷、房屋租赁合同纠纷、建设工程施工合同纠纷、政策性房屋买卖合同纠纷,按照不动产纠纷确定管辖。”据此,建设工程施工合同纠纷实行不动产专属管辖,由工程所在地人民法院管辖。

《民事诉讼法》第 35 条规定:“合同或者其他财产权益纠纷的当事人可以书面协议选择被告住所地、合同履行地、合同签订地、原告住所地、标的物所在地等与争议有实际联系的地点的人民法院管辖,但不得违反本法对级别管辖和专属管辖的规定。”鉴于《民事诉讼法司法解释》第 28 条第 2 款规定了不动产专属管辖,故施工合同关于协议管辖的约定无效。

《民事诉讼法》第 130 条规定:“人民法院受理案件后,当事人对管辖权有异议的,应当在提交答辩状期间提出。人民法院对当事人提出的异议,应当审查。异议成立的,裁定将案件移送有管辖权的人民法院;异议不成立的,裁定驳回。当事人未提出管辖异议,并应诉答辩的,视为受诉人民法院有管辖权,但违反级别管辖和专属管辖规定的除外。”《民事诉讼法司法解释》第 329 条规定:“人民法院依照第二审程序审理案件,认为第一审人民法院受理案件违反专属管辖规定的,应当裁定撤销原裁判并移送有管辖权的人民法院。”被告对管辖权有异议的,应当在提交答辩状期间内提出,施工合同纠纷不适用应诉管辖原则,即使被告未提出管辖权异议,一审法院也应当主动审查管辖问题。二审期间,二审法院认为一审法院违反专属管辖规定,可以裁定撤销一审判决,将案件移送至工程所在地的人民法院。

《民事诉讼法司法解释》第 28 条第 2 款明确规定施工合同纠纷适用专属管辖,被告仍然提出管辖权异议,请求按照案件移送至被告住所地或者协议约定的法院管辖,部分法院认为被告构成恶意拖延诉讼、诉权滥用,决定处以罚款,故被告应当理性提出管辖权异议。

一、适用专属管辖的范围

《民事案件案由规定》中建设工程合同纠纷项下有九类四级案由,除建设工程施工合同纠纷外,其他八类纠纷是否也适用专属管辖?建设工程施工合同未履行,返还保证金纠纷是否适用专属管辖?

2015 年 8 月 27 日《人民法院报》刊登作者为“高民智”的文章《关于民诉法解释中有关管辖若干问题的理解与适用》中称:“我们认为,应当按照不动产纠纷由不动产所在地法院专属管辖的建设工程施工合同纠纷,不限于《民事案件案由规定》的建设工程合同纠纷项下的第三个第四级案由建设工程施工合同纠纷,应当包括该项下的建设工程施工相关的案件:……(3)建设工程施工合同纠纷;(4)建设工程价款优先受偿权纠纷;(5)建设工程分包合同纠纷;(6)建设工程监理合同纠纷;(7)装饰装修合同纠纷;(8)铁路修建合同纠纷;(9)农村建房施工合同纠纷。”第(4)至第(9)大类纠纷也适用不动产专属管辖。

《民法典》第 788 条第 2 款规定:“建设工程合同包括工程勘察、设计、施工合同。”勘察合同、设计合同、施工合同是并列关系,三类合同的权利义务关系存在较大区别,笔者认为,勘察合同与设计合同的主要履行地不是施工现场,解决纠纷不需要借助施工现场,这两类纠纷不适用专属管辖。检索生效判决可以发现,主流裁判观点认为这两类纠纷不适用专属管辖。

类案检索

典型案例 最高人民法院(2021)最高法民辖16号裁定

【裁判规则】在审理建设工程施工合同纠纷中,建设工程施工合同的履行基本是在建设工程所在地,即不动产所在地,其争议会经常涉及建筑物工程造价评估、质量鉴定、留置权优先受偿、执行拍卖等,故由不动产所在地法院管辖。依照《民事案件案由规定》的有关规定,与建设工程施工合同具有同样性质、具有建筑和安装内容的建设工程分包合同纠纷、装饰装修合同纠纷、铁路修建合同纠纷、农村建房施工合同纠纷,其合同履行基本也在建筑物所在地,故应适用不动产专属管辖,同时建设工程价款优先受偿权纠纷、建设工程监理合同纠纷与建设工程施工具有密切关联性,同样应适用不动产专属管辖。

虽然建设工程勘察合同、建设工程设计合同的履行与工地有一定的联系,如设计合同,设计工作必须从工地勘察开始,但设计工作主体实际是在设计单位内完成;勘察合同的履行尽管数据采集等大部分工作在工地进行,但后期作图、报告制作等也是在承揽单位完成,故建设工程勘察合同纠纷、建设工程设计合同纠纷不应适用不动产专属管辖。

典型案例 最高人民法院(2017)最高法民辖61号裁定

【裁判规则】本案系履行建设工程施工合同分包合同引发纠纷,应某伟(原告)起诉主张案涉工程没有开工,大庆建筑公司重庆分公司(被告)亦未按照约定返还工程保证金,本案应由工程所在地贵州省毕节市七星关区人民法院管辖,贵州省毕节市七星关区人民法院裁定将本案移送重庆市渝北区人民法院审理有错误。

案例解读

勘察合同纠纷、设计合同纠纷为何不适用专属管辖？最高法民辖16号裁定进行了精准分析，笔者不再赘述。

《民事诉讼法司法解释》第18条第3款规定：“合同没有实际履行，当事人双方住所地都不在合同约定的履行地的，由被告住所地人民法院管辖。”施工合同未履行，解除合同纠纷、赔偿损失纠纷、返还保证金纠纷适用于一般合同纠纷，还是适用不动产专属管辖？检索大数据发现，虽然此类纠纷不涉及司法鉴定，不涉及勘验现场，事实清楚，法律关系简单，也适用不动产专属管辖。

二、债权转让(债务负担)是否适用不动产专属管辖

债权转让，是指债的关系不失其统一性，债权人通过让与合同将其债权转移于第三人享有的行为。债权转让涉及三重法律关系，一是债权人与债务人之间基于施工合同产生的债权债务关系，基础法律关系是施工合同，施工合同纠纷适用不动产专属管辖；二是债权人将施工合同项下的债权转让于受让人，双方就债权转让订立的债权转让合同，债权人与受让人就债权转让合同发生纠纷的，应当按照一般合同纠纷确定管辖；三是受让人基于债权转让而取得债权人地位，受让人与债务人之间的基础法律关系仍是施工合同，如果受让人与债务人发生纠纷，鉴于案件诉讼标的是原施工合同项下的权利义务关系，适用不动产专属管辖。

债务承担，是指经过债权人同意，债务人将债务全部或者部分转让给第三人承担的行为。债务承担分为债务转移和债务加入，前者是指第三人替代原债务人承担债务，原债务人脱离债的关系，后者是指第三人加入债的关系，与原债务人共同负担同一内容之债。与债权转让同理，债权人与原债务人之间的基础法律关系是建设工程施工合同，不因债务转移而改变其性质，故债权人与第三人之间发生纠纷，也适用不动产专属管辖。

典型案例 北京市高级人民法院(2019)京民辖终289号裁定

【裁判规则】债权转让生效后,债权受让人诉至法院要求债务人还款,诉讼标的是原合同的权利义务关系,债务人亦可基于原合同的权利义务关系对受让的债权进行抗辩,故应按原合同类型确定案由及案件管辖。本案中,城建五资产公司主张其受让了城建五建设公司对中房京贸公司享有的债权,要求中房京贸公司还款,故应以城建五建设公司与中房京贸公司之间的原合同关系确定本案案由及管辖。本案争议原合同系中房京贸公司与城建五建设公司签订有《建设工程施工合同》,故本案争议系建设工程施工合同纠纷,应以不动产所在地法院专属管辖。该合同约定建设地位于北京市海淀区,故北京市海淀区有管辖权的法院对本案有管辖权。

三、签订结算协议后是否适用不动产专属管辖

施工合同履行完毕,当事人签订了结算协议,或者施工合同解除,当事人签订了解除协议,如何确定管辖?一种观点认为,此时双方的权利义务转变为单纯的债权债务关系,承包人主张欠款的依据是结算协议(解除协议),不涉及司法鉴定,不涉及勘验现场,可以按照一般合同纠纷确定管辖;另一种观点认为,结算协议(解除协议)源于施工合同,双方当事人的基础法律关系仍是施工合同,适用不动产专属管辖。

民事案件案由是民事诉讼案件的名称,反映案件所涉及的民事法律关系的性质,是人民法院将诉讼争议所包含的法律关系进行的概括;第一审法院立案时应当根据当事人诉争的法律关系性质,首先应适用《民事案件案由规定》列出的第四级案由,第四级案由没有规定的,则适用第三级案由,第三级案由中没有规定的,则可以直接适用相应的第二级案由或者第一级案由。[①] 笔者认为,债权债务关系是民事法律关系内容的概括,债务可以基于多种原因产生,人民法院立案时应当定位到基础法律关系,鉴于双方基础法律关系是施工合同,故应当适用不动产专属管辖。

---

① 最高人民法院《关于实施〈民事案件案由规定〉的通知》,2008年2月4日最高人民法院发布。

类案检索

典型案例　宿迁市中级人民法院(2018)苏13民辖终128号裁定

【裁判规则】因不动产纠纷提起的诉讼,由不动产所在地人民法院管辖。建设工程施工合同纠纷,应当按照不动产纠纷确定管辖。本案中,刘某威因双方合作承建水安建设集团中标的泗洪县山河路改造工程——排水工程,后双方终止合作并就施工过程中的债权债务进行结算形成终止合作意向书,诉请水安建设集团支付相应工程款及利息。故本案诉争仍系主要围绕建设施工案涉工程产生的债权债务关系,该争议应属于建设工程施工合同纠纷。建设工程施工合同纠纷,应当按照不动产纠纷确定管辖权。水安建设集团还上诉称双方已约定管辖,但约定管辖依法不得违反级别管辖和专属管辖的规定,本院对水安建设集团该上诉主张不予支持。因案涉不动产位于泗洪县,故泗洪县人民法院对本案有管辖权。

典型案例　北京市第二中级人民法院(2018)京02民辖终386号裁定

【裁判规则】国泰建设集团依据与京城环保公司签订的《付款协议》起诉京城环保公司要求支付工程款,《付款协议》中写明系双方就“呼和浩特市美商生活垃圾生化处理厂搬迁、升级改造工程”进行结算后,对工程款支付事项订立该协议。因此,虽然双方之间的基础法律关系为建设工程施工合同法律关系,但《付款协议》系原施工合同已经履行完毕后,当事人之间就债权债务进行清理而达成的协议,可直接根据该《付款协议》确定双方各自的权利和义务。《付款协议》中明确约定:“因履行本协议所发生的争议双方协商解决,协商不成的,任何一方均可以向乙方所在地人民法院诉讼解决。”该约定是当事人的真实意思表示,合法有效,应当据此确定本案的管辖法院。乙方即国泰建设集团的住所地为北京市丰台区,属于一审法院辖区,一审法院对本案有管辖权。一审法院将本案移送内蒙古自治区呼和浩特市赛罕区人民法院不当,应予纠正。国泰建设集团的上诉理由成立,其上诉请求应予支持。

案例解读

两案的共同特点是当事人双方在施工合同终止时签订了结算协议，结算协议约定了管辖地，承包人根据结算协议提起诉讼，苏 13 民辖终 128 号裁定认为应当按照基础法律关系确定管辖法院，终止合作意向书关于协议管辖的约定违反了违反级别管辖和专属管辖的法律规定而无效，京 02 民辖终 386 号裁定则认为当事人主张权利的依据是《付款协议》，可以按照一般合同纠纷确定管辖。相较而言，第一种观点是主流裁判思路。

四、实际施工人越过仲裁条款直接起诉发包人问题

这一问题分为两种情形：(1)实际施工人与承包人(含转包人、违法分包人，下同)在转包合同、违法分包合同中约定了仲裁条款，实际施工人能否越过仲裁条款向法院起诉发包人和承包人？(2)发包人和承包人在施工合同中约定了仲裁条款，发包人对承包人的抗辩能否向实际施工人主张？

回答这一问题，涉及对实际施工人的理解。《施工合同司法解释(一)》第 43 条规定："实际施工人以转包人、违法分包人为被告起诉的，人民法院应当依法受理。实际施工人以发包人为被告主张权利的，人民法院应当追加转包人或者违法分包人为本案第三人，在查明发包人欠付转包人或者违法分包人建设工程价款的数额后，判决发包人在欠付建设工程价款范围内对实际施工人承担责任。"该条第 1 款规定了实际施工人根据转包合同、违法分包合同起诉承包人，双方权利义务应当遵守转包合同、违法分包合同；第 2 款规定了实际施工人与发包人没有施工合同关系，基于法律特别规定，允许实际施工人突破合同相对性向发包人主张权利。

有观点认为，认为转包合同、违法分包合同与施工合同具有承继性，笔者持否定态度。转包合同、违法分包合同与施工合同的当事人、承包范围、计价方式、支付进度、争议解决方式等内容均不相同，是两类具有独立性的合同，不具有承继关系。

基于以上分析，第一种情形下，人民法院根据转包合同、违法分包合同查明承包人拖欠实际施工人的工程款数额，鉴于转包合同、违法分包合同约定了仲裁，排除了法院管辖权，实际施工人应当申请仲裁。

第二种情形下，实际施工人向发包人主张权利时，需要审理并查明施工合同项下发包人欠付承包人的工程款数额，鉴于施工合同约定了仲裁，施工合同纠纷应当提交仲裁机构解决，但转包合同纠纷、违法分包合同纠纷可以继续审理。

类案检索

典型案例 最高人民法院(2014)民申字第1591号裁定

【裁判规则】杰出建筑公司(原告、实际施工人)主张工程价款的基础法律关系是其与中交公路公司(被告、违法分包人)之间的合同关系，而双方在合同中约定了仲裁条款，排除了法院管辖权。杰出建筑公司将兰渝铁路公司(被告、发包人)、中交公路公司作为共同被告起诉至甘肃省陇南市中级人民法院，违背了杰出建筑公司与中交公路公司通过仲裁处理双方争议的约定。

【同类案例】

广东省高级人民法院(2020)粤民终466号裁定

江西省高级人民法院(2020)赣民终146号裁定

云南省高级人民法院(2015)云高民一终字第227号裁定

四川省高级人民法院(2018)川民终529号裁定

典型案例 河北省高级人民法院(2017)冀民辖终38号裁定

【裁判规则】上诉人石家庄建工集团有限公司及二分公司与被上诉人石家庄英杰建筑装饰工程有限公司2012年4月20日签订的两份《建筑安装工程分包合同》第15条补充条款第8项约定："未尽事宜双方另行协议解决，若达不成协议，可向邢台市仲裁委员会仲裁解决。"该仲裁条款意思表示真实，且约定明确，不违反法律法规的强制性规定，为合法有效的仲裁条款，对双方均具有约束力。但河北省任县人民医院（发包人、原审被告）不是该合同的当事人，该约定仲裁条款对河北省任县人民医院不具有约束力。综上，上诉人石家庄建工集团有限公司及二分公司提出的上诉理由不能成立，本院不予支持。

【同类案例】

福建省高级人民法院（2017）闽民终1052号裁定

案例解读

第一种情形下，有两类截然不同的判决，民申字第1591号裁定认为实际施工人向法院起诉违反了仲裁条款，实际施工人应当申请仲裁，冀民辖终38号裁定则认为可以受理实际施工人的起诉。笔者赞同民申字第1591号裁定的观点。

典型案例　最高人民法院（2015）民一终字第170号裁定

【裁判规则】建安建设公司与森科盐化公司签订的《建设工程施工合同》已经明确约定了仲裁条款，故双方之间的工程款结算和支付等争议，应提交由双方约定的仲裁委员会仲裁解决，不属于人民法院主管范围。一审法院受理熊某海（实际施工人）对森科盐化公司的起诉不当，应予驳回。本案的工程所在地在青海省，根据级别管辖的相关规定，青海省高级人民法院可继续审理熊某海诉建安建设公司建设工程施工合同纠纷。

典型案例　最高人民法院（2019）最高法民辖终14号裁定

【裁判规则】《协议书》之主体为无锡中粮公司以及江苏天腾公司，实际施工人叶某宗并非《协议书》的签约方，不受《协议书》中仲裁条款的约束，无锡中粮公司援引《协议书》中的仲裁条款对一审法院的管辖权提出异议没有事实依据。

典型案例　山西省高级人民法院（2018）晋民辖终25号裁定

【裁判规则】本案吕某保作为实际施工人，以发包人吕梁宏星公司、承包人河南东方太原公司及河南东方公司为被告主张权利，不是依发包人与承包人签订的合同产生的权利，而是直接基于法律规定赋予的权利，不受发包人与承包人签订合同中管辖条款的约束。

案例解读

第二种情形下，均是发包人提出管辖权异议。民一终字第170号裁定驳回实际施工人对发包人的起诉，继续审理违法分包合同纠纷；最高法民辖终14号裁定从合同主体角度驳回发包人管辖权异议；晋民辖终25号裁定从权利来源角度驳回发包人管辖权异议。基于前述分析，笔者赞同民一终字第170号裁定的观点。

五、挂靠人越过仲裁条款直接起诉发包人问题

挂靠人是《施工合同司法解释（一）》第1条规定的实际施工人，但是挂靠与转包、违法分包存在本质区别。挂靠情形下，基于挂靠人与发包人之间存在事实上的施工合同关系，应当允许挂靠人以自己名义向发包人起诉，起诉的合同依据是挂靠人以被挂靠人名义与发包人签订的施工合同。转包、违法分包情形下，实际施工人基于转包合同、违法分包合同向承包人起诉，人民法院首先解决转包合同、违法分包合同项下的工程款纠纷，其次查明施工合同项下发包人欠付承包人的工程款数额，并判决发包人在欠付范围内对实际施工人承担责任。

基于以上分析，施工合同约定了仲裁，挂靠人基于实际施工事实，根据施工合同以自己名义向发包人主张权利，应当遵守仲裁条款，而且施工合同体现了挂靠人的意思表示，挂靠人对仲裁条款明知，也应当遵守仲裁条款。

典型案例　**最高人民法院（2020）最高法民申4893号裁定**

【裁判规则】原告李某印主张案涉工程价款的基础法律关系是其以中泰公司名义与华泰公司签订的协议书，而该协议书中约定了仲裁条款，此条款具有独立性且排除了人民法院的管辖权。李某印将发包人城投公司、转包人有色公司作为共同被告起诉至一审法院，有违双方此前关于通过仲裁方式处理争议的约定。

【类似案例】

河北省高级人民法院(2020)冀民终798号裁定

广东省高级人民法院(2019)粤民申9328号裁定

广东省高级人民法院(2019)粤民申3381号裁定

甘肃省高级人民法院(2018)民终523号裁定

案例解读

挂靠人不是施工合同的承包人,面临仲裁机构是否受理的问题。以甘肃省高级人民法院(2018)民终523号裁定、广东省高级人民法院(2019)粤民申3381号裁定为例,人民法院驳回挂靠人的起诉,挂靠人可以根据生效裁定向仲裁机构申请仲裁,仲裁机构应予受理。

六、代位权纠纷诉讼的管辖问题

《施工合同司法解释(一)》第44条规定:"实际施工人依据民法典第五百三十五条规定,以转包人或者违法分包人怠于向发包人行使到期债权或者与该债权有关的从权利,影响其到期债权实现,提起代位权诉讼的,人民法院应予支持。"实际施工人对发包人提起代位权诉讼,是法律保护实际施工人合法权益的又一举措。

参考《合同法司法解释(一)》第14条"债权人依照合同法第七十三条的规定提起代位权诉讼的,由被告住所地人民法院管辖"的规定,主债务人住所地法院、次债务人住所地法院均享有管辖权。但是,实际施工人主张权利的依据是施工合同,且实际施工人与承包人以及承包人与发包人之间皆为施工合同关系,故实际施工人提起代位权诉讼,适用不动产专属管辖,由工程所在地人民法院管辖。

实际施工人提起代位权诉讼,但是发包人与承包人之间约定了仲裁条款,《民法典》第535条第3款规定:"相对人对债务人的抗辩,可以向债权人主张。"发包人根据仲裁条款向实际施工人提出抗辩,能否获得支持?目前有两种裁判结果。

类案检索

典型案例　浙江省杭州市滨江区人民法院(2020)浙0108民初5753号裁定

【裁判规则】原告起诉的案由为债权人代位权纠纷,原告作为债权人,提起代位权的依据为债务人上海泰远能源电力工程技术有限公司与次债务人浙江正泰新能源开发有限公司于2017年12月14日签订的《建设工程施工合同》所产生的债权债务关系,该合同约定因合同及合同有关事项发生的争议,向杭州仲裁委员会申请仲裁。该仲裁条款能够指向确定的仲裁机构,该约定合法有效。在代位权诉讼中,次债务人对债务人的抗辩,可向债权人主张。因此,次债务人浙江正泰新能源开发有限公司对债务人上海泰远能源电力工程技术有限公司的抗辩可以向原告主张,本案诉讼仍受《建设工程施工合同》仲裁条款的约束。因此本院对本案不具有管辖权,原告应就本案纠纷仲裁。裁定如下:驳回原告钱某明的起诉。

典型案例　上海市普陀区人民法院(2020)沪0107民初16162号裁定

【裁判规则】本案系债权人代位权纠纷。根据《合同法司法解释(一)》第14条之规定,债权人依照合同法第七十三条的规定提起代位权诉讼的,由被告住所地人民法院管辖。由此,代位权诉讼的管辖应适用一般地域管辖规则,由次债务人所在地人民法院管辖,既排除其他法院的地域管辖,亦排除债权人与债务人之间、债务人与相对人之间的管辖协议和仲裁协议。经查,被告住所地确位于上海市普陀区内,故本院对本案具有管辖权,被告提出的异议不能成立。裁定如下:驳回被告家乐福(上海)供应链管理有限公司对本案管辖权提出的异议。

案例解读

按照《合同法司法解释(一)》的规定精神,代位权诉讼只能由相对人住所地法院管辖,即代位权诉讼适用一般地域管辖,既排除其他法院的地域管辖,也排除债权人与债务人之间、债务人与相对人之间的管辖协议和仲裁协议,债务人、相对人不得以此进行管辖抗辩。① 本书赞同沪0107民初16162号裁定的观点，代位权是基于债权的保全权能而生成的一项法定权利，债权人起诉的依据是法律规定而非合同，故代位权诉讼的管辖排除协议管辖和仲裁管辖。

七、专门法院管辖问题

《最高人民法院关于铁路运输法院案件管辖范围的若干规定》第3条规定："下列涉及铁路运输、铁路安全、铁路财产的民事诉讼，由铁路运输法院管辖：……（六）与铁路及其附属设施的建设施工有关的合同纠纷"，与铁路有关的建设工程施工合同纠纷，既涉及专门管辖，又涉及专属管辖。首先，依法应由铁路运输法院管辖，而不是地方人民法院；其次，以工程所在地为坐标检索对应的铁路运输法院，由该铁路运输法院管辖。

典型案例　最高人民法院（2019）最高法民辖终513号裁定

【裁判规则】本案系铁路建设合同纠纷，根据《最高人民法院关于铁路运输法院案件管辖范围的若干规定》第3条第6项规定，与铁路及其附属设施的建设施工有关的合同纠纷，由铁路运输法院管辖。铁路工程作为一项特殊的不动产，在《最高人民法院关于铁路运输法院案件管辖范围的若干规定》已对其管辖法院作出特别规定的情况下，应当优先适用该特别规定，中铁七局主张本案应由案涉工程（不动产）所在地法院专属管辖的上诉理由不能成立，本案应由铁路运输法院专门管辖。在级别管辖上，根据其时施行的《最高人民法院关于调整高级人民法院和中级人民法院管辖第一审民商事案件标准的通知》（法发〔2015〕7号）第2条规定，当事人一方住所地不在受理法院的第一审民商事案件，吉林、江西等高级人民法院，管辖诉讼标的额5000万元以上一审民商事案件。案涉铁路工程在南昌铁路运输中级法院辖区内，但因永德信公司主张的诉讼标的金额为29,344.5016万元，已超过其时南昌铁路运输中级法院的级别管辖标准，故依法应由其上级法

---

① 最高人民法院民法典贯彻实施工作领导小组主编：《中华人民共和国民法典合同编理解与适用（一）》，人民法院出版社2020年版，第504~505页。

院即原审法院(江西省高级人民法院)管辖。江阴铁路公司认为本案应由南昌铁路运输中级法院管辖的主张有违本案实际,缺乏事实依据。

八、级别管辖问题

2021年9月17日,最高人民法院发布《关于调整中级人民法院管辖第一审民事案件标准的通知》(法发〔2021〕第27号),根据该通知,自2021年10月1日起,普通民事案件(不含军事法院管辖案件,不含知识产权案件、海事海商案件和涉外涉港澳台地区民商事案件),当事人住所地均在或者均不在受理法院所处省级行政辖区的,中级人民法院管辖诉讼标的额5亿元以上的第一审民事案件;当事人一方住所地不在受理法院所处省级行政辖区的,中级人民法院管辖诉讼标的额1亿元以上的第一审民事案件。

法发〔2021〕第27号通知是在国家关于完善四级法院审级职能定位的背景下制定的。2021年9月27日,最高人民法院印发《关于完善四级法院审级职能定位改革试点的实施办法》,明确了四级法院审级职能定位:基层人民法院重在准确查明事实、实质化解纠纷;中级人民法院重在二审有效终审、精准定分止争;高级人民法院重在再审依法纠错、统一裁判尺度;最高人民法院监督指导全国审判工作、确保法律正确统一适用。

最高人民法院之前发布的级别管辖文件根据全国经济发展状况,划分为不同区域,分别划线。法发〔2021〕第27号文的特点是"全国一刀切",不再分区域划线。标的额超过5亿元或1亿元的普通民事案件较少,即使原告增加诉讼请求、被告提出反诉,标的额很难超过5亿元或1亿元,法发〔2021〕第27号文实施之后,绝大多数民商事纠纷将在基层法院解决,因级别管辖引起的管辖权异议案件数量也将大大减少。尽管如此,级别管辖涉及的法律问题仍应当进行探讨。

1. 立案阶段,一审法院根据原告起诉状所列诉讼标的额确定级别管辖标准,必要时可以要求原告提供初步证据,至于原告诉讼请求能否获得支持、证据是否充分,属于实体审理阶段的内容,立案阶段不应当实质性审查。原告请求解除合同、继续履行合同或确认合同无效,该诉讼请求包含对合同内容相关财产的处分,应以合同金额确定级别管辖标准。

2. 原告增加诉讼请求，标的额超出一审法院级别管辖标准，《民事诉讼法司法解释》第 39 条第 1 款规定："人民法院对管辖异议审查后确定有管辖权的，不因当事人提起反诉、增加或者变更诉讼请求等改变管辖，但违反级别管辖、专属管辖规定的除外。"管辖恒定为原则，但是不得违反级别管辖和地域管辖。《最高人民法院关于审理民事级别管辖异议案件若干问题的规定》第 1 条规定："被告在提交答辩状期间提出管辖权异议，认为受诉人民法院违反级别管辖规定，案件应当由上级人民法院或者下级人民法院管辖的，受诉人民法院应当审查，并在受理异议之日起十五日内作出裁定：(一)异议不成立的，裁定驳回；(二)异议成立的，裁定移送有管辖权的人民法院。"第 3 条规定："提交答辩状期间届满后，原告增加诉讼请求金额致使案件标的额超过受诉人民法院级别管辖标准，被告提出管辖权异议，请求由上级人民法院管辖的，人民法院应当按照本规定第一条审查并作出裁定。"据此，答辩期内被告有权提出管辖权异议，答辩期届满后原告增加请求超过一审法院受案标准，被告也有权提出管辖权异议。一审法院审查异议成立的，裁定将案件移送上一级法院审理；一审法院驳回管辖权异议，被告可以提起上诉，二审法院审查后认为异议成立，撤销一审裁定、确定本院审理。少数法院认为，答辩期届满后原告增加诉讼请求没有提高管辖标准的恶意，为提升诉讼效率、减少累讼，裁定驳回被告提出的管辖权异议。

3. 被告反诉请求标的额超出一审法院级别管辖标准，虽然《民事诉讼法司法解释》第 39 条第 1 款规定了管辖恒定原则，管辖恒定原则不得违反级别管辖和专属管辖，一审法院应当将案件移送至上一级法院。但是检索裁判文书大数据可以发现，各级法院对管辖权移送持否定态度，表现为：(1)一方当事人提出管辖权异议，一审法院驳回，二审法院维持一审裁定；(2)一方当事人提出管辖权异议，一审法院移送，二审法院撤销一审裁定，指定一审法院审理；(3)一审法院主动移送，当事人均未上诉，二审法院撤销一审裁定，指定一审法院审理。裁判理由是被告可以另行起诉，但被告选择了反诉，被告提出反诉、视为认可管辖。

《民事诉讼法司法解释》第 239 条规定："人民法院准许本诉原告撤诉的，应当对反诉继续审理；被告申请撤回反诉的，人民法院应予准许。”原告撤诉后，反诉请求标的额超过一审法院级别管辖标准，如何处理？一种处理方法是反诉继续审理，另一种处理方法是裁定驳回反诉。笔者赞同第一种观点。

类案检索

典型案例　贵州省贵阳市中级人民法院（2021）黔01民辖终35号

【裁判规则】双方基于案涉《乐湾国际建安工程总承包施工合同（7－1地块工程）》发生纠纷，解除合同的诉讼请求必然对合同约定的工程及其价款产生法律后果，故该解除合同的诉讼请求亦属于财产性诉讼请求。在确定本案的级别管辖时，如果仅仅依据当事人主张给付的违约金具体金额，而完全不考虑双方对于合同是否解除的法律后果，以及合同自身的标的额，着实有违根据诉争利益的数额确定财产类案件级别管辖的精神。上诉人苏中建设公司主张本案诉请解除的合同金额应计入诉讼标的额并据以确定管辖的理由成立，其上诉请求本院予以支持，一审认定解除合同系非财产性争议并裁定驳回其管辖权异议不当，本院予以纠正。

【裁定如下】一、撤销贵州省贵阳市乌当区（2021）黔0112民初239号民事裁定；二、本案由贵州省贵阳市中级人民法院管辖。

典型案例　贵州省铜仁市中级人民法院（2021）黔06民辖监1号

【裁判规则】当事人完全可以不提起反诉，而根据诉讼标的额向其认为有管辖权的人民法院另行起诉。在当事人没有另行起诉，而是通过反诉提出主张的情况下，由受诉法院将之与本诉合并审理，符合《民事诉讼法》第140条的规定，有利于及时解决纠纷，防止裁判冲突。印江县人民法院依据反诉标的额向本院移送案件，违反管辖恒定原则，属程序不当，应予纠正。

【裁定如下】一、撤销贵州省印江土家族苗族自治县人民法院（2020）黔0625

民初2728号民事裁定;二、本案由贵州省印江土家族苗族自治县人民法院继续审理。

典型案例 **山西省运城市中级人民法院(2021)晋08民终1313号裁定**

【裁判规则】当事人未依法提出管辖权异议,但受诉人民法院发现其没有级别管辖权的,应当将案件移送有管辖权的人民法院审理。经查,在一审法院法庭辩论前,上诉人增加诉讼请求,该案在诉讼标的额增加后超过了临猗县人民法院的级别管辖标准,临猗县人民法院应当按照级别管辖的规定报请上级法院审理。一审裁定依照《民事诉讼法》第36条、第119条规定,驳回上诉人的起诉适用法律错误,本院予以纠正。

【裁定如下】撤销临猗县人民法院(2020)晋0821民初176号民事裁定。

案例解读

黔01民辖终35号裁定,解除合同纠纷属于财产类案件,按照合同金额确定级别管辖标准。黔06民辖监1号裁定,反诉金额超过一审法院受案标准,一审法院向上一级法院移送,上一级法院则认为"提出反诉,视为认可管辖法院",裁定继续由一审法院审理。

晋08民终1313号裁定,原告增加诉讼请求或被告提出反诉,标的额超出一审法院级别管辖标准,一方当事人提出管辖权异议,一审法院应当对管辖问题作出处理,不应当裁定不予受理或驳回起诉。

附录部分

附录一：《中华人民共和国民法典》（节录）

（2020 年 5 月 28 日第十三届全国人民代表大会
第三次会议通过，自 2021 年 1 月 1 日起施行）

第十八章 建设工程合同

第七百八十八条 建设工程合同是承包人进行工程建设，发包人支付价款的合同。

建设工程合同包括工程勘察、设计、施工合同。

第七百八十九条 建设工程合同应当采用书面形式。

第七百九十条 建设工程的招标投标活动，应当依照有关法律的规定公开、公平、公正进行。

第七百九十一条 发包人可以与总承包人订立建设工程合同，也可以分别与勘察人、设计人、施工人订立勘察、设计、施工承包合同。发包人不得将应当由一个承包人完成的建设工程支解成若干部分发包给数个承包人。

总承包人或者勘察、设计、施工承包人经发包人同意，可以将自己承包的部分工作交由第三人完成。第三人就其完成的工作成果与总承包人或者勘察、设计、施工承包人向发包人承担连带责任。承包人不得将其承包的全部建设工程转包给第三人或者将其承包的全部建设工程支解以后以分包的名义分别转包给第三人。

禁止承包人将工程分包给不具备相应资质条件的单位。禁止分包单位将其承包的工程再分包。建设工程主体结构的施工必须由承包人自行完成。

第七百九十二条 国家重大建设工程合同,应当按照国家规定的程序和国家批准的投资计划、可行性研究报告等文件订立。

第七百九十三条 建设工程施工合同无效,但是建设工程经验收合格的,可以参照合同关于工程价款的约定折价补偿承包人。

建设工程施工合同无效,且建设工程经验收不合格的,按照以下情形处理:

(一)修复后的建设工程经验收合格的,发包人可以请求承包人承担修复费用;

(二)修复后的建设工程经验收不合格的,承包人无权请求参照合同关于工程价款的约定折价补偿。

发包人对因建设工程不合格造成的损失有过错的,应当承担相应的责任。

第七百九十四条 勘察、设计合同的内容一般包括提交有关基础资料和概预算等文件的期限、质量要求、费用以及其他协作条件等条款。

第七百九十五条 施工合同的内容一般包括工程范围、建设工期、中间交工工程的开工和竣工时间、工程质量、工程造价、技术资料交付时间、材料和设备供应责任、拨款和结算、竣工验收、质量保修范围和质量保证期、相互协作等条款。

第七百九十六条 建设工程实行监理的,发包人应当与监理人采用书面形式订立委托监理合同。发包人与监理人的权利和义务以及法律责任,应当依照本编委托合同以及其他有关法律、行政法规的规定。

第七百九十七条 发包人在不妨碍承包人正常作业的情况下,可以随时对作业进度、质量进行检查。

第七百九十八条 隐蔽工程在隐蔽以前,承包人应当通知发包人检查。发包人没有及时检查的,承包人可以顺延工程日期,并有权请求赔偿停工、窝工等损失。

第七百九十九条 建设工程竣工后,发包人应当根据施工图纸及说明书、国家颁发的施工验收规范和质量检验标准及时进行验收。验收合格的,发包人应当按照约定支付价款,并接收该建设工程。

建设工程竣工经验收合格后,方可交付使用;未经验收或者验收不合格的,不得交付使用。

第八百条 勘察、设计的质量不符合要求或者未按照期限提交勘察、设计文件拖延工期,造成发包人损失的,勘察人、设计人应当继续完善勘察、设计,减收或者免收勘察、设计费并赔偿损失。

第八百零一条 因施工人的原因致使建设工程质量不符合约定的,发包人有权请求施工人在合理期限内无偿修理或者返工、改建。经过修理或者返工、改建后,造成逾期交付的,施工人应当承担违约责任。

第八百零二条 因承包人的原因致使建设工程在合理使用期限内造成人身损害和财产损失的,承包人应当承担赔偿责任。

第八百零三条 发包人未按照约定的时间和要求提供原材料、设备、场地、资金、技术资料的,承包人可以顺延工程日期,并有权请求赔偿停工、窝工等损失。

第八百零四条 因发包人的原因致使工程中途停建、缓建的,发包人应当采取措施弥补或者减少损失,赔偿承包人因此造成的停工、窝工、倒运、机械设备调迁、材料和构件积压等损失和实际费用。

第八百零五条 因发包人变更计划,提供的资料不准确,或者未按照期限提供必需的勘察、设计工作条件而造成勘察、设计的返工、停工或者修改设计,发包人应当按照勘察人、设计人实际消耗的工作量增付费用。

第八百零六条 承包人将建设工程转包、违法分包的,发包人可以解除合同。

发包人提供的主要建筑材料、建筑构配件和设备不符合强制性标准或者不履行协助义务,致使承包人无法施工,经催告后在合理期限内仍未履行相应义务的,承包人可以解除合同。

合同解除后,已经完成的建设工程质量合格的,发包人应当按照约定支付相应的工程价款;已经完成的建设工程质量不合格的,参照本法第七百九十三条的规定处理。

第八百零七条 发包人未按照约定支付价款的，承包人可以催告发包人在合理期限内支付价款。发包人逾期不支付的，除根据建设工程的性质不宜折价、拍卖外，承包人可以与发包人协议将该工程折价，也可以请求人民法院将该工程依法拍卖。建设工程的价款就该工程折价或者拍卖的价款优先受偿。

第八百零八条 本章没有规定的，适用承揽合同的有关规定。

附录二：最高人民法院关于审理建设工程施工合同纠纷案件适用法律问题的解释(一)

（法释〔2020〕25 号，2020 年 10 月 25 日最高人民法院审判委员会第 1825 次会议通过，自 2021 年 1 月 1 日起施行）

为正确审理建设工程施工合同纠纷案件，依法保护当事人合法权益，维护建筑市场秩序，促进建筑市场健康发展，根据《中华人民共和国民法典》《中华人民共和国建筑法》《中华人民共和国招标投标法》《中华人民共和国民事诉讼法》等相关法律规定，结合审判实践，制定本解释。

第一条 建设工程施工合同具有下列情形之一的，应当依据民法典第一百五十三条第一款的规定，认定无效：

（一）承包人未取得建筑业企业资质或者超越资质等级的；

（二）没有资质的实际施工人借用有资质的建筑施工企业名义的；

（三）建设工程必须进行招标而未招标或者中标无效的。

承包人因转包、违法分包建设工程与他人签订的建设工程施工合同，应当依据民法典第一百五十三条第一款及第七百九十一条第二款、第三款的规定，认定无效。

第二条 招标人和中标人另行签订的建设工程施工合同约定的工程范围、建设工期、工程质量、工程价款等实质性内容，与中标合同不一致，一方当事人请求按照中标合同确定权利义务的,人民法院应予支持。

招标人和中标人在中标合同之外就明显高于市场价格购买承建房产、无偿建设住房配套设施、让利、向建设单位捐赠财物等另行签订合同,变相降低工程价款,一方当事人以该合同背离中标合同实质性内容为由请求确认无效的,人民法院应予支持。

第三条 当事人以发包人未取得建设工程规划许可证等规划审批手续为由,请求确认建设工程施工合同无效的,人民法院应予支持,但发包人在起诉前取得建设工程规划许可证等规划审批手续的除外。

发包人能够办理审批手续而未办理,并以未办理审批手续为由请求确认建设工程施工合同无效的,人民法院不予支持。

第四条 承包人超越资质等级许可的业务范围签订建设工程施工合同,在建设工程竣工前取得相应资质等级,当事人请求按照无效合同处理的,人民法院不予支持。

第五条 具有劳务作业法定资质的承包人与总承包人、分包人签订的劳务分包合同,当事人请求确认无效的,人民法院依法不予支持。

第六条 建设工程施工合同无效,一方当事人请求对方赔偿损失的,应当就对方过错、损失大小、过错与损失之间的因果关系承担举证责任。

损失大小无法确定,一方当事人请求参照合同约定的质量标准、建设工期、工程价款支付时间等内容确定损失大小的,人民法院可以结合双方过错程度、过错与损失之间的因果关系等因素作出裁判。

第七条 缺乏资质的单位或者个人借用有资质的建筑施工企业名义签订建设工程施工合同,发包人请求出借方与借用方对建设工程质量不合格等因出借资质造成的损失承担连带赔偿责任的,人民法院应予支持。

第八条 当事人对建设工程开工日期有争议的,人民法院应当分别按照以下情形予以认定:

(一)开工日期为发包人或者监理人发出的开工通知载明的开工日期;开工通知发出后,尚不具备开工条件的,以开工条件具备的时间为开工日期;因承包人原因导致开工时间推迟的，以开工通知载明的时间为开工日期。

（二）承包人经发包人同意已经实际进场施工的，以实际进场施工时间为开工日期。

（三）发包人或者监理人未发出开工通知，亦无相关证据证明实际开工日期的，应当综合考虑开工报告、合同、施工许可证、竣工验收报告或者竣工验收备案表等载明的时间，并结合是否具备开工条件的事实，认定开工日期。

第九条 当事人对建设工程实际竣工日期有争议的，人民法院应当分别按照以下情形予以认定：

（一）建设工程经竣工验收合格的，以竣工验收合格之日为竣工日期；

（二）承包人已经提交竣工验收报告，发包人拖延验收的，以承包人提交验收报告之日为竣工日期；

（三）建设工程未经竣工验收，发包人擅自使用的，以转移占有建设工程之日为竣工日期。

第十条 当事人约定顺延工期应当经发包人或者监理人签证等方式确认，承包人虽未取得工期顺延的确认，但能够证明在合同约定的期限内向发包人或者监理人申请过工期顺延且顺延事由符合合同约定，承包人以此为由主张工期顺延的，人民法院应予支持。

当事人约定承包人未在约定期限内提出工期顺延申请视为工期不顺延的，按照约定处理，但发包人在约定期限后同意工期顺延或者承包人提出合理抗辩的除外。

第十一条 建设工程竣工前，当事人对工程质量发生争议，工程质量经鉴定合格的，鉴定期间为顺延工期期间。

第十二条 因承包人的原因造成建设工程质量不符合约定，承包人拒绝修理、返工或者改建，发包人请求减少支付工程价款的，人民法院应予支持。

第十三条 发包人具有下列情形之一，造成建设工程质量缺陷，应当承担过错责任：

（一）提供的设计有缺陷；

(二)提供或者指定购买的建筑材料、建筑构配件、设备不符合强制性标准;

(三)直接指定分包人分包专业工程。

承包人有过错的,也应当承担相应的过错责任。

第十四条 建设工程未经竣工验收,发包人擅自使用后,又以使用部分质量不符合约定为由主张权利的,人民法院不予支持;但是承包人应当在建设工程的合理使用寿命内对地基基础工程和主体结构质量承担民事责任。

第十五条 因建设工程质量发生争议的,发包人可以以总承包人、分包人和实际施工人为共同被告提起诉讼。

第十六条 发包人在承包人提起的建设工程施工合同纠纷案件中,以建设工程质量不符合合同约定或者法律规定为由,就承包人支付违约金或者赔偿修理、返工、改建的合理费用等损失提出反诉的,人民法院可以合并审理。

第十七条 有下列情形之一,承包人请求发包人返还工程质量保证金的,人民法院应予支持:

(一)当事人约定的工程质量保证金返还期限届满;

(二)当事人未约定工程质量保证金返还期限的,自建设工程通过竣工验收之日起满二年;

(三)因发包人原因建设工程未按约定期限进行竣工验收的,自承包人提交工程竣工验收报告九十日后当事人约定的工程质量保证金返还期限届满;当事人未约定工程质量保证金返还期限的,自承包人提交工程竣工验收报告九十日后起满二年。

发包人返还工程质量保证金后,不影响承包人根据合同约定或者法律规定履行工程保修义务。

第十八条 因保修人未及时履行保修义务,导致建筑物毁损或者造成人身损害、财产损失的,保修人应当承担赔偿责任。

保修人与建筑物所有人或者发包人对建筑物毁损均有过错的,各自承担相应的责任。

第十九条 当事人对建设工程的计价标准或者计价方法有约定的,按照约定结算工程价款。

因设计变更导致建设工程的工程量或者质量标准发生变化，当事人对该部分工程价款不能协商一致的，可以参照签订建设工程施工合同时当地建设行政主管部门发布的计价方法或者计价标准结算工程价款。

建设工程施工合同有效，但建设工程经竣工验收不合格的，依照民法典第五百七十七条规定处理。

第二十条 当事人对工程量有争议的，按照施工过程中形成的签证等书面文件确认。承包人能够证明发包人同意其施工，但未能提供签证文件证明工程量发生的，可以按照当事人提供的其他证据确认实际发生的工程量。

第二十一条 当事人约定，发包人收到竣工结算文件后，在约定期限内不予答复，视为认可竣工结算文件的，按照约定处理。承包人请求按照竣工结算文件结算工程价款的，人民法院应予支持。

第二十二条 当事人签订的建设工程施工合同与招标文件、投标文件、中标通知书载明的工程范围、建设工期、工程质量、工程价款不一致，一方当事人请求将招标文件、投标文件、中标通知书作为结算工程价款的依据的，人民法院应予支持。

第二十三条 发包人将依法不属于必须招标的建设工程进行招标后，与承包人另行订立的建设工程施工合同背离中标合同的实质性内容，当事人请求以中标合同作为结算建设工程价款依据的，人民法院应予支持，但发包人与承包人因客观情况发生了在招标投标时难以预见的变化而另行订立建设工程施工合同的除外。

第二十四条 当事人就同一建设工程订立的数份建设工程施工合同均无效，但建设工程质量合格，一方当事人请求参照实际履行的合同关于工程价款的约定折价补偿承包人的，人民法院应予支持。

实际履行的合同难以确定，当事人请求参照最后签订的合同关于工程价款的约定折价补偿承包人的，人民法院应予支持。

第二十五条 当事人对垫资和垫资利息有约定，承包人请求按照约定返还垫资及其利息的,人民法院应予支持,但是约定的利息计算标准高于垫资时的同类贷款利率或者同期贷款市场报价利率的部分除外。

当事人对垫资没有约定的,按照工程欠款处理。

当事人对垫资利息没有约定,承包人请求支付利息的,人民法院不予支持。

第二十六条 当事人对欠付工程价款利息计付标准有约定的,按照约定处理。没有约定的,按照同期同类贷款利率或者同期贷款市场报价利率计息。

第二十七条 利息从应付工程价款之日开始计付。当事人对付款时间没有约定或者约定不明的,下列时间视为应付款时间:

(一)建设工程已实际交付的,为交付之日;

(二)建设工程没有交付的,为提交竣工结算文件之日;

(三)建设工程未交付,工程价款也未结算的,为当事人起诉之日。

第二十八条 当事人约定按照固定价结算工程价款,一方当事人请求对建设工程造价进行鉴定的,人民法院不予支持。

第二十九条 当事人在诉讼前已经对建设工程价款结算达成协议,诉讼中一方当事人申请对工程造价进行鉴定的,人民法院不予准许。

第三十条 当事人在诉讼前共同委托有关机构、人员对建设工程造价出具咨询意见,诉讼中一方当事人不认可该咨询意见申请鉴定的,人民法院应予准许,但双方当事人明确表示受该咨询意见约束的除外。

第三十一条 当事人对部分案件事实有争议的,仅对有争议的事实进行鉴定,但争议事实范围不能确定,或者双方当事人请求对全部事实鉴定的除外。

第三十二条 当事人对工程造价、质量、修复费用等专门性问题有争议,人民法院认为需要鉴定的,应当向负有举证责任的当事人释明。当事人经释明未申请鉴定,虽申请鉴定但未支付鉴定费用或者拒不提供相关材料的,应当承担举证不能的法律后果。

一审诉讼中负有举证责任的当事人未申请鉴定,虽申请鉴定但未支付鉴定费用或者拒不提供相关材料,二审诉讼中申请鉴定,人民法院认为确有必要的,应当依照民事诉讼法第一百七十条第一款第三项的规定处理。

第三十三条 人民法院准许当事人的鉴定申请后,应当根据当事人申请及查明案件事实的需要,确定委托鉴定的事项、范围、鉴定期限等,并组织当事人对争议的鉴定材料进行质证。

第三十四条 人民法院应当组织当事人对鉴定意见进行质证。鉴定人将当事人有争议且未经质证的材料作为鉴定依据的,人民法院应当组织当事人就该部分材料进行质证。经质证认为不能作为鉴定依据的,根据该材料作出的鉴定意见不得作为认定案件事实的依据。

第三十五条 与发包人订立建设工程施工合同的承包人,依据民法典第八百零七条的规定请求其承建工程的价款就工程折价或者拍卖的价款优先受偿的,人民法院应予支持。

第三十六条 承包人根据民法典第八百零七条规定享有的建设工程价款优先受偿权优于抵押权和其他债权。

第三十七条 装饰装修工程具备折价或者拍卖条件,装饰装修工程的承包人请求工程价款就该装饰装修工程折价或者拍卖的价款优先受偿的,人民法院应予支持。

第三十八条 建设工程质量合格,承包人请求其承建工程的价款就工程折价或者拍卖的价款优先受偿的,人民法院应予支持。

第三十九条 未竣工的建设工程质量合格,承包人请求其承建工程的价款就其承建工程部分折价或者拍卖的价款优先受偿的,人民法院应予支持。

第四十条 承包人建设工程价款优先受偿的范围依照国务院有关行政主管部门关于建设工程价款范围的规定确定。

承包人就逾期支付建设工程价款的利息、违约金、损害赔偿金等主张优先受偿的,人民法院不予支持。

第四十一条 承包人应当在合理期限内行使建设工程价款优先受偿权,但最长不得超过十八个月,自发包人应当给付建设工程价款之日起算。

第四十二条 发包人与承包人约定放弃或者限制建设工程价款优先受偿权,损害建筑工人利益,发包人根据该约定主张承包人不享有建设工程价款优先受偿权的,人民法院不予支持。

第四十三条 实际施工人以转包人、违法分包人为被告起诉的,人民法院应当依法受理。

实际施工人以发包人为被告主张权利的,人民法院应当追加转包人或者违法分包人为本案第三人,在查明发包人欠付转包人或者违法分包人建设工程价款的数额后,判决发包人在欠付建设工程价款范围内对实际施工人承担责任。

第四十四条 实际施工人依据民法典第五百三十五条规定,以转包人或者违法分包人怠于向发包人行使到期债权或者与该债权有关的从权利,影响其到期债权实现,提起代位权诉讼的,人民法院应予支持。

第四十五条 本解释自2021年1月1日起施行。

附录三:建筑领域常用法律法规及规范性文件目录索引

- **工程招标**

中华人民共和国招标投标法(2017年12月28日)

中华人民共和国招标投标法实施条例(2019年3月2日)

房屋建筑和市政基础设施工程施工招标投标管理办法(2019年3月13日)

国家发展改革委关于印发《必须招标的基础设施和公用事业项目范围规定》的通知(2018年6月6日)

必须招标的工程项目规定(2018年6月1日)

招标公告和公示信息发布管理办法(2018年1月1日)

建筑工程设计招标投标管理办法(2017年5月1日)

工程建设项目自行招标试行办法(2013年3月11日)

评标委员会和评标方法暂行规定(2013年5月1日)

评标专家和评标专家库管理暂行办法(2013年5月1日)

工程建设项目招标投标活动投诉处理办法(2013年5月1日)

工程建设项目货物招标投标办法(2013 年 5 月 1 日)

工程建设项目勘察设计招标投标办法(2013 年 5 月 1 日)

工程建设项目施工招标投标办法(2013 年 5 月 1 日)

电子招标投标办法(2013 年 5 月 1 日)

招标投标违法行为记录公告暂行办法(2009 年 1 月 1 日)

中央机构编制委员会办公室关于国务院有关部门实施招标投标活动行政监督的职责分工的意见(2000 年 5 月 3 日)

- **建筑工程**

中华人民共和国建筑法(2019 年 4 月 23 日)

建筑工程施工许可管理办法(2021 年 3 月 30 日)

建筑业企业资质管理规定(2018 年 12 月 22 日)

建筑业企业资质管理规定和资质标准实施意见(2020 年修改)

住房和城乡建设部关于印发《建筑业企业资质标准》的通知(2015 年 5 月)

住房和城乡建设部关于发布国家标准《建设工程分类标准》的公告(2013 年 5 月 1 日)

国家发展改革委关于印发房屋建筑和市政基础设施项目工程总承包管理办法的通知(2020 年 3 月 1 日)

住房城乡建设部关于进一步推进工程总承包发展的若干意见(2016 年 5 月 20 日)

房屋建筑和市政基础设施工程施工分包管理办法(2019 年修正)

住房和城乡建设部关于印发建筑工程施工发包与承包违法行为认定查处管理办法的通知(2019 年 1 月 1 日)

建筑工程施工发包与承包计价管理办法(2014 年 2 月 1 日)

住房城乡建设部、财政部关于印发《建筑安装工程费用项目组成》的通知(2013 年 7 月 1 日)

住房城乡建设部关于发布国家标准《建设工程工程量清单计价规范》的公告

(2013 年 7 月 1 日)

财政部、建设部建设工程价款结算暂行办法(2004 年 10 月 20 日)

住房城乡建设部关于发布国家标准《建设工程造价鉴定规范》的公告(2018 年 3 月 1 日)

住房城乡建设部办公厅关于做好建筑业营改增建设工程计价依据调整准备工作的通知(2016 年 2 月 19 日)

住房和城乡建设部办公厅关于重新调整建设工程计价依据增值税税率的通知(2019 年 3 月 26 日)

建设工程质量管理条例(2019 年 4 月 23 日)

住房城乡建设部关于发布国家标准《建筑工程施工质量验收统一标准》的公告(2014 年 6 月 1 日)

房屋建筑和市政基础设施工程竣工验收规定(2013 年 12 月 2 日)

房屋建筑和市政基础设施工程竣工验收备案管理办法(2009 年 10 月 19 日)

关于做好住宅工程质量分户验收工作的通知(2009 年 12 月 22 日)

建设工程质量检测管理办法(2005 年 8 月 23 日)

房屋建筑工程和市政基础设施工程实行见证取样和送检的规定(2000 年 9 月 26 日)

住房城乡建设部、财政部关于印发建设工程质量保证金管理办法的通知(2017 年修订)

住房和城乡建设部关于落实建设单位工程质量首要责任的通知(2020 年 9 月 11 日)

住房城乡建设部关于印发《建设单位项目负责人质量安全责任八项规定(试行)》等四个规定的通知(2015 年 3 月 6 日)

住房和城乡建设部关于印发《建筑工程五方责任主体项目负责人质量终身责任追究暂行办法》的通知(2014 年 8 月 25 日)

住房和城乡建设部关于印发《建筑施工项目经理质量安全责任十项规定(试行)》的通知(2014 年 8 月 25 日)

建筑施工企业主要负责人、项目负责人和专职安全生产管理人员安全生产管理规定(2014 年 9 月 1 日)

住房和城乡建设部办公厅关于支持民营建筑企业发展的通知(2019 年 1 月 30 日)

国务院办公厅关于促进建筑业持续健康发展的意见(2017 年 2 月 21 日)

住房城乡建设部关于加强和改善工程造价监管的意见(2017 年 9 月 14 日)

住房城乡建设部印发《园林绿化工程建设管理规定》的通知(2017 年 12 月 20 日)

国务院办公厅关于清理规范工程建设领域保证金的通知(2016 年 6 月 23 日)

住房城乡建设部关于印发《建设工程定额管理办法》的通知(2015 年 12 月 25 日)

住房和城乡建设部关于印发工程保函示范文本的通知(2021 年 3 月 1 日)

住房和城乡建设部等部门关于加快推进房屋建筑和市政基础设施工程实行工程担保制度的指导意见(2019 年 6 月 20 日)

国家发展改革委、住房城乡建设部关于推进全过程工程咨询服务发展的指导意见(2019 年 3 月 15 日)

- **勘察设计监理**

建设工程勘察设计管理条例(2017 年修订)

建设工程勘察质量管理办法(2021 年 4 月 1 日)

建设工程勘察设计资质管理规定(2018 年 12 月 22 日)

房屋建筑和市政基础设施工程施工图设计文件审查管理办法(2018 年 12 月 29 日)

住房城乡建设部关于印发《建筑工程设计文件编制深度规定(2016 年版)》的通知(2017 年 1 月 1 日)

住房城乡建设部关于发布市政公用工程设计文件编制深度规定(2013 年版)

的通知(2013 年 4 月 10 日)

建筑工程施工图设计文件技术审查要点(2013 年版)(2013 年 6 月 7 日)

市政公用工程施工图设计文件技术审查要点(2013 年版)(2013 年 6 月 7 日)

岩土工程勘察文件技术审查要点(2020 年版)(2020 年 10 月 15 日)

住房和城乡建设部关于发布《房屋建筑和市政基础设施工程勘察文件编制深度规定(2020 年版)》的通知(2020 年 10 月 1 日)

工程监理企业资质管理规定(2018 年修正)

建设工程监理规范(2014 年 3 月 1 日)

房屋建筑工程施工旁站监理管理办法(试行)(2003 年 1 月 1 日)

- **安全生产**

中华人民共和国安全生产法(2021 年修正)

建设工程安全生产管理条例(2004 年 2 月 1 日)

建筑施工企业安全生产许可证管理规定(2004 年 7 月 5 日)

建筑施工企业安全生产许可证管理规定实施意见(2004 年 8 月 27 日)

危险性较大的分部分项工程安全管理规定(2018 年 6 月 1 日)

住房城乡建设部办公厅关于实施《危险性较大的分部分项工程安全管理规定》有关问题的通知(2018 年 5 月 17 日)

住房和城乡建设部办公厅关于印发危险性较大的分部分项工程专项施工方案编制指南的通知(2021 年 12 月 8 日)

生产安全事故报告和调查处理条例(2007 年 6 月 1 日)

住房城乡建设部关于印发《住房城乡建设质量安全事故和其他重大突发事件督办处理办法》的通知(2015 年 3 月 9 日)

住房城乡建设部关于印发《房屋市政工程生产安全事故报告和查处工作规程》的通知(2013 年 1 月 14 日)

住房和城乡建设部关于做好工程质量事故质量问题查处通报工作的通知(2012 年 2 月 10 日)

住房和城乡建设部关于做好房屋建筑和市政基础设施工程质量事故报告和调查处理工作的通知(2010 年 7 月 20 日)

住房和城乡建设部关于印发《房屋建筑和市政基础设施工程施工安全监督规定》的通知(2014 年 10 月 24 日)

住房和城乡建设部关于印发《房屋建筑和市政基础设施工程施工安全监督工作规程》的通知(2014 年 10 月 28 日)

- **建筑工人**

保障农民工工资支付条例(2020 年 5 月 1 日)

人力资源社会保障部等十部门关于印发《工程建设领域农民工工资专用账户管理暂行办法》的通知(2021 年 7 月 7 日)

住房和城乡建设部、人力资源社会保障部关于修改《建筑工人实名制管理办法(试行)》的通知(2022 年 8 月 16 日)

劳动保障监察条例(2004 年 12 月 1 日)

工伤保险条例(2011 年 1 月 1 日)

工伤认定办法(2010 年修订)

最高人民法院关于审理人身损害赔偿案件适用法律若干问题的解释(2022 年修正)

建设领域农民工工资支付管理暂行办法(2004 年 9 月 6 日)

- **合同文本**

住房和城乡建设部、市场监管总局关于印发建设项目工程总承包合同(示范文本)的通知(2021 年 1 月 1 日)

住房城乡建设部、工商总局关于印发建设工程施工合同(示范文本)的通知(2017 年修订)

住房和城乡建设部、市场监管总局关于印发园林绿化工程施工合同示范文本(试行)的通知(2021 年 1 月 1 日)

国家发展改革委、工业和信息化部、住房城乡建设部等关于印发《标准设备采

购招标文件》等五个标准招标文件的通知(2018 年 1 月 1 日)

《标准施工招标资格预审文件》和《标准施工招标文件》暂行规定(2013 年修正)

国家发展改革委、工业和信息化部、财政部等关于印发简明标准施工招标文件和标准设计施工总承包招标文件的通知(2012 年 5 月 1 日)

住房和城乡建设部关于印发《房屋建筑和市政工程标准施工招标资格预审文件》和《房屋建筑和市政工程标准施工招标文件》的通知(2010 年 6 月 9 日)

住房和城乡建设部、工商总局关于印发建设工程勘察合同(示范文本)的通知(2016 年 12 月 1 日)

住房和城乡建设部、工商总局关于印发建设工程设计合同(示范文本)的通知(2015 年 7 月 1 日)

住房和城乡建设部、国家工商行政管理总局关于印发建设工程监理合同(示范文本)的通知(2012 年 3 月 27 日)

附录四:建设工程施工合同纠纷司法解释/审判指导意见目录索引

【最高人民法院】

最高人民法院关于审理建设工程施工合同纠纷案件适用法律问题的解释(一)(2021 年 1 月 1 日)

最高人民法院关于首先查封法院与优先债权执行法院处分查封财产有关问题的批复(2016 年 4 月 14 日)

最高人民法院关于人民法院在审理建设工程施工合同纠纷案件中如何认定财政评审中心出具的审核结论问题的答复(2008 年 5 月 16 日)

最高人民法院关于如何理解和适用《最高人民法院关于审理建设工程施工合同纠纷案件适用法律问题的解释》第 20 条的请示的复函(2006 年 4 月 25 日)

【北京市法院】

北京市高级人民法院关于审理建设工程施工合同纠纷案件若干疑难问题的解答(2012 年 8 月 6 日)

北京市高级人民法院审理民商事案件若干问题的解答之五(试行)(2007 年 5 月 18 日)

【天津市法院】

天津市高级人民法院关于审理建设工程施工合同纠纷案件相关问题的审判委员会纪要(2020 年 12 月 9 日)

天津仲裁委员会建设工程施工合同纠纷案件仲裁指引(2008 年)

【河北省法院】

河北省高级人民法院建设工程施工合同案件审理指南(2018 年 6 月 13 日)

【江苏省法院】

江苏省高级人民法院、江苏省工程造价管理协会关于印发《关于建立建设工程价款纠纷联动解纷机制的意见》的通知(2022 年 6 月 23 日)

江苏省高级人民法院民事审判第六庭建设工程施工合同纠纷案件诉讼指引(2019 年)

江苏省高级人民法院建设工程施工合同纠纷案件委托鉴定工作指南(2018 年)

江苏省高级人民法院、江苏省住房和城乡建设厅《关于建立化解建设工程合同纠纷案件联动机制的意见》(2015 年)

江苏省高级人民法院审判委员会关于买卖合同纠纷案中当事人行为是否构成表见代理认定问题的纪要(2013 年)

南通市中级人民法院关于当前宏观经济形势下建筑施工企业经营法律风险防范提示(2022 年 2 月 19 日)

金华市中级人民法院关于建设工程审价委托管理的若干规定(2011 年)

南通市中级人民法院关于建设工程实际施工人对外从事商事行为引发纠纷责任认定问题的指导意见(试行)(2010年)

盐城市中级人民法院关于审理建设工程施工合同纠纷案件若干问题的指导意见(2010年)

连云港市中级人民法院民二庭关于职务行为认定的讨论意见(2006年)

【浙江省法院】

浙江省高级人民法院民二庭关于审理涉建筑施工企业项目部纠纷的疑难问题解答(2020年)

浙江省高级人民法院刑事审判第二庭《关于审理建筑领域职务犯罪和经济犯罪案件若干问题的解答》(2015年)

浙江省高级人民法院民事审判第一庭关于审理建设工程施工合同纠纷案件若干疑难问题的解答(2012年)

浙江省高级人民法院执行局关于印发《执行中处理建设工程价款优先受偿权有关问题的解答》的通知(2012年)

绍兴市中级人民法院关于审理建筑领域民商事纠纷案件若干问题的纪要(2013年)

杭州市中级人民法院民一庭关于审理建设工程及房屋相关纠纷案件若干实务问题的解答(2010年11月1日)

【安徽省法院】

安徽省高级人民法院关于审理建设工程施工合同纠纷案件适用法律问题的指导意见(二)(2014年1月1日)

安徽省高级人民法院关于审理建设工程施工合同纠纷案件适用法律问题的指导意见(2009年5月4日)

宣城市中级人民法院关于审理建设工程施工合同纠纷案件若干问题的指导意见(试行)(2013年2月6日)

【重庆市法院】

重庆市高级人民法院民一庭关于建设工程施工合同纠纷案件若干问题的解答(2019年)

重庆市高级人民法院关于建设工程造价鉴定若干问题的解答(2016年11月9日)

重庆市高级人民法院关于当前民事审判若干法律问题的指导意见(2007年11月22日)

重庆市高级人民法院关于对最高人民法院《关于建设工程价款优先受偿权问题的批复》应如何理解的意见(2003年3月24日)

【四川省法院】

四川省高级人民法院关于审理建设工程施工合同纠纷案件若干疑难问题的解答(2015年3月16日)

四川省高级人民法院关于审理涉及招投标建设工程合同纠纷案件的有关问题的意见(2010年6月22日)

【陕西省法院】

陕西省高级人民法院关于审理建设工程施工合同纠纷案件若干问题的解答(2020年12月10日)

【福建省法院】

福建省高级人民法院关于审理建设工程施工合同纠纷案件疑难问题的解答(2007年11月22日)

【湖北省法院】

湖北省高级人民法院民事审判工作座谈会会议纪要(2013年)

【辽宁省法院】

沈阳市中级人民法院建设工程施工合同纠纷审判实务相关疑难问题解答

(2015 年)

【山东省法院】

山东省高级人民法院关于审理建设工程施工合同纠纷案件若干问题的解答(2020 年 11 月 4 日)

青岛市中级人民法院建设工程合同纠纷诉讼指引(一):起诉、保全指引(2021 年 12 月 27 日)

【河南省法院】

河南省高级人民法院关于强化建筑领域纠纷案件实质性化解的工作指引(2021 年 9 月 4 日)

河南省高级人民法院民事审判第四庭关于实际施工人相关问题的会议纪要(2021 年 3 月 10 日)